U0656054

科学健身的项目选择与实践

李菲菲 刘 丽 著

中国海洋大学出版社

·青岛·

图书在版编目（CIP）数据

科学健身的项目选择与实践 / 李菲菲, 刘丽著 . --
青岛：中国海洋大学出版社，2024. 1
ISBN 978-7-5670-3789-2

Ⅰ. ①科… Ⅱ. ①李… ②刘… Ⅲ. ①健身运动—基本知识 Ⅳ. ①G883

中国国家版本馆 CIP 数据核字（2024）第 035809 号

科学健身的项目选择与实践
KEXUE JIANSHEN DE XIANGMU XUANZE YU SHIJIAN

出版发行	中国海洋大学出版社
社　　址	青岛市香港东路 23 号　　　邮政编码　266071
出 版 人	刘文菁
网　　址	http://pub.ouc.edu.cn
订购电话	0532-82032573（传真）
责任编辑	邓志科　　　　　　　　电　　话　0532-85901040
印　　制	青岛中苑金融安全印刷有限公司
版　　次	2024 年 1 月第 1 版
印　　次	2024 年 1 月第 1 次印刷
成品尺寸	170 mm × 230 mm
印　　张	18. 5
字　　数	320 千
印　　数	1—1 000
定　　价	59. 00 元

发现印装质量问题，请致电 0532-85662115，由印刷厂负责调换。

前言

当今时代,全球化、信息化的步伐日益加速。带给了人们丰富的物质享受,同时也带来了更多的问题,诸如"现代文明病""少动多坐的健康隐患""人口老龄化的加速""儿童青少年的体质降低"等一系列的社会问题,这会对我国社会经济的发展与综合国力的提高等造成严重影响。在当今社会,人们渴望健康,社会发展需要健康,国家富强离不开健康。伴随着现代化的步伐、劳动力的解放和经济的发展,我国已步入了"休闲时代",人们有了更多的时间可以去关注健康,增进健康,享受美好生活。

科学健身是在科学、合理、安全等前提下进行健身锻炼,以促进人们身体健康、陶冶情操、结交好友、预防疾病、缓解和消除疲劳、提高生活质量等而选择的一种基本的健身锻炼手段。在我国,大众健身已得到最为广泛的开展和最强有力的发展,体育强国也已然提升到了国家发展的战略高度。在此背景下,科学健身则是体育社会化和生活化发展的必然趋势,也是人们现代化生活方式的必然需求。

《全民健身计划纲要》《全民健身计划(2021—2025年)》《体育强国建设纲要》《"十四五"体育发展规划》等的顺利推进和实施,在宏观层面上为科学健身提供了顶层的设计与指导,而将宏观原则细化为科学的、具体的、全面的、可实践的操作办法,则是体育工作者义不容辞的责任。在科学健身实践中,一切健身锻炼项目的选择,都应该从健身者的实际情况和现实需求出发。一切健身项目的实践,都应该对其运动负荷、运动频率、运动时间带、健身锻炼方法等进行科学化的制定与实施,并遵循健身锻炼的原则和规律进行。只有在科学的指导和监控下,才能保证健身锻炼的安全性、娱乐性、休闲性和健身模式的科学化，才能为"全民健康"的实现提供根本的保障。

　　经过近年来的快速发展，科学健身已经渐趋成熟，无论是在健身锻炼实践的指导方面，还是在健身理论知识的普及方面，都有了很大程度的进步。科学健身中，各种健身锻炼的项目更是层出不穷。一方面，各种现代化的健身锻炼方式被人们广泛接受，成为现代人们健身锻炼的新潮流，比如青少年喜欢的体能训练、篮球、轮滑、跆拳道等项目，女性喜欢的瑜伽、健美操等健身锻炼项目，老年人喜欢的健身走、健身跑、游泳等健身锻炼项目。另一方面，独具中华民族特色的传统体育健身锻炼项目也得到了新的应用和发展，成为现代人们健身锻炼项目中极具地方风情和民族特色的项目，比如放风筝、抖空竹、跳绳、踢毽子、太极拳、健身气功八段锦、健身气功导引养生功十二法、健身气功大舞、舞龙、舞狮、赛龙舟等项目。丰富多彩的健身锻炼项目，不仅为参与健身锻炼的人们提供了多样化、适宜的健身锻炼方式，也使着健身锻炼向着更加趣味化、生活化、传统化、科学化等方向发展。同时，健身锻炼项目的广泛开展也促进了我国全民健身事业的蓬勃发展，影响着我国大众健身事业的纵深发展。科学健身的发展受众多因素的影响，它既是一种文化，也是一种产业。科学健身的迅速发展，也会对许多相关产业的长足发展起到很好的促进作用。

　　本书是在体育强国背景下，为助力全民健身而创作。书中主要包括丰富多彩的科学健身知识、科学健身与营养保健、青少年科学健身的项目选择与实践、女性科学健身的项目选择与实践、老年人科学健身的项目选择与实践五个章节，具体内容包括与时俱进的科学健身、科学健身的影响因素及社会价值、科学健身的重要原则及遵循规律、科学健身的方法、科学健身与营养、科学健身的医务监督、健身中常见的生理反应及处理、健身中常见的运动损伤及处理、青少年科学健身、青少年体态塑造的健身锻炼项目选择与实践、青少年身体素质提高的健身锻炼项目选择与实践、女性科学健身、女性健身的项目选择与实践、女性特殊时期的健身锻炼项目选择与实践、老年人科学健身、老年人养生保健的项目选择与实践、老年人四季健身的健身锻炼项目选择与实践等。

　　本书内容通俗易懂，说理部分较为清晰透彻，实践部分主要介绍了主要人群适宜的健身锻炼项目，以便有利于这些人群进行健身锻炼。在体育强国背景下，全民健身和体育生活化是社会进步的必然趋势，也是人类精神文化生活发展的必然要求，所以我们要紧跟时代发展的步伐，做好当下的工作，为体育强国和民族复兴而努力。

　　在本书的撰写过程中，我们深受众多专家、学者研究成果的启发和指引，对此我们表示由衷的感激和诚挚的谢意。然而,鉴于作者的能力有限,书中难免存在不足之处,恳请不吝指正;如有高见,还请赐教。愿行业领域的同仁志士,为助力体育强国,推动我国体育事业的繁荣发展同心协力,奋斗不息!

作　者

2023 年 11 月

目录

第一章　丰富多彩的科学健身知识 ……………………………………… 1

　　第一节　与时俱进的科学健身 …………………………………… 2

　　第二节　科学健身的影响因素及社会价值 …………………… 11

　　第三节　科学健身的重要原则及遵循规律 …………………… 21

　　第四节　科学健身的方法 ……………………………………… 34

第二章　科学健身与营养保健 ………………………………………… 38

　　第一节　科学健身与营养 ……………………………………… 39

　　第二节　科学健身的医务监督 ………………………………… 71

　　第三节　健身中常见的生理反应及处理 ……………………… 74

　　第四节　健身中常见的运动损伤及处理 ……………………… 85

第三章　青少年科学健身的项目选择与实践 ……………………… 90

　　第一节　青少年科学健身 ……………………………………… 91

　　第二节　青少年体态塑造的健身锻炼项目选择与实践 ……… 104

　　第三节　青少年身体素质提高的健身锻炼项目选择与实践 ……… 124

第四章　女性科学健身的项目选择与实践 ················· 141

　　第一节　女性科学健身 ················· 142

　　第二节　女性健身养生的健身锻炼项目选择与实践 ············· 149

　　第三节　女性特殊时期的健身锻炼项目选择与实践 ············· 206

第五章　老年人科学健身的项目选择与实践 ············· 214

　　第一节　老年人科学健身 ················· 215

　　第二节　老年人养生保健的健身锻炼项目选择与实践 ············· 221

　　第三节　老年人四季健身的健身锻炼项目选择与实践 ············· 273

后　记················· 286

第一章

丰富多彩的科学健身知识

本章导语

　　体育强则中国强。伴随着我国体育强国战略的持续推进,全民参与体育运动的健身意识逐步增强,国民对健身的需求不断提高,人们的身体素质水平也得到了提高,丰富多彩的科学健身知识更需要不断完善。本章主要阐述了与时俱进的科学健身、科学健身的影响因素及社会价值、科学健身的重要原则及遵循规律、科学健身的方法,使读者对科学健身知识有充分的了解。

学习目标

　　(1)了解科学健身的发展历程。

　　(2)了解科学健身的影响因素及社会价值。

　　(3)了解并掌握科学健身的重要原则及应遵循的规律。

　　(4)了解并掌握科学健身的方法。

第一节　与时俱进的科学健身

一、体育强国背景下全民健身的发展历程

体育在国家的发展历程中具有极其重要的作用。中华人民共和国成立以来,党和国家都对体育给予了极大的关怀和重视,并要求体育能够服务于革命和建设。1978年党的十一届三中全会顺利召开,全会以后我国迈入了改革开放的新发展时期。伴随着改革开放,我国体育也进入了新发展时期,体育体制也得到了改革、调整和创新。管理体制、竞赛体制、训练体制、体育科技体制等方面都得到了新的调整,使得体育的发展更加有纲可依。1983年,原国家体委《关于进一步开创体育新局面的请示》得到了国务院的同意。该文件首次明确提出了"在本世纪内要成为世界体育强国"的目标,除此之外,还将"全国半数左右的人经常参加体育活动""在奥林匹克运动会上名列前茅,大多数项目达到或接近世界水平""建成可以举办亚运会和奥运会的场地"等作为主要指标提出了要求。由此可以看出,早期的"体育强国"内涵表述更多的是强调竞技体育,也可以认为当时的体育强国主要体现在竞技体育强国。

2008年,第二十九届夏季奥林匹克运动会在北京举行。在本届奥运会上,中国队以51枚金牌位居金牌榜的第一名,是首个登上金牌榜第一名的亚洲国家。同年,第十三届夏季残奥会也在北京举行。在本届残奥会上,中国队以89枚金牌位于金牌榜第一名。2008年9月,胡锦涛对于中国队在奥运会和残奥会上取得的举世瞩目的成绩召开了总结表彰大会并做了重要讲话,指出了"进一步推动我国由体育大国向体育强国的迈进",对于"坚持以增强人民体质""提高全民族身体素质和生活质量为目标",并对"高度重视并充分发挥体育在促进人的全面发展、促进经济社会发展中的重要作用""实现竞技体育和群众体育协调发展"等方面做了重要指示。此论断的提出,对于体育强国的要求更加明确,体育强国不但要将竞技体育做好做扎实,还要将群众体育事业的发展落到实处,这也是我国体育强国在大众健身方面的重要突破。

在社会主义现代化强国新征程中,为了发挥体育的重要性,加快体育强国

的建设。国务院办公厅于 2019 年 9 月 2 日印发了《体育强国建设纲要》。其中对于全民健身的完善、推进、落实等方面提出了明确的要求。由此可见,在体育强国的征程中,全民健身的地位尤为重要。

习近平总书记于 2020 年 9 月 22 日在我国教育文化卫生体育领域专家代表座谈会上发表了重要讲话。讲话指出,"加快体育强国建设""体育是提高人民健康水平的重要途径,是满足人民群众对美好生活向往、促进人的全面发展的重要手段""要紧紧围绕满足人民群众需求,构建更高水平的全民健身公共服务体系"。2021 年 10 月,国家体育总局印发《"十四五"体育发展规划》,在主要目标中指出"体育强国建设迈出坚实步伐,体育各领域发展取得实质性进展,体育治理体系和治理能力现代化深入推进",其中首先提到的是努力实现"全民健身水平达到新高度""更高水平的全民健身公共服务体系基本建成,人民群众身体素养和健康水平进一步提高,获得感和幸福感不断提升",还对青少年体育发展提出了新的要求:"青少年体育发展进入新阶段""健康第一的理念深入人心""青少年普遍掌握 1～2 项运动技能""体育活动更加广泛深入""体育促进青少年身心健康取得新进展"。同时,该规划还要求"进一步提升老年人、职业群体及残疾人等全民健身公共服务水平"。

党的二十大更是提出要加速建设体育强国。全民健身是实现体育强国目标的重要手段,在全民健身中科学健身的知识与方法、项目与选择就显得尤为重要。科学健身,承载着增强人民体质、预防各种慢性病、丰富人民精神文化生活等使命。创新科学健身,能够提升体育服务管理效能及体育治理能力,推动全民健身与全民健康的深度融合,对实现全民健身的转型发展具有重要的意义,同时可为建设体育强国提供强有力的支持。

二、大众健身与科学健身

大众健身与科学健身之间具有密不可分的联系。大众健身要达到理想效果,减少或消除运动疲劳,预防运动损伤及不良后果的出现,就需要做到科学健身。

(一)大众健身

大众健身是社会经济文化发展到一定阶段必然要产生的社会现象,特别是体育文化的发展对大众健身的产生具有重要的作用。大众健身是体育运动健身所具有的文化价值和社会价值双重价值的充分体现,也是大众文化素质普遍提高和思想观念普遍转化的充分体现。

1. 大众健身的内涵释义

大众健身也可以称为"群众体育"或者"社会体育",是全民参与的、具有时代性和广泛社会意义的体育健身活动和体育运动,通常情况下人们利用业余时间自主参与,达到增强体质、愉悦身心、增进健康、防治疾病、改善体态、塑造形态、陶冶情操、提升生活质量和提高生产劳动效率等目的。

大众健身的内容和形式多种多样,具有广义和狭义之分。从广义上来讲,大众健身的含义比较宽泛,内容也比较丰富,除了大众喜闻乐见的各种体育运动健身项目和体育活动以外,还包括唱歌、茶道、绘画、书法等,都可以达到大众健身的相关目的。从狭义上来讲,大众健身指的是多种多样的体育运动健身项目和体育活动,通过科学且专业的体育知识、体育技能、锻炼手段与方法等,达到健身者所追求的健身目的,从而为健身者的学习、工作与生活服务。

2. 大众健身的产生和发展

在经济和社会快速发展的背景下,我国经济体制向市场化的进一步转型升级得到了更大的推动,这对国民经济的发展具有极其重要的促进作用。随着国民经济的发展,国民的收入水平也得到了提高。国民收入的不断上涨极大地丰富了人们的物质文化生活,人们的意识也发生了改变,不再满足于低层次的物质需求,对于健康的追求变得越来越强烈。生活方式的改变也让人们有更多闲余时间投身到体育健身项目和体育活动中。人们对健身的需求越来越强烈,具有全民参与性、时代性和广泛社会意义的大众健身便应运而生。快速发展的大众健身,为体育产业发展注入了强劲的发展动力,使得体育经济在我国国民经济中的占比越来越大。当大众健身作为人们的重要生活方式融入国民生活当中,大众健身的发展与体育的发展、经济的发展保持同步,这就使飞速发展的社会经济对大众健身的发展规模与速度等具有决定性的促进作用,大众健身的快速发展也将反作用于经济发展和社会的进步,为其发展和进步提供强大的推动力量。

伴随着大众健身的兴起和发展,国务院于1995年6月20日颁布了《全民健身计划纲要》,全民健身计划从政府层面到基层组织开始得到正式实施。《全民健身计划纲要》的颁布,是国家对于社会体育事业发展的一项重大决策,也是全民健身事业在我国20世纪末和21世纪初发展的具有举足轻重的纲领性文件。《全民健身计划纲要》的颁布,引领和鼓励了更多的人自觉主动地参与到体育锻炼中,使群众性体育活动得到更广泛的开展,从而增强人民体质、增进人民健康,使我国社会主义现代化事业的发展得到强有力的推动。

　　国务院于 2011 年 2 月 15 日印发了《全民健身计划(2011—2015 年)》。《全民健身计划(2011—2015 年)》的颁布,主要是由于社会经济的发展,人们的工作方式和生活方式等都发生了改变,人们在工作和业余生活中脑力活动相对体力活动不断增多,肥胖、糖尿病、高血压、高血脂等危害人体健康的问题比较常见,同时各种心理障碍的患病率持续上升,身体亚健康状态的人群日益增多,人口健康状况实在令人忧虑。为了改变这一现状,改善国民的健康状况,最经济、最有效、最简便易行的方法就是动员和组织广大群众主动自觉地参与体育锻炼和体育活动,形成健康的生活方式并养成健康的习惯。通过《全民健身计划(2011—2015 年)》的实施,我国全民健身事业取得了比较显著的成绩。群众性体育活动得到了蓬勃开展,更多的人将体育健身作为日常生活方式,经常参加体育锻炼的人数也有显著增加。据统计,全国经常参加体育锻炼的人口比例在2007 年为 28.2%,到 2014 年 12 月,数据上升到了 33.9%,数据增长了 5.7 个百分点,说明经过 7 年时间,经常参加体育锻炼的人数增加显著,全民健身计划的目标之一得到了实现。为了进一步促进全民健身向更高水平发展,国务院于2016 年 6 月 15 日印发了《全民健身计划(2016—2020 年)》。“十三五”时期,党和国家深入实施了全民健身国家战略,并且取得了突出效果,主要体现在,逐步增加的全民健身场地设施、显著提升的全民健身公共服务水平、持续增加的经常参加体育锻炼的人数比例。据统计,在此期间,经常参加体育锻炼的人数比例

达到了 37.2%，较上一时期的 33.9%增长了 3.3 个百分点，说明经过《全民健身计划（2016—2020 年）》的实施，经常参加体育锻炼的人数增加显著。与此同时，人民群众对于通过参与健身而促进健康的热情只增不减。这些都对推动健康中国和体育强国建设迈出新的步伐起到重要的作用。国务院于 2021 年 7 月 18 日印发了《全民健身计划（2021—2025 年）》。全民健身与广大人民群众的日常生活存在紧密联系，与广大人民群众的生活质量和健康水平密切相关，是广大人民群众最现实、最关心、最直接的利益问题，是重要的民生问题。可以说，党和国家一直以来都以人民为中心，高度重视和密切关怀全民健身。从 2011 年到 2016 年，再到 2021 年，国务院递进式地印发的三个全民健身计划的文件是在各个时期开展全民健身工作的总体规划和行动纲领，明确了各个阶段全民健身发展的目标、任务以及主要措施，为全民健身提供了强有力的支持，使得全民健身事业朝着全面、协调、可持续发展方向有计划、有步骤地稳步推进，更好地满足广大人民群众对于健康和健身的需求，也更好地为国家经济建设和社会发展服务。

（二）科学健身

科学健身能够给人们带来健康、快乐，还能延长人的寿命，增加人民的幸福指数。但是不科学的健身对人具有极大的潜在危险性，可直接导致运动损伤或者疾病的出现。所以人们在健身时，要选择科学健身，这样才能够保证健身的科学性、良好性、有序性和效果性，达到增强人民体质、增进健康、陶冶情操等健身目的。

1.科学健身的内涵释义

科学健身归属于体育运动科学范畴。科学健身就是建立在体育锻炼的科学基础上的身心活动，也可以简单地理解为科学合理地进行健身锻炼。具体而言，科学健身需要选择符合健身者自身情况的运动项目，采用适宜的运动强度和运动时间，在科学指导下进行有计划、有规律的经常性的健身活动，从而达到健身或者治疗疾病的目的。

早期，由于体育科技比较落后、体育器材比较匮乏等，人们所遵从的锻炼的科学性一般来自参与体育锻炼的经验总结。在现代社会中，体育科技发展迅速，体育器材更加充足与完善，人们遵从锻炼的科学性首先需要具备体育锻炼的学科知识作为基础。从体育科学的视角看，体育锻炼的科学基础主要包括生理学基础和心理学基础两个方面。

（1）科学健身的生理学基础。健身过程是人体思维、肌肉和骨骼等同时参与的协同活动，也是人体与外界环境进行信息、能量与物质交换的过程。在科学健身过程中，需要简单了解体育与生理之间的关系。

首先，科学健身是借助一定的体育运动项目而进行的身体锻炼过程。在这个锻炼过程中，肌肉的收缩是锻炼得以实现的基础。人体内共有三种肌肉组织：骨骼肌、平滑肌和心肌。其中人体内最多的肌肉组织是骨骼肌，占人体重的40％左右。在科学健身的过程中，人体运动的动力来源于骨骼肌的收缩。肌纤维是肌肉的基本结构和功能单位，人体的每块肌肉都是由肌纤维组成的。肌内膜为结缔组织膜，它将每条肌纤维包裹住。多条被包裹住的肌纤维排列成束，就形成了肌束。肌束表面被肌束膜所包绕，多个肌束聚集在一起便形成了一块肌肉。肌腹为肌肉膨大的中间部分。肌腱位于肌肉两端，一般没有收缩功能。肌腱直接附着在骨骼上。骨骼肌收缩时通过肌腱来牵动骨骼，从而产生人体的运动。由此可见，骨骼肌是健身运动得以实现的重要生理基础。骨骼肌是有分类的，根据不同分类方法可以划分为不同的类型。这里的分类方法采用两个维度。根据肌肉的色泽，可以将骨骼肌分为两类：红肌、白肌。根据肌纤维收缩速度，可以将骨骼肌分为两类：快肌纤维、慢肌纤维。结合肌肉色泽和肌纤维收缩速度，可以将骨骼肌划分为：慢缩红、快缩红、快缩白。

要了解不同的健身项目主要由什么种类的骨骼肌参与，就要明确不同骨骼肌的特点和作用。红肌一般收缩比较慢、持续时间比较长、质量小、有持久力。白肌一般收缩比较快、持续时间比较短、质量大、有爆发力。快肌纤维收缩比较快且有爆发力，慢肌纤维收缩比较慢且具有耐力。研究发现，快肌纤维在进行运动强度大、运动时间短的体育运动中的百分比要比在进行耐力项目的体育运动中的百分比高，例如短跑、跳跃等；反之，慢肌纤维在进行耐力项目的体育运动中的百分比要高于在非耐力项目体育运动中的百分比，例如马拉松、游泳等；既需要速度又需要耐力的体育运动中，快肌纤维和慢肌纤维的百分比相当，例如自行车、中跑等。

其次，科学健身进行的前提是人体各种生理机能得以完成的基本特征，即物质和能量代谢。人体机能需要正常运转并不断更新衰老的组织，就需要不断地从外界摄取足够的营养物质。摄入的营养物质在体内进行分解，并排出体外的则为代谢产物。物质代谢过程即整个物质在机体内的代谢过程。能量代谢过程则为物质在体内分解并释放出所含有的能量，再经内部转化成为机体运动和生命活动的能量的过程。人体活动的基础是能量,能量释放的源泉是物质。科学健身作为人体生命活动的一种,对能量代谢的影响比较显著。无论何种运动项目的完成都需要骨骼肌的收缩和舒张。只要骨骼肌收缩和舒张就需要主动消耗能量,所需的能量源于被氧化的能源物质,因此无论何种轻微的健身运动都可以提高耗氧量。在健身运动中,人体的耗氧量增加,就会增多对于能量的消耗,同时也增加了产热量,因而也提高了能量代谢率。在科学健身中,还要注意环境对人体能量代谢率的影响。研究表明,过高或者过低的环境温度都可以提高能量代谢率。

(2)科学健身的心理学基础。健身运动或者健身活动从来都不是单纯意义上的单一的身体锻炼,它也是人们心理参与的过程。所以说科学健身与心理学密切相关,具有心理学基础。

科学健身是人们行为方式的一种,任何行为方式的发生都有其动力机制,即其产生的动因。从心理学角度,驱动人的意识行为产生的是一个复杂的动力体系,这个动力体系是多层次、多因素的。首先受外部环境的影响,其次在外部环境影响下还包括内在的动机、需要、兴趣、态度、习惯等心理因素,最后还受到价值观、理想和信念等的调节和支配。

在科学健身中,健身者参与健身的直接动力来源即为其科学健身的动机。动机是推动健身者进行健身活动的内部动力。这一健身动机一旦形成,就会激发健身者参与健身运动,并且制定健身的某一个或者多个目标,并能将健身运动持续一段时间,还可以调节健身者的健身方向、健身强度和健身时间。如果进行的健身活动并未达到健身目标,健身动机还会为健身者调整健身方向,达到健身的既定目标。科学健身行为的产生来源于科学健身的动机。

那么,科学健身动机的产生又是什么原因呢?虽然内、外两方面因素都可以影响健身动机的产生,但主要还是由于人的内在需要。从参与科学健身的需要分析,健身者通过参加健身活动的愿望、意向等形式将健身需求表现出来,最终推动其进行健身活动,产生健身动机。从健身者参与健身活动的心理层面看,参加健身活动具有一定的社会性功能价值,例如增强身体素质、提高运动技能、锻炼意志品质、保持良好精神状态、结交志同道合的朋友、扩大社交面等。

科学健身的兴趣建立在科学健身的需要的基础上,无论是从认知还是活动倾向来讲对健身者都具有积极的情绪色彩。健身者对健身活动的兴趣往往会发展成为参与健身活动的内在动机,能够使这种健身行为具有持续性。健身者对所进行的健身活动产生兴趣后,就会积极主动参与,并且全力以赴。健身效果是其健身需要的满足,良好的健身效果也会使健身者具有获得感,产生积极的情绪体验。

科学健身的态度是健身者对健身活动比较固定、一贯的心理倾向。这种态度形成以后,就是一种具有相对稳定性的心理活动。一般情况下,科学健身态度是健身者对其参与健身活动所产生的行为倾向、体验和评价的综合性表现。如果健身者在参与健身运动的过程中感受到了健身带给其良好的健身体验,例如健身带来了快乐、健身增进了健康等,健身者就会更加积极地参与健身运动。正确认识科学健身带来的有益效果,可以作为健身者参与健身运动的积极影响因素。

科学健身习惯是由健身者多次重复或者在参与健身运动中巩固下来的成为健身需要的一种自动化行为方式。科学健身习惯是人们从事健身活动的一种稳固的行为模式,具有稳定性、持久性的特点。一旦这种习惯形成,健身者就会自觉地定时或者定点进行健身。科学健身习惯其实是健身者在健身需要的基础上经过健身行为反复强化而形成的,这也可以作为健身者参与科学健身的一个重要的动力因素。

2. 科学健身的现状

全民健身国家战略对于人们生活质量的提高和体质健康水平的提高具有不可忽视的重要作用。随着全民健身的深入开展,加入全民健身阵营中的人越来越多,人们的科学健身意识也越来越强烈,科学健身已然成为大众健身所关注的热点话题,在爱健身的基础上会健身已然成为社会各界的焦点。国家和政府也非常重视科学健身,并出台了相关的政策制度等。国务院于 2021 年 7 月 18 日印发的《全民健身计划(2021—2025 年)》中,将"提升科学健身指导水平"作为了八大任务之一。在此背景下,科学健身指导服务也得到了发展,多个省份引入了科学健身指导服务全民健身。虽然大众健身和科学健身得到了发展,但是由于人们对健身知识了解不充分、对人体健康水平现状及运动存在的风险等缺少一定的检查和评估、不明确如何采用适合自己的运动处方等多方面的原因,科学健身面临一些困境。具体体现在以下几个方面:首先,科学健身知识和方法的普及相对缺乏,使得很多人难以接触或者学习掌握正确的科学锻炼知识和方法,在知识方法层面比较欠缺。其次,实际健身效果和理论健身效果存在一定差距。在大众健身过程中,很多人会出现运动损伤或者不良反应,例如关节损伤、肌肉拉伤、运动过度疲劳等,因此,需要对运动方法及运动量加以匹配,加强理论指导和实践体验的相互结合,确保科学健身的有效性。再者,大众健身行业监管并不到位。有资质的专业人员才能为科学健身提供指导。但是在大众健身行业,没有资质的从业人员也为健身者提供可能存在运动损伤或者存在安全隐患的健身方案。为了保护健身者的健康权益,需要加强市场监管。最后,科学健身领域的专业人才比较匮乏。这方面的人才缺乏会增大科学健身知识以及方法的普及推广难度,会削弱科学健身的效果。同时,专业的科学健身人员既是健身行业的需求,也是大众健身健康权益的良好保障。这就迫切需要加大对科学健身领域专业人才进行培养和培训,从而支撑科学健身的发展。

(三)科学健身与大众健身之间的关系

在现代社会中,经济的发展、现代化精神文明的建设需要大众健身,现代文化的发展、和谐社会的构建也需要大众健身,健康中国、体育强国的实现更需要大众健身。大众健身在现代社会中具有极其重要的意义。不可忽略的是,我国大众健身在快速发展的同时还存在一定的问题,特别是大众健身的科学性问题需要引以重视。科学健身可以促进大众健身取得良好的效果并实现可持续发展。科学健身对大众健身具有重要的价值和意义。

1. 科学健身能够为大众健身提供更多的健身知识与方法

大众健身是人们自觉利用业余时间参与的健身活动。健身者对于健身具有一定的兴趣并可能形成长期坚持健身的习惯。对于健身的知识与方法,有的健身者有一定的认知,有的可能没有掌握相关的专业健身知识,还有的可能忽略了专业知识与方法的重要性。健身本质上就是体育运动,科学健身也属于体育运动科学的范畴。科学健身能够为大众健身从体育运动科学的范畴提供人体健康知识、运动损伤预防与处理知识、运动安全知识、运动的医务监督知识、运动处方知识等健身知识,还可以为大众健身提供人体不同部位的健身方法、不同人群的健身方法、不同时间的健身方法、不同疾病的健身方法等。科学健身会为大众健身提供多视角、多层面、多侧面的体育学科的健身知识和方法,可以让健身者从整体上更好地认识和把握健身的本质。

2. 科学健身能够增进大众健身效果和理论健身效果的一致性

大众健身的主体为广大的人民群众。当健身者选择健身时,从一定意义上讲,健身者都是具有健身动机的。健身动机是以健身目标为指引的。所以广大人民群众参与健身都是希望通过健身能够达到自己所期望的健身目的,即健身要有效果。往往人们由于缺少对健身知识的了解、学习和掌握,缺乏对健身方法的认知、学习等,不但没有通过健身达到健身效果,反而出现损害身体健康的后果,比如出现了由于健身姿势不正确在健身过程中损伤了关节,由于健身强度不在健身者承受的范围内,长期健身出现了肌肉劳损或骨骼受损,由于健身项目不适合健身者的个体特征而出现运动晕厥。要保证大众健身的健身效果与理论健身效果相一致,就需要科学健身。科学健身无论是从健身知识还是健身方法上,都可以让大众健身做到有据可依、有章可循。在体育科学理论知识和方法的指导下,大众健身便可以实现健身预期达到的健身效果,还有可能超出预期的健身效果,使得健身效果更加明显。所以说科学健身能够增进大众健身效果和理论健身效果的一致性。

3. 科学健身能够促进大众健身的良性和持久性发展

我国综合国力提高的主体是高素质的人,人的健康与否直接影响综合国力的提高。人民的健康是综合国力的塔基,广泛开展大众健身并收获良好的健身效果有助于综合国力的提升。同时,大众健身无论是对经济的发展还是对社会的进步,无论是对物质文明建设还是对精神文明建设,都具有极其重要的意义。大众健身的重要性,主要由健身所达到的效果所决定。无论健身者是提高了身体素质、增强了体能、掌握了技能,还是放松心情、愉悦身心、释放压力、收获感动,甚至是认识朋友、拓展社交、营造和谐氛围等,都会促进健身者的健康。如果所有大众健身的参与者都能收获健康,那么就对健康中国建设具有极大的贡献。要想实现大众健身的目标,科学健身尤为重要。科学健身能够为大众健身从体育科学的角度提供强有力的支持,指引着大众健身向正确的方向发展,增进大众健身的效果,促进大众健身的良性和持久性发展。

第二节　科学健身的影响因素及社会价值

科学健身的出现具有独特的历史背景。科学健身的出现与发展会受到政治、经济、文化等因素的影响。已然存在的科学健身,具有其自身存在的客观性,同时也具备非常重要的社会价值。

一、科学健身的影响因素

科学健身与大众健身、学校体育、竞技体育等息息相关。科学健身受各种因素的影响，主要包括政治因素、经济因素和文化因素等。

（一）政治因素

科学健身最基本的社会保证就是政治。政治的基础是经济，同时也是经济的集中体现，是以国家权力为核心展开的各种社会关系和社会活动的总和。政治能够牵动全体社会成员的利益并能支配全体社会成员的行为。政治作为一种社会现象，对人类社会及社会现象具有重要的影响，当然也包括体育现象。政治是一个国家的上层建筑。我国是社会主义国家，国家的一切权力属于人民。国家的性质决定了我国体育的出发点和落脚点就是为人民服务。我们党和国家一直以来都非常重视人民的体育事业。

在中华人民共和国成立初期，毛泽东主席就提出了"发展体育运动，增强人民体质"的口号。毛主席当时所提出的这一口号至今仍然具有强烈的现实意义。20 世纪 70 年代，邓小平同志也曾经说过"中国的体育就是群众体育"。1995 年6 月，国务院颁布了《全民健身计划纲要》，全民健身计划开始得到正式实施。1995 年 8 月，在《全面健身计划纲要》颁布的两个月后，第八届全国人大常委会全票通过了《中华人民共和国体育法》，其中对"国家推行全民健身计划"做出了明确规定。《中华人民共和国体育法》的颁布，对于新中国体育事业的发展具有里程碑的意义，标志着我国体育工作有法可依，这也为维护人们参与体育的权利和推进全民健身提供了强有力的法律保障。20 世纪 90 年代中后期，我国大众健身已经初具规模。我国政府对于大众体育的推广力度也进一步加强。1997 年 11 月底，伍绍祖同志在全国体育发展战略研讨会上提出，"人人享有体育权利，全民参与体育健身，提高国际体坛竞争能力，全面推进体育进步，为逐步实现体育现代化而努力奋斗"，这是我国体育事业到 2010 年的发展目标。从2010 年至今，国家制订的《全民健身计划》，无疑也是对体育事业发展的高度重视。人民的体质，是革命的本钱，也是人民赖以生存和发展的本钱。通过体育锻炼增强体质，无论是对个人而言，还是对国家和民族而言，都是非常重要的。现代医学也已经证明，长期适度的体育锻炼能够给身体带来很多有利影响，比如畅通血液的循环、刺激骨骼的生长、控制血脂和血糖的范围、增加高密度脂肪酸的浓度等。这些无论是对于正在生长发育中的儿童、青少年，对于为国家建设和发展做出贡献的中年人,还是对于"退而不休"发挥余热的老年人都具有重要的意义。为此,国家根据国民体质健康情况与时俱进不断更新各项计划,表明大众健身的科学性问题得到了逐步的重视。当前我国大众健身的方式方法逐渐增多,大众健身的频率频度不断提高,大众健身的人群逐步扩大,急需科学健身的指导以及科学健身服务体系的构建与实施,从而高质量落实全民健身。

(二)经济因素

人类社会赖以存在和发展的基础是物质资料,这也是体育赖以存在和发展的基础。科学健身作为体育的重要学科范畴,其迅速发展的物质基础就是经济因素。社会对科学健身的需要是由经济决定的。人类社会对于科学健身的需求,主要是为了适应劳动、身体、精神、心理以及社会交往的要求,是人类有目的、有意识创造出来的社会性需求。社会对科学健身的需求,并不是由人的主观愿望来决定,而是由当今社会经济发展的条件所决定。消费是建立在生产的基础之上的。随着社会经济的发展,人们的消费结构也产生了变化。当用于生产劳动、家务劳动和工作的时间缩短后,劳动者用于自由支配的时间就逐步增加,参与科学健身的时间和人数就会越来越多。人们参与科学健身的形式不仅仅局限于单纯的广播操,健身活动和内容也日益丰富。人们在参与科学健身时,不但会考虑到健身活动的健身功能,还会考虑到健身活动的娱乐功能,并根据自己的喜好来选择健身项目。比如娱乐健身、保健健身、康复健身、医疗健身等,这些都是社会经济发展水平提高的产物。

科学健身的发展必须依靠社会经济发展提供的物质条件和资金支持。我们知道现代体育的发源地是欧洲,究其根本原因,是当时欧洲的生产力水平比较高,社会经济比较发达。衡量一个国家的经济状况,主要是看这个国家的经济水平和经济实力。国民总收入或国民生产总值是反映经济实力的主要指标,这与国家竞技体育水平是同步发展的。人均国民收入或人均国民生产总值是反映经济水平的主要指标,这与群众体育的发展水平是同步的。

随着社会生产力的快速发展,国家的经济实力得到了增强,人均国民生产总值也得到了增长。随着我国经济的快速发展,国家和全社会对于科学健身的投入,无论是人力、物力还是财力都有增加,从而促进了人们参与科学健身规模的不断扩大以及体育事业的迅速发展。比如,国家通过体育彩票等手段,将公益基金投入大众健身所需要的基础设施建设,加快群众体育的发展,扩大国家参与健身活动的人口规模。

随着我国社会主义市场经济体制的不断完善,科学健身开始面向市场,通过市场向社会提供适合大众健身消费需求的各种科学健身服务。其中一部分健身人群多、影响大、受欢迎和适合开展产业化的健身项目,走上了产业化发展的道路,并以自主经营的企业型的科学健身俱乐部的形式出现,以营利为目的的科学健身俱乐部正在蓬勃兴起。同时,也出现了非营利性的民间科学健身组织。无论是营利性的科学健身俱乐部还是非营利性的民间科学健身组织,都为群众体育的普及、推广和发展提供了越来越多的有利条件。

(三)文化因素

每一种文化现象都是由人进行创造并呈现出来。人的文化创造性的优劣或者强弱,则与人所处的政治环境和政治条件密切相关。科学健身属于体育学的范畴,要研究文化对科学健身的影响,就需要看文化对体育的影响。文化与体育之间存在紧密联系。中西方体育之间存在差异,这种差异产生的原因与各自所存在的政治环境和政治条件有关。古代奥林匹克运动之所以会在西方出现,与当时的希腊文化紧密相连。当时借助于东方文化(主要包括巴比伦和埃及两国文化)的希腊文化迅速发展并繁荣起来。同时,由于希腊自身特殊的历史原因,以城邦为主体的经济活动方式在希腊形成,从而使区别于其他文明古国或者文化地域的"奴隶制民主政治"得以产生。"奴隶制民主政治"作为希腊当时的政治体制,为希腊的哲学、文学、艺术、科学和商业等的发展和繁荣提供了决定性的政治保障,同时也为希腊体育的蓬勃发展以及古代奥林匹克运动会的诞生奠定了难能可贵的社会条件。

文化可以说是一个民族、一个国家的灵魂所在,体育则可以说是这个民族和国家的民族性格、文化特色和精神状态的彰显。在我国,中国特色社会主义文化在人民大众文化生活中占据主导地位。中国特色社会主义文化始终坚持以科学的理论武装人,以正确的舆论引导人,以高尚的精神塑造人,以优秀的作品鼓舞人。在我国,发展先进文化,就是发展中国特色社会主义文化。它是以马克思主义为指导,以培育有理想、有道德、有文化、有纪律的公民为目标,发展面向现代化、面向世界、面向未来的,民族的科学的大众的社会主义文化。必须坚持先进文化的前进方向,并且要大力发展,特别是支持健康有益的文化。体育是文化的一部分,其中的科学健身是健康有益的文化,是中国特色社会主义文化的一部分,也是建设社会主义先进文化的重要途径。今天,中国先进文化事业蓬勃发展,中国的体育事业也得到蓬勃发展。先进体育文化的内涵、先进体育文化的理念已经深入人心。随着全民健身事业的广泛发展,科学健身更是吸引了众多社会力量的积极参与。科学健身的欣欣向荣,正成为中国特色社会主义文化的重要推动力。科学健身能够加深人们对健康的认知、树立健康的理念,提供给广大人民群众科学的健身方法及健身体验等。我国不同地域的科学健身传统优势项目一般都各具特色。从这个意义上说,不同科学健身项目的呈现,也在向人们展示不同的地域文化。通过科学健身与文化的融合,会激活科学健身的市场经济,丰富人民业余生活与满足人民的体育文化需求,推动社会主义文化的大发展、大繁荣。

二、科学健身的社会价值

科学健身,其实就是人们在健身时要做到科学。科学健身的顺利开展可以提高人们的生活质量及整体素质。科学健身观念的形成是我国社会发展到当下的现实要求,也是科学健身充分体现其社会价值的具体方式。可以说科学健身是具有极大包容性的,它伴随着全民健身的产生而产生,改变了人们最初对健身的模糊、笼统、片面的认识,使健身在人们的观念中进一步清晰、详细和具体,拓宽了人们对体育的认识。伴随着体育职能部门对科学健身工作的重视与调整,科学健身的社会价值显得尤为重要。

(一)科学健身促进人的全面发展

在社会快速发展的过程中,生命管理等重要主题越来越得到人们的重视。与生命相关的重要主题一般有医疗保健、健身健美、休闲养生等,其中与生命健康相关的主要以科学的身体实践为核心成为促进人的全面发展的中心带。国家出台的相关体育制度保障科学健身的良性发展。这些相关制度是国家权力的一种独特的运行方式,与健康管理、膳食营养、医疗卫生等制度紧密相连,对于国民的全面发展起到积极的干预作用。这一方面体现了国家以生命权力为途径对国民生命的管理和调节,将个体的生命管理与身体训练结合起来,另一方面也蕴含着国家对国民安全与健康的尊重,从而体现出了国家对科学健身治理能力的提升以及治理手段的优化。

科学健身促进人的全面发展,可以说是一项重要的民生工作。在科学健身中,参与健身者人人平等。在科学健身时,身体差异是最大的差异,它不受贫富差距、文化差异等影响。科学健身将人对健康的本质需求回归到人的身体范畴,科学的生命知识、健身知识、健身方法、健身手段等成为最具有权威性的知识,同时科学健身将人们的生物性与身体主体性得到相当程度的还原。以前，人们可能会在不经意的时刻去关注自己的身体，也可能会想尽办法对自己的身体进行投资或者强化，投资或者强化身体则是为了拼命地对身体进行消费。现在，人们则是时时刻刻关注自己的身体，并对自己的身体小心翼翼地呵护，这种小心翼翼呵护身体的目的则是为身体积攒能量，使其更好地抵御疾病。换言之，科学健身发展到现在，人们对科学健身的重视已经超越了仅仅依靠政策文件，更多的是注重结合生物学、医学、保健康复学等科学知识，来满足自己在健身时对于生命的维护和优化。科学健身对于青少年、妇女、老年人等不同的人群都具有重要的促进全面发展的作用。

科学健身能够改善人的身体形态，促进人的体格健壮及健美，提高人体内脏器官的机能以及神经系统的灵活性，全面发展人的体能，还能延缓人的衰老并延年益寿等。总之在健身方面，科学健身能够促进人的身体健康。科学健身还能提高人的认知能力，使人们掌握有关运动、人体、医学、生物、卫生保健等方面的科学知识与方法，还能促进个体的形成与发展，疏导人的情绪以及感受健身带来的释放感和自由感，使人获得美的享受以及自我能力实现的快乐和获得感等。在健心方面，科学健身能够促进人的心理健康。同时，科学健身能够给不同职业、不同年龄、不同性别、不同地域的人群提供交流的平台，促进人们结交朋友、提高社会交往能力等。由此可见，科学健身还能够促进人对社会的良好适应能力的发展。所以说，科学健身能够促进人的全面发展。

（二）科学健身促进生产力及经济的发展

发展生产力是社会主义的根本任务。生产力最活跃、最积极的因素是人，社会生产力的重要组成部分则是人的素质。健康素质在人的素质中，是科学文化素质和思想道德素质的物质基础，所以说，人的健康素质在生产力发展和经济建设中也是重要的物质基础。科学健身能够增进人的身心健康，对于健康素质的提高具有重要作用。科学健身还是促进人的全面发展，提高人的智商、情商等的重要途径。通过科学健身，可以促进人的身心健康及全面发展，提高人的整体素质和水平。生产力是人的生产力，由人来把握生产力的发展。生产力的发展离不开人的发展。人的全面发展，是推动生产力发展的根本动力。所以广泛开展科学健身具有重要的意义，是先进社会生产力对体育工作提出的重要要求。科学健身，肩负着促进人的全面发展从而可以促进生产力发展的重要责任。

科学健身的发展需要经济基础，经济为科学健身的发展提供了强大的物质条件。同时,科学健身的发展又不断对社会生产提出新的要求,从而刺激生产,促进经济的发展。现代科学健身日益朝着生活化、大众化和多样化的方向发展。科学健身的发展,必然会导致新的产品、新的行业的产生与发展。首先,体现在人们进行科学健身时,对于体育用品、体育场地等需求上。对于体育用品的需求,不但体现在数量需求的增长上,还体现在质量需求的提高上、品种需求的增多上等。对于体育场地的需求,体现在场地设施需求上的数量增加和种类的增多、场地面积需求上的增大等。所以说,科学健身的迅速发展,明显扩大了体育消费市场的需求。为了满足体育消费市场的需求,就必须大批量地生产科学健身所需要的各种体育用品、体育设施,改造、建设或者利用体育场地。为了保证体育用品能够到达健身者的手中,还必须注重体育用品的流通领域。体育消费市场的发展,既能够增加更多的创业就业机会,又能够为社会创造更多的物质财富。科学健身的发展既刺激了生产,又加快了流通。科学健身的发展,还可以促进与科学健身相关的出版、新闻、电影电视、物流、数字经济等产业的发展。所以说科学健身的不断发展,不但会给体育产业带来新机,带动体育经济的发展,还可以影响与之相关的其他产业的发展。这些产业的发展,都是国民经济发展的重要构成要素。由此可见,科学健身对于社会经济的发展具有积极的促进作用。

（三）科学健身提高社会道德的规范性

科学健身的主体是人,主要的实现途径是参与体育锻炼,主要的指导方法是科学的。在人进行体育锻炼的过程中,人的身体通过不断地参与锻炼得到不断发展,身体的发展是人认知能力提高的基础,人的认知能力的提高又促进了人的身体发展。科学健身,促进了人的身体发展和认知能力的可持续性提高。科学健身作为主体人的一种活动,就是通过健身者自己的身体锻炼和周围环境不断接触。在这个过程中,健身者既是独立的个体,又是周围环境中的一员。健身者在健身过程中,会形成一套共同道德规范和行为准则,每个健身者都需要遵守这种道德规范和行为准则,并在已经形成的道德规范和行为准则下,发挥自己的主观能动性。在持久的科学健身过程中,这种道德规范和行为准则被所有参与的健身者不断地共同进行修正、发展和完善,使其更有利于健身者自身的存在和发展。这就要求健身者必须了解所进行健身锻炼的行为道德规范,并具有自我的约束能力。所以说,科学健身不但能够教给人行为道德的规范,还能够培养人的自我约束能力。

当人参与科学健身时,不但要和健身用品、健身设施、健身场地等所谓的物发生关系,而且还要和参与健身的其他人发生关系。这种人际交往关系涉及自己的健身教练、自己的健身伙伴。如果参加不同级别的比赛,还涉及自己的对手、观众、裁判等。这就使得健身这种行为不仅仅是一种行为,更是一种复杂的、变化的、动态的关系。要在这种关系中,与不同的人处理好关系。比如,对于健身教练,更多的是要尊重教练的意见,还要结合自己的思考与创造;对于健身伙伴,既要相互关照又要相互协作;对于比赛对手,既要尊重又要勇于拼搏、战胜对方;对于比赛时的观众,既要尊重又不能被观众干扰。这种动态变化的复杂的人际关系需要健身者按照人们认可的行为规范,在人际关系的交往中确定和调节交往方式。同时在比赛中,比赛规则的严肃性可以很好地规范参赛者的行为,增强参赛者的规则意识,使体育道德在人的内心产生自律,更多的是要求个体通过自我调节和道德判断来规范人的体育行为、养成良好的行为习惯。因此,可以说科学健身对于培养健身者的群体意识、提高社会道德规范性等方面具有积极的影响。

(四)科学健身推动全民健身的发展

在我国,随着经济的发展、社会的进步和人民生活水平的提高,人们对健身的需求越来越高。虽然国家也出台了相关的体育政策和文件来推动广大人民群众参与健身,全民健身也应运而生并且得到了快速的发展,但事实上,人们对健身的认知和重视已远远超越了这些政策和文件。国家重视人们的健康,希望更多的人参与健身,立足于增强人们的体质,提高人们的健康水平。国家着力推进各项全民健身惠民工程,并鼓励不同地区根据自身特点和优势打造特色鲜明的精品全民健身活动,并构建具有地方特色的全民健身服务体系。参与健身的人们体会到用于全民健身的场地增加了,健身设施升级了,很多专业化的健身场地和设施都免费向社会开放了;很多城市也打造了非常便民的城市社区健身圈、健身步道、健身站点;还有的城市对全民健身事业不断创新,建立了休闲体育主题公园,为运动健身和休闲旅游等增添了新的亮点。人们也深深地体会到全民健身环境改变,这更加激发了人们参与健身锻炼的兴趣,更加激励了人们参与健身锻炼的持久性,同时人们也更加体会到国家对全民健康的关心,人们参与健身的获得感和幸福感也都大大增强了。

在全民健身过程中,国家政策的利好、经济的投入和支持、健身人数的增加、健身年龄的扩大化等都大大推动了全民健身的发展。在全民健身的过程中,对于健身锻炼的科学性需求也随之越来越明显。人们对于健身知识的期望值越来越高,对于健身项目动作技术的专业性要求越来越高,对于健身锻炼与营养、生物学、医学等不同学科产生协同作用的交叉知识需求越来越大,对于大众健身赛事的层次辨别及赛事鉴赏的专业性的要求也越来越多。所以说大众健身发展到一定阶段,科学健身能够进一步推动大众健身的发展。科学健身能够为大众健身提供更加专业的健身知识,提供更加前沿的体育学科知识,提供更加权威的体育学科与其他营养学、生物学、医学等相融合的交叉学科知识,提供更加专业的运动技术指导和赛事裁判、赛事欣赏等专业知识解读等。科学健身从内容到形式都超越了大众健身的被动局面,能够使人的主观能动性和自我塑造能力等方面得到最大限度的发挥,让人们通过科学健身达到自身想追求的最佳健康状态。科学健身最大的意义就是把这种被社会进步和经济发展呼唤出来的全面健身加以科学化和推进化,并将其顺势纳入全民健身体系中,使全民健身体系更加丰富。它的实践意义就是为全民健身提供更加科学、专业、稳定、良性的指导和推动全民健身的发展。

(五)科学健身能够积极应对人口的老龄化问题

人口老龄化问题已经成为全世界的一个重要话题。根据联合国的标准,当一个地区或者国家的 65 岁及以上的老年人口占这个地区或者国家的总人口比例超过 7%,这个地区或者国家就已经进入老龄化;当一个地区或者国家的 60 岁及以上的老年人口占这个地区或者国家的总人口比例超过 10%,这个地区或者国家就已经进入严重老龄化。2011 年国家统计局发布的统计数据显示,我国 65 岁及以上的老年人口占比为 8.87%,较 2000 年人口普查时上升 1.91 个百分点。这也说明,我国已经进入老龄化社会,并且老龄化人口占比已经超过联合国最低标准。数据统计显示,在 2020 年,我国 65 岁以上老龄人口占总人口的比例已经达到了 13.5%,老年人口数量为 1.91 亿。也就是说世界上每 4 个老年人中有 1 个即为中国人。据估计,到 2057 年,我国老年人口占总人口比例将达到 32.9%～37.6%,老年人口数量将达到 4.25 亿的峰值。由于我国人口基数比较大,所以我国老龄化人口数量也相当大,老年群体也成为社会关注的焦点之一。国家体育总局于 2022 年发布的《关于进一步做好老年体育工作的通知》中提出,要深刻认识新时代老龄工作的主要矛盾。发展老年体育事业,开展科学健身是关系广大老年人的幸福感、获得感及高质量生活的重要途径。

科学健身的开展与推广,可以使老年体育工作的服务质量得到持续稳步的提升,可以使老年体育工作的指导水平得到持续稳步的提高,也可以使老年健身的场地设施、赛事活动、健身指导等得到持续稳步的增多,还可以使与老年健身相适宜的休闲运动得到持续稳步的推广研发等。科学健身既能够从微观层面,也能够从宏观层面积极解决我国老龄化问题。从微观层面,科学健身能够促进老年人的身心健康、预防或者减少疾病、减少个人就医费用的支出、提高老年人口的生活质量、增进家庭健康和谐等。从宏观层面,科学健身能够积极应对我国人口老龄化、减少国家对老年人就医费用的支出、补充与完善老年体育服务体系、构建和谐社会,还能够满足老年人对美好生活的追求以及响应健康中国和体育强国的号召。因此,科学健身能够对我国人口老龄化产生积极效应,对我国全面建设社会主义现代化强国具有重要意义。

(六)科学健身能够使民主的观念更加深化

我国的现代化发展道路是人民共同期盼的全过程人民民主。国家从顶层设计、制度安排等对体育事业的全过程民主化发展实现了效能转化。在百年未有之大变局背景下,我国的顶层设计及制度保障实现了全体人民、全过程参与体育公共健身、公共服务与治理等,并焕发出了强大的生机和活力。科学健身是中国式现代化全民健身的方向选择,是全体人民智慧的结晶和价值的共创,能够使全民、全过程参与的体育锻炼更加民主化,能够使体育公共服务的政策扶持得到深化,均衡城乡、区域全民健身的发展等。

在科学健身的过程中,人们自主选择健身项目,自主参与赛事活动、民主协商赛事活动内容和赛事管理等。同时,人们健身民主化的典范也是人们在科学健身过程中自我内在张力的需求。科学健身是人们全过程参与健身公共服务的渠道。国家的政策法规等为科学健身提供了强大的保障,为科学健身全过程中人民民主参与体育公共服务提供制度支撑。同时依托政策法规,科学健身可以扩大自主的治理空间,使全民健身的治理更加民主化。可以说,科学健身为体育公共服务过程中人民参与健身的民主化赋能,也为人民参与治理的民主化赋能,是新时代体育高质量发展的民主典范,是实现全面健身、健康中国和体育强国的重要实践路径。

第三节　科学健身的重要原则及遵循规律

在新时代,科学健身是群众性体育活动的主要形式之一,是全民健身的重要方向之一,是增强体质、增进健康最科学、最有效、最积极的方法。科学健身不仅能够起到健身的作用,还可以发挥锻炼意志、愉悦精神、陶冶情操、调节情绪等的健心作用;同时,还可以发挥矫正体态、塑造体形、改善肤色等的健美作用。所以说科学健身能够达到健身、健心、健美的重要效果。要达到科学健身的重要效果,就需要明确科学健身的重要原则及遵循规律,使科学健身有章可循、有据可依。

一、科学健身的重要原则

科学健身的重要原则,是人们在长期健身过程中获得的成功经验的概括和总结,是每一位从事科学健身的人所必须遵循的重要准则。科学健身重要原则的遵守,是科学健身效果得以实现的重要保障。

科学健身的重要原则,主要包括以下几个方面。

(一)全面性原则

科学健身的主要目的之一就是促进人体各器官系统机能与身体形态得到全面的发展,促进人的基本活动能力和身体素质的全面发展,促进人的身体健康与心理健康的全面发展。所谓全面性原则,是指在健身过程中,健身者对自己的每个器官、每个部位、每种身体素质、每项基本活动能力、每种心理素质培养等都得到很大程度的锻炼。除此之外,全面性原则还包括在健身过程中所练习的健身项目的全面性、健身方法及健身方式的全面性等。科学健身的全面性原则的主要内容和注意事项,主要包括以下几个方面。

1. 促进人体各器官系统机能与身体形态的全面发展

人体各器官系统的机能锻炼与身体形态的锻炼是紧密结合在一起的,两者的结合使人体全面、协调发展。人体本身就是一个整体,当某一器官系统机能得

21

到提高时，其他部位器官系统机能也必然会得到改善，与之相关的人体外在形态也会产生积极的影响。在人体外在形态的锻炼上，很多时候人们在科学健身时会选择徒手操、健美操、韵律操等，这些对促进身体形态的均衡发展具有积极的作用。在人体内在器官系统的机能锻炼上，很多时候人们在科学健身时会选择健步走、慢跑、走跑交替、游泳、滑冰、健美操等练习，这些练习以有氧代谢为主，能使人体的心肺机能水平得到有效提高。科学健身时，人体外在形态的锻炼与人体内在各器官系统的锻炼，两者内外结合，全面发展，对于促进人体发展的协调性和平衡性具有积极作用。

2. 促进人的基本活动能力和身体素质的全面发展

人体的基本身体素质一般包括速度、力量、耐力、柔性、灵敏、协调等。这些基本身体素质也是决定人体基本活动能力的重要因素。人体身体素质得到了全面发展，人的基本活动能力也就有了保障，也会得到全面提高。在科学健身时，通过健身锻炼促进了某一项身体素质的提高，它会对其他方面的身体素质产生相关的积极影响。这是因为人体各项身体素质之间是紧密联系、互相作用、互相影响的。除此之外，还需要明确，人体各项身体素质之间在发展的过程中也会相互制约。比如长期从事长跑项目，耐力素质会有比较大的发展，速度素质和力量素质的发展不会有明显的提高；长期从事力量练习，力量素质会有比较大的发展，心肺功能的发展不会有明显的提高；长期从事单侧肢体健身锻炼，锻炼一侧的肢体素质会有比较大的发展，另一侧肢体素质的发展不会有明显提高。因此，在科学健身时，除了注重身体素质的全面发展以外，还要注意有重点的发展。也就是要根据健身者自身身体素质情况，在全面练习的基础上，对于自身的薄弱素质进行侧重锻炼，从而真正做到身体素质的全面提高。

3. 促进人的身体健康与心理健康的全面发展

科学健身时，无论是身体形态与器官系统机能的全面发展，还是基本活动能力与身体素质的全面发展，落脚点都是能对人的身体健康方面产生有益的效果。与此同时，还应该注重人的心理健康方面的发展。比如为了放松紧张的心情，可以选择太极拳、健身气功八段锦、健身气功五禽戏等柔和缓慢的运动；为了陶冶情操，可以选择体育舞蹈、健美操等有优美旋律并且能感受到肢体运动带来的美的运动；为了克服交往焦虑，可以选择羽毛球、乒乓球、排球、篮球、足球等既可以是两人组队参与也可以是多人组队参与的集体项目的运动；为了磨炼意志品质，可以选择 3 000 米、5 000 米、马拉松、长距离游泳、长距离远足、登山等运动。当人的身体健康和心理健康全面发展了,就会促进健身者达到内外兼修、和谐统一的全面发展。

4. 促进健身项目与健身手段的全面发展

科学健身目的的达成,都离不开科学的健身项目和健身手段。健身项目和健身手段需要做到多样化、全面化,即健身项目和健身手段要全面发展。在健身过程中,有的健身项目是一些健身者喜爱的,却是另外一些健身者所不喜爱的。如果健身项目单一,就会给健身者带来很大程度上的局限性。健身项目的全面性对于科学健身来讲显得非常重要。同样,在健身过程中,有的健身手段比较新颖、时尚、简单、效果好,能够引起健身者的注意,激发健身者的兴趣,让健身者乐于通过这样的健身手段进行锻炼,而有的健身手段比较落后、复杂、效果差,就会带来不好的健身体验。这就需要在科学健身时,能够丰富健身手段,从而保证良好的健身效果。所以说,健身项目与健身手段的全面发展,能够给健身者带来良好的整体获得效应,对于健身目的的达成具有重要的作用。

(二)目的性原则

科学健身是健身者的一种自愿行为,通过健身锻炼,想要达到一定的健身目的。目的性原则就是指在健身前,通过对健身或其他健身手段的宣传,在充分理解并认识到健身锻炼的意义及目的的基础之上受到启发与指导,健身者自愿地、主动地、积极地进行健身锻炼。明确目的和自觉、主动、积极是健身者参与健身锻炼的首要条件。科学健身是现代人的一种有意识、有目的的体育活动,自始至终都受到一定健身目的的支配。虽然在体育领域,科学健身不像有着较为恒久教学目标的体育课程教学,也不像将优异的运动成绩作为最终目标的竞技体育,但是就现代社会人类总体而言,科学健身则是为了完善人类自身的健康和开发人类自身的身体潜能。科学健身的目的性原则的主要内容和注意事项,主要包括以下几个方面。

1. 提高科学健身意识,强化科学健身价值观念

社会的进步需要人们整体健康水平的提高,健康水平的提高和人们健康的体育生活方式息息相关。人们科学健身意识的增强和科学健身价值观念的确立都可以很好地推动人们形成健康的体育生活方式。认识到科学健身对人们健康的作用以及重要性,是进行科学健身的前提条件。在我国,全民健身得到了持续的发展,参与体育锻炼的人口数量也得到了持续的增长,所以科学健身意识的

增强以及科学健身价值观念的强化,对于全民健身效果的达成以及全民健康具有重要的意义。

2. 强化科学健身动机,明确科学健身目的

人的一切行为的发生总是以一定的内在动机作为出发点的,动机的产生则是为了满足人们的各种需要,同时指引着人的一切行为向目标前进。科学健身行为的发生是以科学健身动机作为内在力量的。要强化科学健身的目的动机,首先要对健身者引起其人体动机的各种需要进行认真分析,并对其加以因势利导。同时,还需要将科学健身目的的明确与正确人生观的树立联系起来。只有科学正确健身目的的形成,健康向上、积极进取人生观的树立,才会指引人们不断地寻找各种锻炼途径对自己进行充实,将健身锻炼真正作为生活的重要内容之一,才能真正实现科学健身。

3. 发展科学健身兴趣,形成科学健身习惯

科学健身的积极性首先来源于健身者对于健身的正确动机和想要达到的正确的目的,同时健身者想通过何种锻炼形式或者方法达到健身目的基于健身者对于运动本身所具有的兴趣。在指导人们科学健身时,一方面要将科学健身的活动形式和方法安排得丰富多彩,尽可能地吸引广大人民群众加入科学健身的队伍中来。另一方面,也要加强科学健身的目的性教育,着力培养人们对健身锻炼的间接兴趣,并强化已有的健身锻炼兴趣并使其达到更高的程度。通过科学健身兴趣的培养,将健身锻炼的兴趣转变成一种习惯,并纳入个人生活及活动计划中,形成个人生活制度的一部分,科学健身才能持之以恒。

(三)安全性原则

科学健身的最终目的就是实现健身者健康,所以在健身过程中健身者要始终将安全性放在第一位,注意将自己保护好。安全性原则就是指科学健身时必须遵循人体发展与环境适应之间的规律,无论是人体的内环境的适应还是人体的外环境的适应,都需要做好关注,确保在安全的状态下进行健身锻炼。参与健身者在身心发展方面会存在不均衡性,这主要是健身者受到的遗传因素、教育因素、环境因素和自身主观能动性等不同而决定的。所以在科学健身时,对于不同身心发展状况的健身者,就要因人而异地制订锻炼要求和锻炼标准,如果忽略个体的差异,而用统一锻炼要求和标准去要求,就容易导致安全隐患,轻者可能会导致损伤,重者会造成疾患,更有甚者会威胁到生命。如果一个心动过速的

健身者去从事 200 米、400 米等比较剧烈的运动,是相当不明智也是相当危险的,坚决不能拿生命和健康开玩笑。所以,在科学健身时要重视安全性原则,才能收到最佳的锻炼效果。科学健身的安全性原则的主要内容和注意事项,主要包括以下几个方面。

(1)在进行科学健身之前,一定要做好体检,对自己的身体状况有所了解,并且要得到医生的许可。如果自身患有某一种疾病或者有某一种家族遗传病史,应该先找医生就诊咨询,并且要在有医务监督的条件下按照医生出具的建议进行健身锻炼。

(2)如果条件允许,可以请运动医学专家根据健身者的体质健康状况开出相应的运动处方,根据出具的运动处方,进行有计划、有目的的科学健身。如果条件不允许,无法出具相应的运动处方,健身者要根据自己的实际情况选择适合自己的运动项目和运动负荷进行健身。一般情况下,年轻人可以选择运动负荷较大的项目进行健身锻炼,比如马拉松、短跑、篮球、网球、排球等项目;中老年人要量力而行,可以选择负荷相对比较小的项目进行健身锻炼,比如太极拳、瑜伽、普拉提、健身气功、排舞等项目,但有的中老年人因为长期健身或者身体素质比较好,也可以选择适合自己负荷强度的健身项目。

(3)科学健身时,要尽量选择健身设备比较齐全、健身环境良好的健身场地或者场馆进行锻炼。

(4)在每次健身前,把准备活动做充分,可以很好地克服内脏器官的运动生理惰性,进而防止运动损伤或者运动危险的出现。

(5)在健身过程中可以少量饮水,不可以大量饮水,以免使心脏的负担加重或者引起肠胃等的不舒服。

(6)在每次健身后,注意做好整理活动和放松活动,可以很好地防止、减轻或消除运动疲劳并促进机体的恢复;健身后不适合立即洗冷水澡。

(7)健身者在疲劳、饥饿或者饭后等情况下应暂缓健身锻炼,在疾病初愈的情况下也不宜进行比较大强度的健身锻炼。

(8)健身者应掌握一定的体育卫生保健方面的常识和运动疲劳或者损伤的急救方法。

(四)循序渐进原则

科学健身必须遵循人体生理机能所具有的活动规律。人的体质的增强并非一蹴而就,而是一个需要锻炼的积累提高、再积累再提高的长期过程,同时健身锻炼带给人的健康并不能长期保留或者储存,这就需要通过不间断的持久锻炼才能对人体的长期发展起到促进作用。循序渐进原则就是指健身者要按照事先制订好的健身锻炼计划或者方案,经常性地、持之以恒地进行健身锻炼,运动负荷、运动时间、运动难度、健身锻炼内容、健身锻炼方法、健身锻炼形式等都要有步骤、有计划地安排。科学健身的循序渐进原则的主要内容和注意事项,主要包括以下几个方面。

1. 整体规划健身锻炼方案,分段实行健身锻炼计划

科学健身锻炼目的确定后,要对健身锻炼的方案进行整体规划。整体规划中要明确健身锻炼中每个阶段所要达到的健身锻炼的目标,还要包括为了达到锻炼目标所需要的锻炼的内容、方法、形式等,但是对于每个阶段具体的锻炼内容、方法、形式以及运动量的计划就需要实行分段计划。整体规划,分段计划,会循序渐进地达成健身锻炼目标;有规律地进行健身锻炼,可以使健身者的身体形成较为稳定的生物节奏。良好的健身锻炼生物节奏,可以保证每一次健身锻炼对身体产生良好的效果,并能够为下一次健身锻炼奠定基础。长此以往,科学健身的目的就会良好有序地达成。

2. 不断更新健身锻炼内容,丰富健身锻炼形式方法

健身锻炼的内容主要是通过健身者参与锻炼活动来完成一定的动作。从体育学科的角度看,动作的完成属于运动性条件反射。对于初学者来说,反复练习动作对于动作技术的固定是有好处的。当动作达到自动化状态,如果再对动作进行重复可能会使健身者感到枯燥无味,这就需要不断更新健身锻炼的内容,才能提高健身者参与运动的兴趣。同时,健身锻炼的形式方法也需要因人而异、因时而异,并且健身锻炼的内容、形式要由易到难、由简到繁。丰富多彩的健身锻炼形式、方法,可以多方面地吸引健身者的眼球,活跃健身者的大脑,让健身者的体验更加丰富。所以建立健身锻炼内容、健身锻炼形式和方法的动态锻炼系统,对于科学健身具有积极的促进作用。

3. 逐步加大健身锻炼运动量

运动量是科学健身定量化与科学性的核心问题,它影响到科学健身的效果和安全。从理论上来讲,机体对于运动量的承受能力需要有一个缓慢的适应过程。所以,从科学健身的实践出发,锻炼时的运动量要由小到大逐步增加。在科学健身的初始阶段,运动量要符合健身者身体适应能力,健身锻炼持续时间要相对短一些,等到健身者的身体适应后再逐步增加运动量、延长运动时间。如果

健身锻炼长时间保持在一个水平上,锻炼者的机体反应能力就会越来越弱。机体技能的提高是有规律的,一般是按照"刺激—适应—再刺激—再适应"的规律有节奏地提升。运动量的提高也需要跟着这种节奏来调整安排。特别是中断锻炼后或者病后的健身锻炼,更要注重运动量的循序渐进,避免意外的发生。

4. 健身锻炼过程循序渐进

每一次科学健身都是一次完整的身体锻炼过程,在过程中更需要注重循序渐进。在健身锻炼开始时,要做好准备活动,尤其是长期没有进行健身锻炼或者缺乏锻炼基础的健身者,更需要引起足够的重视。在健身锻炼结束后,还要做好整理放松活动,使机体得到充分放松,为下一次健身锻炼做好铺垫。比如马拉松前,先进行 5～10 分钟的慢跑热身;结束后也不要立即停下来,可以慢跑或者慢走 5～8 分钟,待心率降下来才比较安全。

(五)FIT 原则

在科学健身的过程中,运动频率(Frequency)、运动强度(Intensity)、运动时间(Time)三个方面需要健身者引起足够的认识和重视,并且在健身过程中一定要做到比较合理的规划、安排与执行。运动频率、运动强度和运动时间的三个英文单词的第一个字母组合在一起就是三者的简写,即 FIT。在科学健身中,可以简称为 FIT 原则。在运动训练学中或者运动义务监督中,FIT 原则也是非常重要的。科学健身中的 FIT 原则,则是以健身目的为指导的健身锻炼所必须遵循的基本原则之一。因此,要想在科学健身过程中收到良好的健身效果,就必须科学地对运动频率、运动强度和运动时间进行较好的控制。科学健身的 FIT 原则的主要内容和注意事项,包括以下几个方面。

1. 运动频率方面的主要内容及注意事项

健身者每周进行健身锻炼的次数称为科学健身的运动频率。在科学健身过程中,运动频率要根据健身者的身体素质状况及学习、工作情况进行制定。如果身体素质状况好,可以多进行几次健身锻炼;如果身体素质状况较差,可以减少几次健身锻炼;在学习、工作压力比较大,身体和精神比较疲惫的状态下,也要相应减少健身锻炼的次数,待学习、工作压力减小,身体和精神比较好时再增加健身锻炼的次数。通常意义上,一般健身者如果要取得比较好的健身锻炼效果,每周参与健身锻炼的次数最好不要少于 3 次。

2. 运动强度方面的主要内容及注意事项

健身者每次进行健身锻炼时单位时间内身体和心理所承受的运动负荷即为科学健身的运动强度。运动强度的大小对于健身者的健身锻炼效果具有重要意义,同时还影响到健身者进行健身锻炼时的安全性。一般情况下,运动强度等于运动负荷与运动时间的比值。反映运动强度的生理学指标比较常用的是心率(英文为 Hart Rate,简称 HR)。在健身过程中,如果不考虑疾病、心理或者环境等因素的影响,当健身者的心率在 110 次／分和 170 次／分之间时,健身者心率与运动强度之间的关系呈直线关系。当健身者选择慢跑、健身操、游泳、登山等有氧运动项目进行健身锻炼时,健身者的心率需要控制在最大心率的60%～80%。最大心率数值的计算方法是用 220 减去年龄。在科学健身时,运动强度的大小必须考虑到健身者当前的健康水平和身体状况。在健身者身体健康、身体状况好的情况下,可以在保持的运动强度基础上适当增加运动强度,健身者的机体能够适应,并在健身结束后不会感到很疲惫;在健身者身体不适、身体状况差的情况下,可能对于原有的运动强度都不能完成,这时就需要适当降低运动强度,否则容易出现运动损伤,不利于运动的安全。除此之外,在健身过程中,运动强度的大小也需要健身者进行随时监控,并在健身时遵循循序渐进的原则。

3. 运动时间方面的主要内容及注意事项

健身者每次参加健身锻炼时所持续锻炼的时间长度为科学健身的运动时间。健身锻炼的持续时间,和健身者所选择的健身项目、健身者的身体状况、健身者的锻炼目的等都有直接的关系。如果健身者选择远足、中长跑、马拉松等耐力项目进行健身锻炼,或者为了提高心肺循环系统的耐力进行健身锻炼,运动时间则比较长,持续进行锻炼的时间应不少于 20 分钟,才能达到预期的锻炼效果。如果健身者选择器械等进行力量训练,对于每个部位的力量锻炼的时间一般不会很长。同时,科学健身时,健身运动时间的长短与健身运动强度之间存在重要的关系,健身运动强度会对健身运动时间产生重要影响。在大多数情况下,两者比较而言,健身者控制健身锻炼时间比较容易,但是要控制健身运动强度则比较困难。在中长跑等健身项目中,要达到健身效果,可以采用的手段一般是控制运动时间和运动强度。有时候在固定的时间之内可以进行持续的健身运动,即为控制运动时间;有时候在固定的时间之内完成特定的运动距离,即为控制运动强度。两者都可以达到健身锻炼的目的。

（六）环境监控原则

健身锻炼时，健身者一定要注意健身环境对机体以及健身锻炼的影响。良好、舒适的健身环境有助于健身者全身心投入健身中，并获得较好的身体体验，较差、恶劣的健身环境不但不利于健身者从事健身活动，而且也会削弱健身效果，还有可能导致健身过程中出现运动意外或者损伤。科学健身的环境监控原则的主要内容和注意事项，包括以下几个方面。

1. 健身锻炼时太阳射线对健身的影响

在健身锻炼时，处在阳光强烈的环境下，如果健身者的皮肤暴露在外面会受到很大的伤害。阳光中的紫外线对人体具有一定的影响。首先，紫外线会促使人体局部皮肤的毛细血管扩张充血，破坏表皮细胞，致使皮肤水肿或者出现红斑等现象。其次，过量的紫外线对人体进行照射，会致使人体出现体温升高、光照性皮炎、白内障、眼炎、头晕、头痛以及精神异常等症状。阳光中除了有紫外线以外，还有红外线。红外线具有比较强的穿透力，常常被用来镇痛、消炎，治疗神经痛、运动创伤和某些皮肤病，改善局部营养。但是，如果红外线照射过于强烈，则会对机体产生有害的影响，比如使人体的局部组织温度过高，更有甚者会对人体造成灼伤。如果人体的头部受到强烈的阳光照射，红外线会导致人体脑部组织温度升高，进而会引起全身性的机能失调。所以，在科学健身时，健身者需要尽量避免在强烈的阳光下进行健身锻炼，应该选择在反射率比较低的运动场地进行健身锻炼。

2. 健身锻炼时空气污染对健身的影响

在人类的生存环境中，大气是重要的一部分。大气污染也会影响健身者的健身锻炼。大气污染物的种类非常之多，对人体能够造成较大威胁的污染物包括烟雾尘、氮化物、氧化物、卤化物、硫化物以及有机物等等。这些污染物更多的情况下是通过健身者的呼吸系统进入健身者的体内，也可以通过皮肤、黏膜、结膜等与人接触来危害人体的健身锻炼。臭氧、一氧化碳是大气中对健身锻炼产生影响的最重要的两种污染物，轻者会导致咳嗽、头疼、眩晕、胸闷、视力下降等，严重的情况下，还会导致支气管哮喘。空气中的臭氧含量达到 $(0.2\sim0.7)\times10^{-6}$ 时，应该停止户外的健身锻炼。空气中的一氧化碳会导致血液中运输氧气的血红蛋白数量减少，降低血液对于氧气的运输能力，从而对健身锻炼效果起到直接影响。一氧化碳在汽车排放的尾气中大量存在，因此，进行健身锻炼时要避免到车流量特别大的马路边。当出现雾霾天气、沙尘暴天气或者空气中可吸入颗粒物较多的天气时,也应该停止户外的健身锻炼。

3.健身锻炼时热环境对健身的影响

当进行健身锻炼时,人体内产生的热量会大幅度增加。无论外在温度如何,人体都存在这种本能现象。一旦人体进行剧烈的健身锻炼时,人体内在产生的热量会比平时产生的热量增加 100 倍以上。当温度适宜时,人体因剧烈的健身锻炼产生的大量热量会在较短的时间内向外散发掉。但是如果人体在高温环境下进行剧烈的健身锻炼,产生的大量热量很难在短时间向外发散掉,就会使热量蓄积在健身者体内,体内的温度就会升高,从而出现人体机能失调的现象,甚至会出现死亡的严重后果。因此,在热环境中进行锻炼应采取积极的防暑措施,避免引发热辐射疾病。

在热环境下,人体进行健身锻炼时,要注意做到以下几点:首先,健身锻炼尽量避免在酷暑天气进行。其次,如果必须在热环境下进行健身锻炼,一定要及时补充人体缺失的和需要的水分,通过补水增加排汗量,从而促进体内热量的散发,保持人体内在温度的稳定与平衡。再次,在热环境中进行健身锻炼,一定要掌控好健身强度和健身时间,否则机体容易出现各种不适,损害人体的健康。最后,在热环境下从事健身锻炼,需要穿着合适的运动服、佩戴防晒帽、涂抹防晒霜等,既要保护健身者的皮肤,又要有很好的透风透气性,保证体内热量得到充分的散发。

4.健身锻炼时冷环境对健身的影响

在寒冷的环境下进行健身锻炼,可以很好地提高健身者对于外界环境变化的适应能力,同时可以增强人体对疾病的抵抗能力。因此在冷环境下进行健身锻炼还是比较有必要的。但是,冷环境下进行健身锻炼,还是存在一定的局限性。比如人体在冷环境下,肌肉的黏滞性会升高,伸展性会降低,弹性会下降,肌肉的工作能力也会下降,如果运动不得当就会很容易出现运动损伤等。所以要尽量避免在冷环境下进行健身锻炼带来的不利影响。

在冷环境下进行健身锻炼时,要注意做到以下几点:首先,健身锻炼前要做充分的准备活动,并尽可能地延长准备活动的时间,保证健身者的体温能够一步步升高,降低肌肉的黏滞性,增强肌肉的伸展性和弹性。其次,在冷环境中健身锻炼时避免张大嘴呼吸,这样可以避免因冷空气直接刺激健身者的喉咙而引起呼吸道感染。再次,注意避免在冷环境中发生冻伤,特别是做好耳部、手部和足部的保温。最后,在健身锻炼的过程中不要穿过于厚重的服装,以免加大健身锻炼过程中的排汗量而导致健身锻炼后出现感冒现象。在健身锻炼结束后,应立即穿好厚衣服,做好保暖措施。

5. 健身锻炼时湿度对健身的影响

在健身锻炼时,如果气温适中,空气中的相对湿度对健身者的影响并不大。但是如果在高温或者低温等气温不适宜的情况下,空气中的相对湿度则会对健身者产生较大影响,特别是湿度较大时,对健身者会产生不利的影响。因为空气中的湿度越大,人体健身锻炼时在体内产生的热量的散发途径就越容易受到阻碍,这样人体产生的热量与散热的动态平衡就会被打破,健身者机体的正常功能就会受到不良的影响。

人体进行健身锻炼时,环境中适宜的湿度为 40%～60%。在环境温度过高或者过低的情况下,空气中的相对湿度越低对于健身者越有利。当气温高于 25 ℃时,空气相对湿度以 30%最为适宜。因此在健身锻炼时,一定要对环境湿度进行适时监控,从而保证健身锻炼效果。

二、科学健身的遵循规律

科学健身以身体锻炼为基本手段,以健身者身体发展、增强体质、促进健康、丰富个人生活为目的。因此,在科学健身的内容选择、方法运用等方面都需要遵循人体生命活动的基本特征、人体生长发育规律、人体运动过程中机能变化的规律等。在科学健身的过程中,遵循的基本规律的主要内容和要求,包括以下几个方面。

(一)人体生命活动的基本特征

人体的生命活动主要表现为新陈代谢、应激性、兴奋性、适应性及生殖等五个方面的基本特征。这五个方面的基本特征对于健身者来讲是必须遵循的规律之一。

1. 新陈代谢

一切生物体进行自我更新的最基本的生命特征就是新陈代谢。生物体不断地将自身已经衰老的结构进行破坏和清除,再建立新的结构。生物体实现自我更新的过程是基于其与周围环境不断进行的物质与能量交换。新陈代谢分为分解代谢和合成代谢。分解代谢即为分解自身的结构,合成代谢即为合成和重建自身的结构。分解代谢可以将能源物质和已经衰老的组成部分进行分解,释放出能量供人体合成新物质和完成人体各种生理功能,把分解的产物排出体外。分解代谢是异化过程。合成代谢可以不断地将从外界环境中摄取的营养物质加以利用,并合成为自身的组成部分和能源物质。合成代谢是同化过程。在新陈代谢过程中,物质代谢和能量代谢同时进行,在同一过程中表现为两个方面。生物体的新陈代谢是一种物质运动形式,具有复杂性、高级性的特点。生命活动则是这种物质运动形式的表现。一旦新陈代谢停止了,生命活动也就结束了。

2. 应激性

对于外界环境的变化或者刺激,人体内的各种组织具有不同的反应。有的组织受到刺激后是可以产生兴奋性的,比如收缩是肌肉受到刺激后的表现,分泌是腺体受到刺激后的表现,产生并传导神经冲动则是神经反应的表现。而有的组织受到刺激后不能产生兴奋,比如骨骼、上皮组织等,但是可以引起细胞代谢的变化。这种细胞代谢的变化也属于一种反应。应激性即是一切活体的组织或者机体本身对外界环境变化发生反应所具备的能力或者特性。

3. 兴奋性

生物体在一定的外界环境中生活。当外界环境发生改变时,正常情况下,机体可以感受到外界环境的变化并发生相应的变化,这种机体的变化即为反应。各种引起机体发生反应的外界环境变化称为刺激。生物体对外界刺激而发生细胞、组织、机体内在的新陈代谢以及外在的表现反应能力,都可以称为兴奋性。兴奋性是生物体生存的必要条件,是一切生物体所具备的基本生理特征之一。

4. 适应性

生物体生活在某一特定的生活环境中,在这个生活环境中生存的时间越长,就会越来越适应生活环境,长此以往,可以逐渐形成既适合自身生存又与环境相适应的一种反应模式。适应性即为生物体所表现出来的对于环境的适应能力。比如,健身锻炼过程中长期坚持耐力项目的训练,肌肉的耐力素质以及心肺系统的功能会得到改善;长期坚持压腿等柔韧项目的训练,肌肉的柔韧素质会得到提高。这些都是人体对于外在环境变化所产生的适应结果。

5. 生殖

生物体具有生长发育的特点,当其发育到一定程度,为了让有限的生命得以延续,就需要进行自我复制和繁殖,孕育出与自己相似的子代个体,这种能力称为生殖。所以，生殖也是生命的基本活动。

（二）人体生长发育规律

人体的生长发育遵循一定的规律。遗传因素对人体的生长发育过程起到一定的决定作用，具体表现为人体的生理机能、心理特点、形态结构、运动能力甚至是寿命长短等各个方面都会受到遗传因素的影响。可以说，个体生长发育的大致方向和水平基本上是由遗传因素决定的。但是，在人体生长发育过程中，后天的环境因素等对于人体的生长发育也具有影响，这就使生长发育在遗传的基础上发生一定程度的改变。科学健身就是调节这种改变的重要手段。人体的生长发育及其发展过程可以清晰地划分为不同的阶段，在每个阶段可以找到其特点，所以在不同的阶段对人体进行不同的健身锻炼，对于人的整个生命活动过程来讲具有举足轻重的作用。人体的生长发育规律对指导科学健身具有重要的意义。它不仅为不同年龄阶段的健身者从事健身锻炼指明方向，同时也要求科学健身必须全面、科学、因人而异，在不同的阶段有不同的侧重点。

（三）人体运动过程中机能变化的规律

人体在进行健身锻炼之前，相关的系统以及器官会产生一系列条件反射性状态，这种状态的生理变化主要表现为体温升高、物质代谢加快、兴奋性提高、内脏器官功能增强等。在进行健身锻炼前，一定要做好准备活动。准备活动具有一定的生理作用，主要表现为使体温适当升高、中枢神经系统的兴奋性提高、机体氧运输机能增强，还可以对肌肉损伤起到预防作用。在健身锻炼过程中，健身者机能水平的提高是一个渐进的过程，这个过程在运动训练学中被称为"进入工作状态"。影响进入工作状态时间长短的因素主要包括健身者的个人特点、运动强度、机能状态和锻炼水平等。当健身者进行工作状态的阶段结束，人体的机能水平会在一定的时间内保持在一个变动范围不大的、较高的水平上，这在运动训练学中被称为"稳定状态"。在健身锻炼过程中，会出现运动性疲劳，这是一种正常的运动生理现象。疲劳的机体会在一定条件下得到恢复。在健身锻炼过程中和结束后，人体的各项生理机能和在健身锻炼中消耗的能源物质会逐渐恢复到健身锻炼前的水平，这种变化过程被称为"恢复过程"。积极性休息、整理放松活动、充足的睡眠、合理的营养补充和中医药手段等都是消除疲劳的重要措施。

（四）人体运动中的认知规律

认知是人类认识世界并获取知识的一种心理活动。这种心理活动包括对概念的形成、想象、知觉和判断等。在习惯上，会将认知与意志、情感等相对应。认知也是个体对客观世界的信息进行接收并加工的活动。认知活动主要包括记忆、想象、感觉、思维等，这些活动按照一定的关系可以组成一个特定的功能系统，从而使人体认知活动的调节作用得以实现。当个体处在环境中，就需要不断地与环境发生作用。个体对外界信号的感觉接收、检测、合成、储存、提取、重建、判断与解决等，使得个体的认知功能得到不断发展并完善。健身锻炼过程中，健身者也需要不断地适应外界变化，对外界的刺激进行信息收集、加工以及记忆、想象、学习等心理活动。这些心理活动可以指导健身者在动作技能学习中更有效地选择和运用各种健身内容、方法和手段等，实现信息系统的优化，增强信息的理解性与记忆性，提高健身者的信息接受度和满意度，从而提高健身锻炼水平。

第四节　科学健身的方法

在健身锻炼的过程中，健身者为了达到预期的健身锻炼效果而采用的健身锻炼方式和途径，就是科学健身的方法。在健身锻炼过程中，健身方法的正确选择，会直接有利于健身锻炼内容的实施和健身锻炼目的的实现。

一、循环锻炼法

为达到具体的锻炼目的，把练习流程分拆，建立多个练习点或作业站，每个练习点由一个或多个练习组成，锻炼时根据设定好的流程顺序依次完成每个练习点的练习动作和要求，当练习者完成所有练习点上的练习，即完成一次循环，这种锻炼方式称为循环锻炼法。

循环锻炼法是一种综合形式的锻炼方法。合理的练习点设计可以有效减轻练习者的负荷，使锻炼过程变得丰富有趣，可以充分调动练习者的运动参与度和积极性；可以随时根据练习者的具体情况调整练习密度和强度，既有利于身体全面锻炼，又可以防止机体局部负担过重，延缓疲劳的产生。

循环锻炼法的结构因素主要有练习点的数量、练习点的练习内容、负荷量度、安排顺序、间歇时间、循环组数等，可根据具体锻炼任务和运动水平灵活确定。科学健身时，健身锻炼既要有爆发力训练，也要有耐力训练；既要有局部肌肉锻炼，也要注意机能、素质的全面发展。各个练习点的练习内容应根据锻炼任务而定，训练内容应是练习者熟练驾驭的技术动作。各个练习点的数量及顺序要根据训练的实际需要而定，使提升不同素质和锻炼不同身体部位的练习交替进行。各个练习点之间应设置合理的间隔时间，而循环次数应按练习点的多少和练习者的训练水平确定。

二、重复锻炼法

在健身锻炼过程中，按一定负荷标准对同一动作或同组动作进行多次重复练习，并在前后两次练习间隔安排充分的休息时间，由此不断强化运动条件反射，有利于掌握和巩固技术动作的锻炼方法叫作重复锻炼法。重复锻炼法适用于体育健身者的身体素质训练和基本功训练。通过在重复锻炼过程中对健身者机体在稳定负荷强度反复刺激，可以加速健身者对健身动作的适应，有效地提升健身者的无氧和有氧混合代谢能力，增强各种技术动作的熟练性和机体的耐久性。

重复锻炼法主要由四个因素构成：重复练习的次数、每次重复练习的强度、每次练习重复的距离或时间、每次练习的间歇时间。重复次数的多少不同，对身体的作用也不同。重复次数越多，身体对运动反应的负荷量就越大；一旦超过身体负荷的极点，锻炼效果会适得其反。为了切实保证每次重复练习的质量，要合理设置每次重复练习的次数、练习强度和时间间隔，既不能因运动量过大而降低动作要求，也不能由于暂时性疲劳的出现而随意减少规定的练习数量。运用重复锻炼法还要注意克服单纯重复造成的枯燥感。可根据锻炼项目的不同特点加强意志锻炼或穿插轻松活泼的辅助练习，以免产生厌倦情绪。

在重复锻炼过程中，如何控制每次练习的负荷强度、重复次数及时间间隔才能达到最理想的健身效果，应视不同练习者的具体情况而定。通常认为，适合普通大学生锻炼的心率范围为 130～170 次/分。在这个心率范围内心室血流充盈，心脏泵血能力及血液运输氧气的能力处于最佳状态，可支撑身体持续运动；心率低于 130 次/分则锻炼效果不大，应增加重复锻炼的次数；心率超过 170

次/分则明显增加心脏负担,需减少重复锻炼次数或安排足够的间歇时间。

三、连续锻炼法

健身锻炼过程中,健身者为了保持适当的负荷量在较长时间内用较小的强度持续不间断地进行身体锻炼的方法叫作连续锻炼法。这是体育健身的一种重要方法。连续锻炼法的主要特点在于单次运动持续时间较长,负荷强度较小,练习密度较大,锻炼过程中一般无间歇时间。连续锻炼法对机体刺激所产生的影响比较平缓,有助于人体血液循环系统和呼吸系统机能的稳步提高,主要用于提升锻炼者的有氧代谢能力,起到改善体力和增强耐力的作用。在生活中,已为健身者所熟悉的采用连续锻炼法的运动有跑步、游泳、健美操和排舞等。

选择连续锻炼的项目要适合健身者的年龄、身体素质和体能基础。健身者应根据自己在锻炼中的健康状态和生理反应及时调整运动形式和运动强度,防止运动损伤和过度疲劳。对于初次锻炼者或体弱者应采取循序渐进的锻炼原则,给身体足够的时间来适应新的运动需求。

连续锻炼法要确保合适的负荷量:一是要控制锻炼的次数和时间,二是要控制练习的强度。对于连续锻炼时间的长短,通常认为在 140 次/分左右的心率下连续锻炼 20～30 分钟较为合适,此时身体各个部位都能获得充分的血氧供应,能有效地发展有氧代谢能力,提升机体耐力素质。

四、间歇锻炼法

在健身锻炼过程中,对运动形式、运动负荷及多次锻炼的间歇时间做出严格规定,在机体未完全恢复状态下反复进行锻炼的方法叫作间歇锻炼法。间歇锻炼法每次练习的负荷时间较长且负荷强度适中,在运动和间歇期间心率均能保持在正常范围内,能够明显增强锻炼者的心血管系统和呼吸系统功能。

研究认为,人体质增强的过程是在运动之后的休息过程中得到了"超量恢复",因此间歇锻炼对增强体质的作用不亚于运动本身。间歇锻炼法也已成为健身的一种基本方法。在实际运用间歇锻炼法时,需要注意的因素主要有间歇时间、间歇方式、训练强度、重复的次(组)数等。通过调节运动负荷强度,可使身体机能发生与运动项目相适应的改变;通过不同间歇训练类型的设置,可使各项能量代谢供能能力得到有效的发展和提高;通过间歇时间的严格控制,有利于锻炼者在某些较为激烈的运动环境中稳定、巩固技术动作,同时还可以提高机体乳酸耐受能力,确保锻炼者具有持续运动的能力。

具体的间歇时间要依据锻炼负荷的有效价值标准进行调节。一般来说,当心率指标低于有效价值标准时应缩短间歇时间,反之则可适当延长间歇时间。一般当心率在 130 次 / 分左右时,就应开始下一次的锻炼活动。间歇过程中应保持活动与休息相结合的方式,如舒展四肢、伸腰展腹、慢步走或做深而慢的呼吸等,这有助于放松肌肉、增强血液回流和排出代谢所产生的废物。

五、变换锻炼法

在健身锻炼过程中,通过变换运动负荷、运动环境、运动内容、运动要求和动作等因素,以提高锻炼者的兴趣性、适应性及应变能力的身体锻炼方法称为变换锻炼法。该方法可有效提高中枢神经系统的调节机能,激发锻炼者的热情,克服疲劳感和厌倦感,增强身体各器官系统之间的协调能力,使身体不断产生适应性变化,以达到更好的锻炼目的。

变换锻炼法要以锻炼的实际需要为前提,因为要改变原有的锻炼习惯和运动模式,身体机能需要有一个适应的过程。因此必须加强锻炼过程中的自我观察和总结,根据身体反应随时调整锻炼方案,需要根据长远计划的安排来决定何时采用变换锻炼法。

六、负重锻炼法

负重锻炼法是使用杠铃、哑铃、沙袋等工具增加身体负重来增强肌肉力量和提高耐力素质,进而达到锻炼身体、增强体质的锻炼方法。负重锻炼法主要包括静力性练习和动力性练习,是提高绝对力量、速度力量和力量耐力的有效手段。

负重锻炼的目标是通过增加负荷来刺激肌肉,激发肌肉的生长和增强力量。在进行负重锻炼时,应根据自身条件和健康状况选择适当的重量和训练强度,制订适当的训练方案,按照正确的姿势和技巧进行锻炼,以避免受伤。负重锻炼前需要进行适当的热身活动,防止肌肉和关节损伤,要根据锻炼需要逐渐增加负荷重量和锻炼强度。负重锻炼还需要合理的休息和恢复时间,以促进肌肉的生长和修复。

第二章

科学健身与营养保健

本章导语

在现代社会中,广大人民群众喜闻乐见的科学健身,对人体健康具有积极的影响。在物质富足的时代,丰富多彩的营养保健对于人体健康同样起到积极的作用。科学健身与营养保健两者相互结合、相互影响,形成合力则会对人体健康起到 $1+1>2$ 的效果。除此之外,健身者能够对医务监督、健身常见的生理反应及处理、健身常出现的运动损伤及应急处理方法等知识进行了解、学习、掌握并能够正确乃至熟练地运用到健身锻炼的过程中,也会更好发挥科学健身对人们健康的积极影响。

学习目标

(1)了解科学健身与营养之间的关系。
(2)掌握医务监督的概念、具体内容及方法。
(3)熟悉健身中常见的生理反应及处理方法。
(4)学会健身中运动损伤的应急处理方法。

第一节 科学健身与营养

在科学健身的过程中,健身锻炼的效果不仅与健身锻炼的内容及方式方法有关系,也与营养补充等有关系。从事科学健身的人,在健身锻炼过程中必然要消耗自己身体的能量来达到健身目的,而这部分能量则是通过从平时的饮食获得相应的营养素进行转化而形成的。所以在科学健身时,我们不仅要很好地控制健身锻炼过程,还需要及时发现自己在健身运动后的不良反应,并与营养学相结合,运用营养学方面的知识来调控自己的身体,巩固健身锻炼的效果。

一、科学健身所需要的营养

人类为了维持自己的生命与健康,就需要不断地与外界进行物质交换,不断地进行新陈代谢。科学健身是人类生命活动的一部分。在这个过程中,需要能量的释放与合成。

为了维持科学健身过程中人体的新陈代谢,就需要不断地摄入食物,因为只有摄入食物才能获得机体正常发育、发展所需的营养素。现代科学研究发现,人体所需要的营养素共有40多种。

根据不同种类的营养素被人体所需要的量的多少,可以将其分为三类微量营养素(人体需要量比较小的营养素,包括维生素、无机盐、膳食纤维)、三类宏量营养素(人体需要量比较大的营养素,包括碳水化合物、蛋白质、脂肪)和水,共七大类。

根据营养素的生理作用和化学性质,可以将其分为碳水化合物、脂类、蛋白质、维生素、膳食纤维、无机盐和水,共七大类。

营养素来源于外界的各种食物,但是并非一种食物就能够含有所有的营养素,而且一种营养素也不可能具备所有的营养功能,所以人们需要摄入足够的食物种类,才能保证提供各种营养素来促进人体的健康。

各种营养素除了具备自身独特的功能以外,相互之间还密切关联,它们在人体中的比例及其生理功能如图2-1所示。

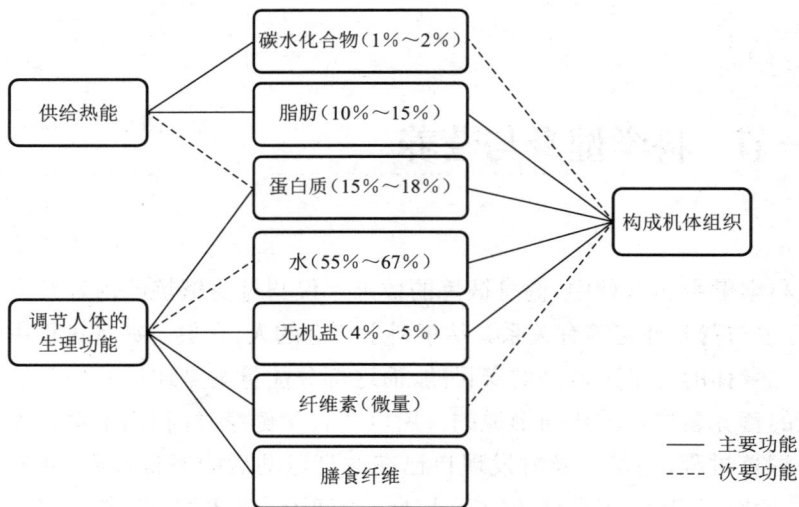

图 2-1　营养素在人体中的比例及其生理功能

（一）水

水被称为生命之源。水是一种非常重要的宏量营养素，是用来维持人类机体最基本生命活动的重要物质。人们对水的需要仅次于人们对氧气的需要。人体内的水既不能多了，也不能少了，要维持在相对平衡的状态。人体对于水的补充应该及时，要尽量克服不渴就不喝水的不良生活习惯。

由于人们生活中获得水相对较为容易，所以水经常被人们忽视。水是人体重要的组成物质，在机体组织中占 50%～80%。胎儿或者新生儿身体的含水量要比正常成年人的含水量高得多。随着生长及成熟等，人体含水量减少。一般情况下，女性的含水量要低于男性的含水量，经常参与健身锻炼的健身者要比不经常或者基本不参加健身锻炼的人含水量高。

1. 水所具有的生理功能

在体液组成中，水是主要的组成成分，对维持人体正常的物质代谢具有重要的作用。

（1）水是构成人体的重要成分。人体中含量最大的也最重要的组成部分是水，它是保持体细胞外形、构成各种体液、维持生命所必需的营养素。人的年龄越小体内的含水量就越高。在胎儿期，体内的含水量占体重的 98%；在婴儿期，体内的含水量占体重的 75%～80%；在成人期，体内的含水量占体重的 60% 左右。血液和体液中的含水量为 90%，肌肉中的含水量为 72%，骨骼中的含水量为 25%，牙齿中的含水量为 10%。通常情况下，人体的含水量与人体脂肪含量呈负相关，即人体脂肪含量增加时人体的含水量则下降，所以胖人较瘦人而言，其体内的含水量相对比较少。

（2）水能够维持人体体温的恒定。人是恒温动物，体温必须保持在 37 ℃左右，并且温度上下波动极小。水的比热比较大。人体可以通过出汗，使得皮肤表面水分蒸发来散发热量。皮肤每散发掉 1 升水，人体就可散发出 2.5 千焦的热量。在外界气温降低时，因为水具备较大的比热，所以体温不会发生明显的波动。在外界气温比较高或者人体进行剧烈的运动时，虽然人体内会产生大量的热量，但是人体可以通过排汗将热量排出，使体温接近于恒定。在高温下进行健身锻炼或者工作，经过汗排出的水量可以达到每小时 1 500 毫升。除此之外，在非金属中，水是最为良好的导热体。人体内各组织代谢的强度不尽相同，所以产热量也会不一样，但水所具有的导热作用可以保证机体不同组织及器官之间的温度趋向于一致。

（3）水是人体的润滑剂。水具有很好的润滑作用，是人体的润滑剂。水的黏度比较小，可以润滑人体内部摩擦的部位，可以使人体内的各种组织器官的运动变得灵活，减少人体的损伤。比如消化液和唾液对于食物的吞咽及其在胃肠内的消化具有很好的作用；眼泪对于保持眼球的湿润和转动具有很好的作用；黏液对于吸入气体的加湿、加温具有比较好的作用；滑液对于关节的活动具有有利的作用。

（4）水是人体内的运输媒介。水作为人体内的运输媒介，可以直接或者间接地将人体所需要的各种营养素和氧气等带到人体的各个组织器官，同时还可以通过排汗、呼吸、大小便等途径将人体内的有害有毒物质以及新陈代谢的产物等排到体外。此外，水还具有滋润皮肤，使皮肤保持良好的弹性、光泽和柔软性的作用；水还具有维持人体酸碱平衡的作用；还可以通过喝水，来补充吸收一些人体所必需的微量元素。

2. 缺水或者水过量

（1）缺水。引起机体失水的最为重要的原因就是水丢失过多或者水摄入不足。机体一旦缺水，就会出现一系列的身体不适。机体缺水可以使细胞外液电解质紊乱，细胞外液的电解质浓度过高，会造成高渗；细胞内水分的外流，引起细胞脱水，会导致血液的黏稠度升高；机体缺水会促进机体组织中的脂肪和蛋白质的分解加快，导致钠、钾、氮等离子的排出增加；还可以引起黏膜的干燥，从而降低机体对传染病的抵抗力等。水的缺失量占人体重的多少不同，也会对机体造成不同的影响。一般情况下，当失水量占体重的 2% 时，人会出现食欲降低、口渴、少尿、消化功能减弱等现象；当失水量占体重的 10% 以上时，人会出现烦躁、体温上升、脉搏增加、血压下降、眼球内陷、全身无力、皮肤失去弹性等现象；当失水量占体重的 20% 以上时，人会发生死亡的危险。失水的表现见表 2-1。

表 2-1 失水的表现

失水程度（占体重的比例）	表现
2%	强烈口渴，不适感，食欲下降，尿少
4%	不适感加重，运动能力下降 20%～30%
6%	全身乏力，无尿
8% 以上	烦躁，体温上升，心率加快，血压下降，循环衰竭甚至死亡

引自陈吉棣，2002。

人体在缺水或者饥饿时，都会有不良反应或者对健康产生危害。相比较而言，缺水对于生命的危害比饥饿更严重。人体在饥饿时，体内的脂肪绝大部分被消耗掉或者体内 50% 以上的蛋白质被消耗掉后，人体依然可以存活。但是人体内的水分缺少 10%，就会导致严重的代谢紊乱。同时，温度对于人体缺水的影响也比较大，高温季节或者环境温度过高对人体缺水引起的后果要比低温季节或者环境温度较低严重得多。

（2）水过量。人体对于水的排出能力是有一定限度的。当水的摄入量超过了人体水的排出能力，会出现体内水过量的现象甚至引起水中毒。出现这种情况的原因多是肝、肾、心脏等发生疾病。除此之外，当人体严重脱水但是补水的方法不得当时也可能发生这种现象。人体无论是对水的摄入还是对水的排出都受到中枢神经系统的控制，经过肾、肺、肠、皮肤等多种途径将水排出，调节人体水的平衡。一般情况下，正常的人不会出现水中毒。

3. 水的补充

每个人每一天所需要的水的多少，和人的体重、年龄、环境温度以及活动量等因素密切相关。从年龄来看，一般情况下婴幼儿对于水的需要量为每 1 千克体重每天 110 毫升水；青少年对于水的需要量为每 1 千克体重每天 40 毫升水；成年人对于水的需要量则为每 1 千克体重每天 40 毫升水。一个体重为 55 千克的成年人每天需要饮入 2 200 毫升水。

人体每天都需要通过不同的代谢方式对水分进行消耗。那么不同的方式消耗的水量又是多少呢？经营养学的方法测定，人体每天通过呼吸排出的水量约为400毫升，通过尿液排出的水量约为1 500毫升，通过粪便排出的水量约为150毫升，通过皮肤排出的水量为400～800毫升。

人体每天都会在体内对营养物质进行分解氧化，该过程除了能够为人体产生能量外，还可以产生大约400毫升的水分供人体所需。此外，人体每天还从食物中获得大约800毫升的水分。如果一个人一天需要2 200毫升的水分，除了上述两种途径供给人体1 200毫升的水分，其他1 000毫升的水分就需要通过饮水来补充。如果喝水量大于需要补充的水量，为了保持体内水的平衡，则需要增加排尿量。事实上，过量地饮水并不可取，会增加肾脏和肝脏的负担，对肾功能造成影响，更有甚者会出现浮肿等相关疾病。如果喝水量少于需要补充的水量，尿液就会浓缩，则排尿量减少。如果经常性地饮水不足，肾脏在排出浓缩的代谢废物过程中，就会加倍地进行工作，从而加重了肾脏的负担，对肾脏不利。同时，过于浓缩的尿液会使某些代谢废物结晶，从而形成结石。所以说，过量饮水或者饮水不足，都会对人体产生不良影响，有损人体的健康。

补充水分的主要方式包括饮水与进食。一般情况下，饮水占人体水分总来源的50%以上，进食占人体水分总来源的30%～40%。需要注意的是，每日的饮水量并非一成不变，而是要根据身体状况、气温、劳动或者锻炼强度的不同而加以调整。同时，还要防止饮用对人体有害元素（包括氟、汞、氯、砷等）超标的水，注意饮水的卫生。建议多喝白开水，少喝或者不喝净化水和饮料等。

（二）蛋白质

蛋白质是组成细胞的重要物质，它在各种生物细胞中广泛存在。人体的肌肉、皮肤、内脏、血液和毛发等的主要成分是蛋白质。可以说，如果没有蛋白质就没有生命。

1. 蛋白质的组成及分类

（1）蛋白质的组成。组成蛋白质的主要元素是碳、氢、氧、氮四种，有的蛋白质还包含磷、硫等元素。各种蛋白质的含氮量相当接近，约为16%。人体氮的唯一来源是蛋白质。组成蛋白质的基本单位，即氨基酸。氨基酸有20多种，它们种类不同，数量不同，分子排列顺序也不相同，构成功能各异、种类繁多的蛋白质。在组成食物和人体蛋白的20多种氨基酸中，有9种氨基酸必须由食物供给。人体合成速度不足或者不能合成以满足机体需要的,称为必需氨基酸;其他十几种氨基酸称为非必需氨基酸。非必需氨基酸并非人体不需要的,而是可以在人体内合成,并不一定非要从食物中摄取的。

(2)蛋白质的分类。因为蛋白质的功能各异、种类繁多,所以就有了多种蛋白质分类方法。在营养学上,把蛋白质分为三类:完全蛋白质、不完全蛋白质、半完全蛋白质。完全蛋白质所含的必需氨基酸数量充足、种类齐全、比例适当。完全蛋白质是一类优质蛋白质,不但可以促进人体的生长发育,还可以维持人体的健康。比如蛋、奶、肉、大豆等。不完全蛋白质的组成中缺乏一种必需氨基酸或者多种必需氨基酸,比如猪皮、白明胶、猪蹄等。如果只食用不完全蛋白质,不但不能促进人体的生长发育,而且也不能维持生命。半完全蛋白质含有种类比较齐全的氨基酸,但是氨基酸的组成不够平衡以及氨基酸组成的比例不合适,比如玉米蛋白、谷蛋白等。半完全蛋白质可以促进生长发育,维持生命。

根据蛋白质的来源,可以将其分为植物蛋白质、动物蛋白质和微生物蛋白质。根据蛋白质的化学组成,可以将其分为单纯蛋白质、结合蛋白质和衍生蛋白质。仅含有氨基酸的蛋白质称为单纯蛋白质。由其他的化合物和氨基酸组成的蛋白质称为结合蛋白质。利用化学或者酶学方法等得到的蛋白质称为衍生蛋白质。

2. 蛋白质所具有的生理功能

蛋白质是其他营养素都不可能代替的。蛋白质在体内所具有的生理功能,主要包括以下几个方面。

(1)蛋白质是机体组织和器官的主要成分。在人体的肌肉组织和肝、心、肾等器官,乃至牙齿、骨骼当中都含有大量的蛋白质。蛋白质的含量约占人体重量的16.3%。当细胞内的水分被去除后,蛋白质约占细胞内物质的80%。

(2)蛋白质能够修复组织细胞。细胞在进行分裂时,或个体在成长时,都需要蛋白质。细胞在进行新陈代谢时,蛋白质也需要不断地更新。细胞可能因为多种原因而破损,组织也可能因为不同的原因造成创伤,这些破损的细胞和创伤的组织都需要修补,修补的原料都是蛋白质。

(3)蛋白质参与调节人体的物质代谢。人体的物质代谢过程,都需要酶系统的调节或者催化。各种酶和激素的本质就是蛋白质。所以蛋白质以酶和激素的形式在人体物质代谢的调节过程中起到了指挥员的作用。

(4)蛋白质能够提供能量。机体的主要供能物质并非蛋白质。一般情况下,蛋白质供给人体能量是在以下两种情况下：一是当碳水化合物和脂肪所供给的能力不能满足机体的代谢需要时；二是机体摄入的氨基酸过多而超过机体的内在需要时。1克蛋白质大约能提供16.7千焦的能量。蛋白质每天提供给人体所需能量的15%～16%。通常来讲，蛋白质对人体的供能占次要地位。

（5）蛋白质能够维持体液平衡和酸碱平衡。血液中有多种蛋白质，对维持血液的平衡性具有重要作用。如果血液中的蛋白质含量下降，血液中过量的液体就会渗透到血管外，造成水肿。血浆蛋白能够借助于给出或者接受氢离子，将血液的pH维持在恒定范围内。

（6）蛋白质参与氧和二氧化碳的运输。人体生命活动中，呼吸系统氧气的吸入和二氧化碳的排出，对生命有重要的作用。人体氧气和二氧化碳运输的工具是红细胞，而红细胞的主要成分则是血红蛋白，红细胞行使特异功能的物质基础也是血红蛋白。

（7）蛋白质对机体的运动具有支持作用。心脏的跳动、胃肠的蠕动、呼吸运动以及日常生活中的各种劳动，都需要肌肉的收缩来完成，而蛋白质参与肌肉的收缩，保证机体运动的顺利完成。

（8）蛋白质具有免疫保护作用。人体要保持健康状态，免疫力起到了巨大的作用。在人体血浆中存在多种具有防御功能的抗体，这些抗体有的是具有防御功能的蛋白质，比如丙种球蛋白。丙种球蛋白，可以高度识别人体内的病毒、细菌和异体蛋白，并能与之结合，使其丧失活性，维持人体的正常状态。如果缺少丙种球蛋白，人体则容易受到病毒和细菌侵袭而导致疾病的产生。

3. 蛋白质的食物来源

蛋白质按食物来源主要分为两大类，即植物性蛋白质和动物性蛋白质。由于动物较植物在进化上与人类更加接近，所以对于人体来讲，动物性蛋白质的氨基酸比例的可用性更好，而植物性蛋白质的则较差。为了维持氨基酸比例的平衡，提高蛋白质的生物价（每100克食物来源蛋白质能够转化成人体蛋白质的质量），使蛋白质更利于人体的吸收，就需要将植物性食物、动物性食物的蛋白质进行混合食用。

不同食物中的蛋白质含量还是存在比较大的差异的。蛋类的蛋白质含量为12%～14%，鲜奶的蛋白质含量为3%，奶粉的蛋白质含量约为20%，鱼肉和畜禽肉的蛋白质含量为10%～20%，干豆类的蛋白质含量约为20%，其中大豆的蛋白质含量可达到40%。中国人的膳食结构主食占比较大，谷类的蛋白质含量虽然仅有 7%～10%,却是人体膳食蛋白质的主要来源。

蛋白质具有互补作用。在日常生活中,为了提高生活质量,需要注重利用蛋白质的互补作用。蛋白质的互补作用是指通过把缺乏某种氨基酸的食物与富含该种氨基酸的食物混合食用,取长补短,以提高其营养学价值。提高膳食蛋白质的质量,需要遵循蛋白质互补的三个原则:首先,食物的生物学种属越远越好。植物和动物之间的种属远,可以通过植物性食物和动物性食物的搭配,来提高蛋白质的营养学价值。其次,食物种类搭配得越多越好。不同食物包含的氨基酸种类不同,种类齐全的氨基酸可以起到互补作用。再次,不同食物的食用时间越近越好,最好是同时食用,这样更有利于其营养学价值的提高。

(三)脂类

脂类是人体的重要组成部分,也是人体必需营养素的一类。脂类溶于有机溶剂但是不溶于水。在食物中,三酰甘油占脂类的 95%,其他脂类仅占 5%。在人体内储存的脂类中,三酰甘油可以高达 99%。

1. 脂类的组成及分类

(1)脂类的组成。碳、氢、氧三种元素构成了脂类。组成脂肪的主要成分是脂肪酸。脂肪酸根据其含双键的数目,分为不饱和脂肪酸和饱和脂肪酸。不饱和脂肪酸又可以分为单不饱和脂肪酸和多不饱和脂肪酸。具体来讲,饱和脂肪酸是指碳链上没有双键的脂肪酸。相关研究表明,饱和脂肪酸能够使血胆固醇升高。饱和脂肪酸主要来源于畜禽肉所含的脂肪,还来自热带植物油,比如椰子油和棕榈油等。单不饱和脂肪酸是指在碳链上含有一个双键的脂肪酸。多项研究显示,单不饱和脂肪酸能够降低血胆固醇、低密度脂蛋白胆固醇和甘油三酯。单不饱和脂肪酸含量较高的食物有橄榄油和茶油。多不饱和脂肪酸是指在碳链上含有两个及以上双键的脂肪酸。研究表明,多不饱和脂肪酸能够降低血浆中甘油三酯的水平,但是多不饱和脂肪酸比较容易引起体内脂质过氧化作用的增强。多不饱和脂肪酸含量较高的食物有玉米油、葵花籽油和芝麻油等。有些脂肪酸在人体内不能合成,只能通过膳食供给,这些脂肪酸称为必需脂肪酸,比如亚麻酸和亚油酸。

(2)脂类的分类。按照结构,脂类可分为脂肪和类脂。脂肪由一分子甘油和三分子脂肪酸结合而成,又称为甘油三酯。脂肪酸碳链中不饱和双键的数目不同和脂肪酸碳链的长短不同等,构成了不同的脂肪酸,并连接成了不同的脂肪。类脂除了含有脂肪酸外,还含有其他的一些成分。类脂包括糖脂、磷脂、固醇、类固醇、脂蛋白等,其中对人体更为重要的是固醇和磷脂。

2. 脂类所具有的生理功能

(1)脂类可以构成机体组织。类脂中的脂蛋白直接参与血液成分的构成,类脂中的固醇类和磷脂类则是生物膜必不可缺的成分。脏器周围的脂肪以及皮下脂肪对缓冲或者减轻外力损伤、支撑保护等都具有重要作用。

(2)脂类为机体供能贮能。对机体来讲,脂肪是一种浓缩的能源,是产生热量最高的营养素。1克脂肪在体内氧化后大约产生 38 千焦的能量供机体使用,是蛋白质和碳水化合物产能的两倍多。在长时间饥饿和有氧运动时,体脂的消耗产能比较多。饥饿状态下,先消耗碳水化合物和体脂来提供能量,从而可以减少蛋白质作为营养素提供能量的消耗,起到对蛋白质的节约作用。休息状态下,人体需要的能量大约 60% 来自体内脂肪的供给。脂肪被机体吸收后,一部分用于新陈代谢的消耗,还有一部分则作为能源物质储存于体内以供人体随时使用。

(3)脂类能够提供必需脂肪酸。亚麻酸和亚油酸等必需脂肪酸对人体有非常重要的生理功能:能够降低血脂,对预防冠心病有积极作用;参与磷脂的合成,是构成线粒体和细胞膜的成分;也是合成某些激素的重要原料,具有促进生长发育的作用。

(4)脂类具有维持体温的作用。皮下脂肪具有隔热保温的作用,能够使体内的温度不易向外扩散,也能够阻挡体外的热量对机体的升温,有助于维持体温和抵御寒冷。

(5)脂类对脂溶性维生素的消化、吸收与转运具有促进作用。脂溶性维生素大多伴随着脂类存在,比如豆油、黄油、麦胚油、鱼肝油等含有维生素 A、维生素 D、维生素 E 等。除此之外,脂类还能够刺激胆汁的分泌,为脂溶性维生素提供载体,对脂溶性维生素的消化、吸收与转运具有促进作用。

脂肪除了具有上述作用以外,还可以改善食物的口感、性状,增进食欲,增强饱腹感,延缓饥饿。胆固醇与神经兴奋的传导有关。类脂对上皮细胞的正常功能具有保护作用,能够加速损伤皮肤的愈合,促进皮肤的角质化等。

3. 脂类的食物来源

植物性脂肪的来源主要是油料作物,例如花生、大豆、葵花籽、油菜籽、核桃仁等,并且以不饱和脂肪酸为主。动物性脂肪的来源主要是肉类、蛋黄、鱼肝油、骨髓等食物,其中肥猪肉中的脂肪含量最高,能够达到90%,并且能够提供饱和脂肪酸,但是鱼肉可以供给机体不饱和脂肪酸。椰子油、棕榈油、可可油中主要也是饱和脂肪酸。机体对于饱和脂肪酸、单不饱和脂肪酸、多不饱和脂肪酸最好是按照1:1:1的比例摄入。脂肪虽是人体重要的营养素,但是脂肪的摄入量除了在寒冷环境下、热能消耗多的情况下可适当增加(最高不超过30%),其他情况下不宜过多。因为摄入过多,会对健康不利。摄入脂肪过多而膳食纤维较少与某些肿瘤的产生有一定的关系。长期高脂肪、缺乏微量营养素的膳食,是高脂血症的主要原因之一。

(四)碳水化合物

碳水化合物也称为糖类。在自然界中,碳水化合物是存在最多、分布最广泛的一类化合物。在生物界,碳水化合物是三大基础物质之一,是一切生物体维持生命活动所需要能量的主要来源之一。

1. 碳水化合物的组成及分类

(1)碳水化合物的组成。碳水化合物由碳、氢、氧三种元素构成。碳水化合物的结构式一般是$(CH_2O)_n$。实际上,有些碳水化合物的氢、氧比例并非2:1,比如结构式为$C_5H_{10}O_4$的脱氧核糖、结构式为$C_6H_{12}O_5$的鼠李糖等。

(2)碳水化合物的分类。按照碳水化合物在水中的溶解度和其化学分子结构的大小对其进行分类,可以分为单糖、双糖、糖醇、寡糖和多糖。具体来讲,单糖是碳水化合物中结构最简单的,并且不能被水解。单糖的衍生物则是糖醇。双糖是由两个单糖以共价键而形成的碳水化合物。3～9个单糖分子结合所形成的糖即为寡糖,寡糖也称为低聚糖。大于等于10个单糖分子结合所形成的糖即为多糖。消化吸收碳水化合物的主要器官是小肠。有些碳水化合物在小肠之内不能被完全消化吸收,需要到结肠经过进一步的发酵后才能再被吸收。双糖和多糖首先要经过酶水解后变成单糖,然后再被吸收。被人体吸收的碳水化合物,进入血液循环则形成了血糖。血糖进入肝脏或者其他组织后,可转变为糖原或者其他的非糖物质。

2. 碳水化合物所具有的生理功能

(1)碳水化合物具有供能贮能的作用。人体所需要的大部分能量来源于碳水化合物氧化分解。碳水化合物是人体热能的最重要来源。1克碳水化合物可以在体内供热16.8千焦。虽然碳水化合物供能低于脂肪,但是其在热能的供给上具有来源广泛、容易获得、价格便宜等优点,还具有比蛋白质和脂肪更易消化吸收、分解快、耗氧少、产热快等优点。在缺氧的情况下碳水化合物可以分解产热,利于大强度的运动。碳水化合物代谢的最终产物是容易排出体外的水和二氧化碳。碳水化合物在体内的储存形式为糖原。糖原在肌肉和肝脏中的含量最多。

（2）碳水化合物是构成机体组织的重要物质。碳水化合物在人体所有的体液和细胞组织中都存在,并且参与人的许多生命过程。碳水化合物是人体组织细胞的重要组成成分,如细胞中核酸的成分是脱氧核糖和核糖,激素、肝素、酶、抗体等具有重要生理功能的物质的组成成分是糖蛋白(由糖与蛋白质结合而成),组成细胞膜和神经组织的重要成分则是糖脂(由糖与脂类结合而形成)。

（3）碳水化合物能够节约蛋白质。机体一切生命活动的基础是能量。当碳水化合物供应不足时,为了满足人体的能量需求,需要脂肪和蛋白质产能。碳水化合物是人体最经济、最直接的能量来源。碳水化合物的作用可以减少蛋白质的消耗,起到节约蛋白质的作用。

（4）碳水化合物可以调节脂肪代谢并有抗生酮作用。酮体是脂肪在体内分解代谢的中间产物。酮体要被彻底地氧化,就需要与草酰乙酸(葡萄糖在人体内的代谢产物)结合进入三羧酸循环。虽然正常情况下人体内的酮体含量很少,但是当体内的碳水化合物缺乏或者利用比较差时,人体就会产生大量的酮体,体内就会形成酸,酸在体内聚集发生酸中毒。所以,碳水化合物能够维持脂肪代谢,具有抗生酮作用。

（5）糖水化合物具有保肝解毒的功能。碳水化合物在体内的储存形式为糖原。在肝脏中储存的糖原称为肝糖原。当肝糖原储备比较多时,人体对于酒精、四氯化碳、砷等化学物质具有较强的解毒作用,同时可以增强对某些病毒、细菌等毒素的抵抗力。

（6）碳水化合物可以维持大脑和心肌的正常功能。大脑和心脏都没有储备碳水化合物的能力。大脑和心脏要维持正常的工作,就需要血液中的葡萄糖提供热量。如果血液中的葡萄糖浓度低于3.9毫摩/升,脑组织会因为供能不充足而发生低血糖症状,例如晕厥、头晕等,心脏则会因心肌功能下降而出现心绞痛等病症。

3.碳水化合物的食物来源

碳水化合物的主要存在形式是淀粉。食物中的谷类、豆类、果蔬类、根茎类是碳水化合物的主要来源。谷类和薯类中含有丰富的碳水化合物。豆类和某些坚果（如栗子）等碳水化合物含量也很高。果蔬类含有少量的单糖，是果胶和纤维素的主要来源。人体对碳水化合物的摄入量一定要得当。膳食中如果碳水化合物摄入量不足，会导致血糖含量降低、疲乏、全身无力，产生心悸、头晕、脑功能方面的障碍等。膳食中如果碳水化合物摄入量过多，满足人体需要后剩余的碳水化合物则会转化成脂肪贮存在人体内，长此以往会引起肥胖从而导致糖尿病、高血脂等疾病。

（五）维生素

维生素是维持人体正常生命活动和人体细胞内特异代谢反应所必需的一类微量的有机化合物。维生素虽然不是构成人体组织的成分，也不是为人体供能的营养素，但是在人体的代谢中承担着重要的作用。维生素与人体的健康密切相关，一旦摄入不足就会引起机体的病理变化，更有甚者会危及生命。

1. 维生素的分类及特点

（1）维生素的分类。维生素根据其溶解性可以分为两大类，即脂溶性维生素和水溶性维生素。

脂溶性维生素是只溶于脂肪及苯、氯仿、乙醚等有机溶剂而不溶于水的一类维生素。碳、氢、氧是脂溶性维生素的化学构成元素。在食物中，脂溶性维生素与脂类共存，脂肪一旦发生酸败就极易将脂溶性维生素破坏掉。人体摄入的脂溶性维生素，大部分在脂肪组织中储存。脂溶性维生素在人体内的消化、运输、吸收和排泄都与脂类密切相关。摄入脂溶性维生素过多比较容易引起中毒，摄入过少则可出现缓慢的缺乏症状。脂溶性维生素包括维生素 A、维生素 D、维生素 E 和维生素 K。

水溶性维生素是易溶于水而不溶于脂肪及有机溶剂的一类维生素。水溶性维生素的化学构成元素除了碳、氢、氧以外，还包含硫、氮等元素。水溶性维生素与脂溶性维生素相比较而言，对酸稳定，但是容易被碱破坏。水溶性维生素在体内没有非功能性的单纯储存形式，水溶性维生素及其代谢的产物比较容易通过尿液排出。绝大多数的水溶性维生素以辅基或者辅酶的形式参与酶的功能。机体在饱和的状态下，过多摄入的水溶性维生素会通过尿液排出；水溶性维生素摄入过少则会较快出现缺乏症状。尽管水溶性维生素一般没有毒性，但是摄入量极大时也会出现中毒。水溶性维生素包括 B 族维生素和维生素 C。B 族维生素的家族成员比较多,包括维生素 B_1、维生素 B_2、维生素 B_6、维生素 B_{12}、维生素 PP、泛酸、叶酸、生物素等。

(2)维生素的特点。维生素作为维持人体生命活动的一类重要有机物质,虽然性质各异、种类繁多,但是都有共同的特点。第一,维生素中大部分是不能在体内合成的,或者其合成量少,不能满足人体的需要,需要从膳食中获得。第二,维生素在天然的食物中存在,但是没有任何一种天然食物能够含有人体所需要的全部维生素。第三,维生素参与维持人体正常的生理功能,虽然需要量极少,但是在物质代谢的调节过程中却发挥着极其重要的作用。第四,人体内的肠道细菌可以合成一部分维生素 B_6、维生素 K 等,但是从食物中获得这些维生素的主要途径并不能被代替。第五,维生素参与酶的功能,通常是以辅基或者辅酶的形式。第六,维生素不能供给人体热能。第七,不少维生素具有生物活性相同、结构相似的特点,比如维生素 A_1 和维生素 A_2 等。

2. 维生素缺乏的原因分析

在饮食结构中,营养素很容易出现缺乏的现象。其中,维生素的缺乏出现得比较多,相对于维生素摄入过多而导致的中毒来说出现得更多。维生素缺乏的原因到底有哪些?下面进行分析。

(1)维生素的需要量相对较高。人体在不同的时期或者不同的工作环境以及饮食中,会出现维生素的丢失量增多或者维生素的需要量增加等现象,就使人体需要相对较高的维生素来维持人体正常的生命活动。比如儿童的生长发育期、妇女的妊娠期、妇女的哺乳期、病人的恢复期、特殊的生活环境和工作环境等,这些情况下对维生素的需要量都比以往要高。长期服用营养素补充剂的人群对维生素的需要量也是较高的,一旦摄入量减少,则会出现维生素缺乏的相关症状。

(2)维生素的摄入量不足。食物的供应会受地域、文化、经济、社会、自然灾害等的影响。同时由于缺乏相关的营养学知识,对食物认知不充分,食物选择不得当,食物运输、储存、烹饪、加工等方面不得当等,食物中的维生素受到一定程度的破坏甚至是丢失,摄入食物中的维生素就会出现量不足的现象。

(3)维生素的利用率比较低。膳食成分不均衡,膳食者的身体、年龄原因等会导致维生素利用率降低。膳食成分不均衡对维生素的吸收利用会产生影响。如果膳食中纤维素过多,则会降低对营养素的吸收;如果膳食中脂肪摄入过少,则会对脂溶性维生素的吸收不利。维生素的吸收利用率也会因患者有慢性肠胃炎而降低,脂溶性维生素的吸收也会因为肝胆疾病患者的胆汁分泌较少而受到影响等。老年人较其他年龄段的人群而言,肠胃功能降低、咀嚼功能下降等也会降低维生素等营养素的吸收利用率。

3. 认识种类繁多的维生素

维生素是一个大家族,种类繁多。下面,将着重介绍和人体健康关系比较紧密的几种维生素。

(1)维生素A。狭义的维生素A是指视黄醇,广义的维生素A包括维生素A原和已经形成的维生素A。维生素A对于人体具有重要的生理功能。

第一,维生素A能够维持正常的视觉功能。维生素A和视蛋白结合而成的视紫红质,是人眼视网膜上的感光物质,具有在弱光下维持视力的作用。如果维生素A缺乏,就会对视紫红质的合成产生不利影响,进而引起夜盲症。相关研究发现,中老年人如果缺乏维生素A,比较容易患白内障。

第二,维生素A可以促进骨细胞的分化和蛋白质的生物合成,能够促进骨骼和牙齿的正常生长发育。

第三,维生素A能够增强机体的免疫力。维生素A的缺乏,会影响抗体的生产、上皮组织的分化、胸腺的重量,人体的免疫功能会下降;同时人体的消化道、呼吸道的黏膜完整性会遭到破坏,人体的特异性免疫功能受损,容易受到病原体的侵袭而生病。并且随着维生素A缺乏程度的增加,患病率也会升高,病情会加重。

第四,维生素A能够对铁的吸收和转运起到改善作用。在人体肠道内,胡萝卜素和维生素A与铁可以形成溶解度较高的络合物,从而降低多酚类物质和植物对铁的吸收的不利影响。

第五,维生素A具有抗癌作用。因为维生素A能够对上皮组织的正常分裂起到促进作用,同时对肿瘤形成的抗启动基因的活性起到抑制作用,从而使上皮细胞的发育向着正常的、成熟的非角质化细胞导向。当维生素A缺乏时,这种导向受阻,机体对某些化学致癌物质的敏感性便会增强,从而加大癌症发生的可能性。像胃、肠道、气管、支气管、子宫、膀胱、乳腺、睾丸、前列腺、胆管、胰管和皮肤的上皮组织等都需要维生素A来维持正常的生长和分化。

维生素A缺乏,还能引起血红蛋白的合成代谢出现障碍。

如果摄入的维生素A剂量过大,会引起慢性、急性和致畸毒性反应。维生素A摄入剂量过大的急性毒性,早期会出现头痛、呕吐、恶心、眩晕、肌肉失调、视觉模糊等反应。摄入剂量极大,会出现厌食、嗜睡、反复呕吐、少动等反应。维生素 A 摄入剂量过大的慢性毒性比急性毒性更常见,会出现脱发、头痛、肝大、皮肤瘙痒、肌肉僵硬、长骨末端外周部分疼痛等。摄入大量的类胡萝卜素,会出现高胡萝卜素血症,皮肤会出现类似黄疸的症状,建议尽快停止服用类胡萝卜素,症状也会慢慢消失。β-胡萝卜素和维生素 A 对于严重酗酒者来说,都会对其肝脏产生危害。

我国的膳食结构和西方国家的膳食结构不同。在西方国家的膳食结构中,β-胡萝卜素占维生素 A 来源的大约 25%。在我国及其他发展中国家的膳食结构中,蔬菜和水果中的类胡萝卜素占维生素 A 来源的 70%～90%。因此,对我国居民来讲,为了增进健康和预防疾病,需要对蔬菜和水果中的类胡萝卜素加以关注。黄橙色的蔬菜和果实、绿叶蔬菜等食物中 α-胡萝卜素、β-胡萝卜素的含量高;番茄等蔬菜和红肉的西瓜、番木瓜、粉红色的葡萄柚等水果中番茄红素的含量高;桃子、杧果、柑橘、红橘、香木瓜等水果蔬菜中隐黄素的含量高;菠菜、绿菜花、香菜、羽衣甘蓝、球芽甘蓝、豌豆类和扁豆类等绿色蔬菜中叶黄素的含量高;含叶黄素丰富的蔬菜以及桃、柑橘和橙类水果中的玉米黄素含量高。

获取维生素 A 比较好的方式是间接获取,主要是从蔬菜和水果中获取。主要是因为:蔬菜水果等食物不但能为人体提供必需的维生素 A,而且还含有上百种对人体健康有益的其他成分;同时,维生素 A 摄入量过大会对人产生毒副作用,但是大量的 β-胡萝卜素却不会产生。

(2)维生素 D。在维生素的家族中,维生素 D 是可以从食物中获取的维生素,也是唯一一种能够通过阳光紫外线的照射,在皮肤中合成即人体可以自身制造的维生素。维生素 D 对于人体具有重要的生理功能。

第一,维生素 D 能够促进钙和磷的吸收,维持血钙平衡。人体调节钙和磷的主要物质是维生素 D。在小肠内,维生素 D 能够发生有效作用,对钙进行主动吸收。同时,维生素 D 能够促进肾小管对钙、磷的重吸收,减少钙、磷的丢失,对肾脏也有积极的作用。当机体维生素 D 的含量足够时,食物中含有的钙、磷即使较少,也能够得到充分的吸收、利用。当机体维生素 D 缺乏时,食物中含有的钙、磷即使很多,也不能够得到很好的吸收、利用。

第二,维生素 D 能够促进牙齿和骨骼的生长发育。在牙齿生长发育的过程中缺乏维生素 D 就会导致牙釉质发育不正常,不能形成细密均匀的釉质保护层,容易形成凹陷的裂缝并造成龋齿。所以对于儿童在牙齿的生长发育阶段,要保证足够数量的维生素 D 供应。

第三,维生素 D 对皮肤的新陈代谢具有促进作用。维生素 D 可以维持皮肤组织正常,抑制皮肤红斑的形成,治疗皮肤结核和斑秃等。

第四,维生素 D 可以调节基因转录,抑制许多肿瘤细胞的末期分化和增生,可以用作免疫制剂。

维生素 D 缺乏,对于婴幼儿来讲,会引起佝偻病;对于成年人,特别是老人、乳母和孕妇来讲,会使已经成熟的骨骼发生脱钙,进而引起骨质疏松症、骨质软化症,同时,还会引起手足痉挛症等。维生素 D 摄入过量,也非常危险,对人体肾脏的伤害较大,并且伤害一旦产生则是不可逆转的。维生素 D 摄入过多会出现体重减轻、食欲不振、呕吐、恶心、腹泻、多尿、头疼、发热、烦渴等症状。当血清中钙、磷增高时,会出现心肌、动脉、肺、气管、肾等软组织转移性钙化和肾结石。

维生素 D 食物中含量比较少,比其他任何一种维生素的含量都少。蔬菜、水果、谷类中的维生素 D 的含量比较少。动物的肝脏、乳制品、禽蛋、鱼肝油等食物是维生素 D 的主要来源。一般情况下,正常膳食中摄入的维生素 D 的量是不能满足机体需要的,所以皮肤对维生素 D 的合成则是满足机体需要的重要来源。针对维生素 D 摄入量不能满足人体需要这一情况,越来越多的维生素 D 补充剂和强化食品得到了生产,其中牛奶就是最常见的。

(3)维生素 E。维生素 E 又称生育酚。维生素 E 对人体有重要的生理功能。

第一,维生素 E 具有抗氧化作用。维生素 E 是高效的抗氧化剂。维生素 E 和谷胱甘肽过氧化物酶、超氧化物歧化酶等一起构成了体内的抗氧化系统,从而对生物膜起到保护作用,免受自由基[①]的攻击,也对 DNA 等生命大分子物质起到了保护作用,使其免遭自由基的破坏。维生素 E 还是天然抑制剂,可以抑制组织破裂和细胞伤害,在肿瘤、衰老等各种器质性衰退病变方面起到预防作用。

第二,维生素 E 具有抗衰老作用。人体代谢过程中产生的过多的活性氧自由基会对人体正常的细胞和组织进行破坏,从而引起多种慢性病以及衰老。人体皮肤表面形成的雀斑和老年斑,都是由于在氧自由基的作用下人体细胞膜中的不饱和脂肪酸形成了过氧化脂质导致的。能够对不饱和脂肪酸的氧化起到有效组织作用的则是维生素 E。所以维生素 E 在护肤、美容方面具有不容忽视的功能。维生素 E 还能对皮脂起到保护作用,防止皮肤中的水分被过度蒸发等。

---

① 自由基是人体内产生的一种极不稳定的物质,是人体正常的呼吸和新陈代谢等过程产生氧化作用的产物。

维生素 E 和维生素 C 协同使用,会使皮肤保持光泽与弹性。对于青春痘留下的痘印,可以使用维生素 E 消除。

第三,维生素 E 可以促进蛋白质的更新合成。维生素 E 是促进蛋白质更新合成的重要物质,表现为维持视网膜、心肌、骨骼肌、平滑肌、中枢神经系统、外周血管系统等的正常结构和功能以及促进人体的正常新陈代谢的总效果。

第四,维生素 E 具有提高运动能力的作用。研究认为,在运动中,Ⅰ 型肌纤维比 Ⅱ 型肌纤维对维生素 E 的需要量更多,因过氧化氢酶的活力在 Ⅰ 型肌纤维中要比 Ⅱ 型肌纤维的大,用来清除氧化代谢增加的反应氧。Ⅰ 型肌纤维含有的生育酚的浓度也比 Ⅱ 型肌纤维的多,所以维生素 E 是提高运动能力的重要营养素。

人体如果长期缺乏维生素 E,就会使红细胞受损,从而缩短红细胞的寿命,出现溶血性贫血;缺乏维生素 E,人体还会出现氧的利用率降低、耗氧量增加、肌肉营养障碍、心血管系统损害、组织发生退行性病变以及中枢神经系统变性等。如果维生素 E 过多,可能会出现头痛、极度疲乏和视网膜模糊等症状。

在自然界中,维生素 E 分布非常广泛,一般情况下不会出现缺乏的现象。植物油、硬果、麦胚、种子类、谷类、豆类等食物中含有丰富的维生素 E。鸡肫、鸭肫、蛋类等食物含有一定量的维生素 E。蔬菜、水果、鱼类和其他肉类等食物中含有很少量的维生素 E。

(4)维生素 B_1。人类较早发现的维生素之一就是维生素 B_1。B 族维生素中的绝大部分都是辅酶,需要与人体内其他的酶一起发挥生化作用。B 族维生素遇热后不容易分解,在碱性的环境中容易分解,但是在酸性环境中比较稳定。维生素 B_1 具有一定的生理功能。维生素 B_1 参与糖类的中间代谢。如果维生素 B_1 供给充足,人体内的糖的氧化代谢就会充分。糖的氧化代谢产生的能量是人体神经组织的主要来源,所以维生素 B_1 会对神经系统产生影响。同时,维生素 B_1 对维持正常食欲、肠胃蠕动、消化液分泌、肌肉(特别是心肌)和神经的正常功能等都具有重要的作用。

维生素 B_1 缺乏会出现恶心、食欲差、淡漠、疲劳、沮丧、急躁、忧郁、心电图异常和腿麻木、脚气病等现象。维生素 B_1 缺乏的原因主要有以下几个方面:首先是食物加工方法不得当,长期食用精白面、米等造成维生素 B_1 摄入不足;其次是机体对维生素 B_1 具有吸收和利用的障碍;再次是机体处于热应激、哺乳或者怀孕等特殊的生理状态。维生素 B_1 缺乏的高危人群包括老年人、厌食者和酗酒者等。因为维生素 B_1 为水溶性维生素,如果摄入过多,一般可以完全排出体外,不会在人体内贮留。

维生素 B_1 主要来源于肝、肾等动物的内脏,蛋黄和瘦肉等食物,还来源于干酵母、带麸皮的面粉、糙米、硬果、豆类、谷类的谷皮和胚芽等食物,带麸皮的面粉比精白米面的维生素 B_1 含量要高。

(5) 维生素 B_2。维生素 B_2 即为核黄素。维生素 B_2 对热比较稳定,在酸性和中性的溶液中也比较稳定,高压加热时间短不会被破坏,但是在光照和碱性的环境下容易被分解破坏。

维生素 B_2 具有一定的生理功能:首先是维生素 B_2 能够促进生长发育。特别是孕期如果缺乏维生素 B_2,则容易引起胎儿的畸形。其次是维生素 B_2 对皮肤具有保护作用,如果缺乏维生素 B_2 会使化学致癌物的致癌作用增强,进而引起皮肤乳头瘤数量增多,并加快其进展。再次,维生素 B_2 与特定的蛋白质混合生成黄酶(即黄素蛋白)。在物质代谢的过程中,黄酶的作用是传递氢,参与组织呼吸过程。

体内缺乏维生素 B_2,机体正常的代谢会发生障碍,出现典型的症状:皮炎。一般情况下,维生素 B_2 的溶解度极低,在人体肠道内的吸收比较有限,所以不会出现过量或者中毒的现象。

(6) 维生素 C。维生素 C 即为抗坏血酸。维生素 C 作为水溶性维生素,在碱性和中性的水溶液中容易被破坏,在酸性水溶液中则比较稳定,不易被破坏。光照和加热也能促进维生素 C 的分解。水果和蔬菜中含有的维生素 C,会因为贮存过久而遭到破坏,其营养价值会降低。

维生素 C 对人体来讲具有一定的生理功能。首先,维生素 C 能够增强机体的抵抗力。维生素 C 可以降低细菌毒素的毒性,促进抗体的形成,使白细胞的吞噬作用增强,提高机体的免疫功能及抗病能力。其次,维生素 C 能够提高铁的利用率,促进造血功能,对缺铁性贫血具有治疗作用。同时维生素 C 可以降低血清胆固醇,促进胆固醇的排泄,防止动脉内壁胆固醇的沉积,发挥预防心血管疾病的作用,还可以促进胶原的形成,有利于血管壁的健康。再次,维生素 C 在体内起着递氢的作用,能够促进体内物质代谢,使大脑的氧含量增加,使大脑对氧的利用率增高,使机体和脑对缺氧的耐受力提高,使疲劳得到减轻,提高人体的运动能力和工作效率。最后,维生素 C 能促进胶原蛋白的合成,利于组织创伤的愈合。维生素 C 还可以促进毒物或者药物的代谢转变,能够增强解毒作用,并具有清除自由基的功能。

人体严重缺乏维生素 C,可能会患坏血病、可表现为倦怠、疲劳、毛囊过度角化、皮肤出现瘀点、球结膜出血、牙龈出血、关节疼痛、关节腔积液、伤口愈合迟缓、机体抵抗力下降、轻度贫血、多疑、忧郁等症状。人体摄入维生素C过多，则会出现恶心、痉挛、腹泻、红细胞破坏、膀胱结石、肾结石等。

绿叶蔬菜和新鲜水果中广泛含有维生素C，山楂、柑橘、猕猴桃、酸枣、草莓、野蔷薇果等水果中维生素C的含量高。在蔬菜中，辣椒是维生素C含量最多的，其他蔬菜的维生素C含量也比较多。蔬菜具有光合作用的叶部维生素C含量最高，新叶比老叶的维生素C含量高，叶部比茎部的维生素C含量高。因为维生素C在储存和烹调过程中容易被破坏，所以作为维生素C主要来源的新鲜水果和蔬菜应该尽量保持新鲜，也尽量生吃。

（六）无机盐

人体获得自然界中各种元素的途径是人体与环境之间所进行的物质与能量的交换。在人体的各种元素中，碳元素、氢元素、氧元素、氮元素是有机物质的主要元素。除了水和有机物质以外，人体所含有的其他各种元素，无论其在人体内的含量多少，也无论其在人体内以何种形式存在，都统称为无机盐或者矿物质。

1. 无机盐的分类

根据无机盐在体内的含量是否大于0.01%，可以将其分为两大类，即常量元素、微量元素。

常量元素一般含量大于体重的0.01%，在膳食结构中每天每人需要的量大于100毫克。常量元素包括钙、钠、磷、钾、镁、硫、氯7种。

微量元素含量低于体重的0.01%。微量元素又可以分为三大类，即人体必需的微量元素、人体可能必需的微量元素、低剂量时可能具有人体必需功能且具有潜在毒性的微量元素。人体必需的微量元素包括铁、锌、铜、硒、碘、铬、钴、钼8种。人体可能必需的微量元素包括锰、硼、硅、镍、钒5种。低剂量时可能具有人体必需功能且具有潜在毒性的微量元素包括铅、氟、镉、砷、汞、锡、铝7种。

2. 无机盐所具有的生理功能

（1）无机盐在人体内能够激活酶的活性或者构成酶的成分，参与人体的物质代谢。

（2）无机盐是构成人体组织的重要成分之一。例如，人体的软组织中含有较多的钾，人体的硬组织（如牙齿和骨骼）大部分是由钙、镁、磷组成的。

（3）在人体细胞的内、外液中，无机盐与蛋白质一起对水分的控制、细胞膜的通透性、正常酸碱平衡及渗透压的维持等进行调节，对人体神经、肌肉的兴奋性进行维持。

3. 认识不同种类的无机盐

无机盐的种类丰富，对人体健康起到重要的作用。下面，将着重介绍和人体健康关系比较紧密的几种无机盐。

（1）钙。钙占人体重的 1.5%～2.0%，是人体内含量最多的无机盐。按照所有元素在人体内含量的排列，钙排在第五位。人体中几乎 99% 的钙集中在牙齿和骨骼中，而剩余不到 1% 的血清钙则对人体具有很大的作用，比如能够参与心肌、骨骼肌的收缩，维持非肌肉细胞和平滑肌的活动，维持神经的兴奋性，等等。同时，钙离子能够调节细胞的渗透压，并且作为一种凝血因子，对凝血酶的形成具有催化作用。

钙的缺乏在营养性疾病中是较为常见的。儿童生长发育期如果缺乏钙，就会引起生长迟缓、骨钙化不良、新骨结构异常、骨骼变形等，从而导致佝偻病。人体内缺乏钙，还容易发生骨质疏松症。钙的摄入过度也会对人体产生不良作用，比如形成高钙尿，甚至发生肾结石的危险。高钙膳食会影响其他无机盐的生物利用率，存在不良的相互作用。比如高钙膳食会使锌的生物利用率降低，对镁的代谢具有潜在的副作用，对铁的吸收起到明显的抑制作用。高钙膳食会对糖尿病患者、镁耗竭者和肾功能受损者等造成不良的影响。

奶和奶制品含钙量丰富，吸收率也高，是钙的最佳来源食物。发酵的酸奶对钙的吸收更加有利。一些硬果、小鱼小虾的皮等都含有较多的钙。钙的较好来源还包括绿叶蔬菜、豆类等。

（2）磷。磷约占人体重量的 1%，是人体内仅次于钙的含量较多的无机盐。磷也是构成人体的重要组分之一，并且参与人体生命活动中非常重要的代谢过程。磷在人体内的生理功能主要表现在：磷参与机体的能量代谢，代谢物质磷酸肌酸和三磷酸腺苷的分子中就含有磷，对能量的有效利用、运送转移和储存等具有重要作用。磷还是细胞膜的重要原料，也是形成脱氧核酸和核酸的重要原料。同时还是构成牙齿和骨骼的重要原料。人体中 85% 的磷是骨磷。

磷的缺乏一般不是由膳食而引起，主要还是多见于使用静脉营养过度且没有对磷进行补充的病人。磷严重缺乏时会表现为低磷血症，出现贫血、厌食、骨痛、肌无力、佝偻病、全身虚弱、骨软化、感觉异常、精神错乱、易感染传染病甚至是死亡等。磷摄入过多时会表现为高磷血症,出现对钙的吸收干扰,引起非骨组织的转移性钙化、肾性骨萎缩性损害等,甚至出现急性毒性,引起网状组织的损害,出现脂肪肝和肝组织的坏死等。

磷与蛋白质并存,在很多含有蛋白质的食物中都有所分布。磷含量高的食物有奶、蛋、瘦肉、动物的肾和肝、坚果、粗粮、干豆类、花生、芝麻酱、海带、紫菜等。

(3)钠。钠是调节体内水分、维持体内水平衡的必需无机盐。在肾小管进行重吸收时,钠与氢离子交换,对体内的酸性代谢物进行消除,因此钠也是维持人体内血液酸碱度平衡的必需无机盐。钠还能维护人体血压的正常,参与氧的利用和糖的代谢。体内的钠充足可以使人体神经肌肉的兴奋性增强等。

通常情况下,人体不容易出现钠缺乏的情况。但是某些特定的情况,如阿狄森病、利尿剂的使用、胃肠外营养低钠或者缺钠、膳食钠摄入量过低、膳食钠限制过于严格、少食、禁食、出汗过多、高温、重体力劳动、腹泻、反复呕吐、肠胃疾病等,可能引起钠的缺乏。钠的缺乏可以出现视力模糊、呕吐、恶心、血压下降、心率加快、脉搏细弱、疼痛反射消失、肌肉痉挛,甚至是淡漠、昏迷、休克、急性肾功能衰竭而死亡等症状。正常情况下,钠不在人体内蓄积;由于疾病等原因发生钠在人体内蓄积时,则会导致钠的毒性作用。钠摄入过多,则会增加胃癌发生的危险。当人体血钠过高时,则可能出现面部潮红、口渴、软弱无力、精神恍惚、烦躁不安、血压下降、昏迷甚至死亡等症状。

食盐是人体获得钠的主要来源。但是食盐摄入过多会对人体健康不利。高钠饮食会出现高血压、骨质疏松的现象,甚至可能导致寿命缩短等。所以建议少吃盐,养成低钠饮食的习惯,从而预防与治疗高血压、骨质疏松,也有助于延长寿命。

(4)钾。钾对人体的生理活动具有重要的作用。人体内糖与蛋白质的代谢需要钾的参与才能完成;如果钾缺乏,这些过程就会受到影响。钾还能对人体肌肉纤维的收缩起到激活作用,引起神经突触释放神经递质,对肌肉的正常生理功能和应激性起到维持作用。心肌的自律性、兴奋性、传导性都与心肌细胞内外钾的浓度密切相关。钾浓度过高会限制心肌的自律性、兴奋性、传导性,钾缺乏可以提高心肌的兴奋性,两者都是心律失常的重要原因。钾对于人体正常渗透压的维持具有重要作用。补钾会对正常血压的人和高血压患者起到降低血压的作用。

钾缺乏的常见原因是钾损失过多或者摄入不足。人体缺钾则会表现为心律失常、肌无力、腹水、肠梗阻、呼吸麻痹、肾功能障碍、瘫痪、昏迷甚至死亡等。人体钾摄入量过多则会表现为下肢重、四肢无力、行走困难、呼吸困难、吞咽困难、发音困难、呼吸肌麻痹甚至猝死等。

一般情况下，日常膳食中不会出现缺钾的问题。钾的来源也非常广泛，钾存在于大部分的食物中。钾最好的食物来源是水果和蔬菜。含钾量比较高的食物有杏干、竹笋、冬菇、紫菜、麸皮、蚕豆、黄豆、赤豆、扁豆等。

（5）铁。铁是人体比较容易缺乏的元素之一，也是人体必需的微量元素之一。人体内的铁，约2/3是功能性铁，主要以肌红蛋白、血红蛋白的形式存在，剩余的铁则以储存的形式存在。

铁是人体组织的成分之一，主要构成血红蛋白、细胞色素、肌红蛋白等，参与体内氧的运输和组织呼吸的过程。当铁吸收不好或者摄入不足时，人体就会减少血红蛋白的合成，从而引起营养性贫血和缺铁性贫血。贫血的主要表现为头晕、心慌、眼花、气短、学习能力下降、精力不集中。

人体一旦缺铁，会减少T淋巴细胞的数量，降低血清总补体的活性，降低吞噬细胞的功能和中性粒细胞的杀菌力等，从而使人体的免疫力下降。铁还是大脑感知运动区电生理活动的媒介，与人的感知和语言有关。铁在体内的贮存量与支持注意力的特殊神经生理过程有关。如果铁缺乏，人体的学习、记忆、感知就会出现衰退现象。

铁摄入过多会引起慢性铁中毒或者急性铁中毒。摄入过多的原因主要是输血或者口服铁剂。慢性铁中毒会对器官造成损害，出现器官的纤维化，其中脑垂体腺、心脏、胰、肝、关节受影响最大。急性铁中毒的表现为胃肠道出血性坏死伴有的急性腹泻和呕吐、代谢性酸中毒、凝血不良和休克等。

大豆、芝麻酱、黑木耳、鸡胗、牛肾、肝脏、动物血等食物中含铁量丰富。干果、红糖、瘦肉、蛋黄、羊肾、猪肾等食物中含铁量良好。菠菜、芥菜叶、豌豆、扁豆、谷物、鱼等食物中含铁量一般。其他蔬菜、水果、奶制品等食物中含铁量比较少。

（6）锌。人体中，含锌浓度最高的是骨骼、毛皮、眼和男性生殖器官。人体的血细胞中，锌的含量最高的是红细胞。锌在人体内具有一定的生理功能。人体内70多种酶的组成成分有锌。人体内与消化、呼吸系统有关系的酶系统的组成成分也是锌。DNA聚合酶的必需组成同样也是锌。当锌缺乏时，会影响蛋白质的合成与代谢，致使其发生障碍。对于儿童来讲，缺锌会使其生长发育受到严重的影响，甚至出现侏儒症（生长停滞、矮小等），还会使损伤的组织愈合困难。

缺锌导致营养不良、淋巴细胞受损、细胞免疫力降低等。锌能够维持牙齿、骨骼和皮肤的正常。一旦缺乏锌，人体就会出现皮肤粗糙、干燥、皮肤创伤难愈合、易感染、牙齿和骨骼的正常钙化受到影响等现象。锌能够对食欲和味觉起到促进作用，还能够使器官的正常发育得到促进，维持性机能的正常作用。

通常情况下，红色肉类、贝壳类海产品、动物内脏等食物是锌的极好来源。花生、花生酱、虾、干酪、燕麦等食物是锌的良好来源。麦麸、谷类胚芽、干果类等食物含锌量也比较丰富。植物性食物一般含锌量比较低。加工过于精细会导致锌的大量丢失，建议饮食中减少对加工过细食物的摄入。

（7）碘。在自然界中，碘经常以化合物的形式存在，且分布广泛。在人体内，碘很容易被小肠吸收。碘被吸收后以蛋白质结合碘的形式为主，并被转运到血液中。虽然碘分布广泛且很容易被吸收，但是世界上四大营养缺乏病之一仍是碘缺乏。碘在人体内具有重要的生理功能。合成甲状腺素的重要原料就是碘。当碘摄入不足时，就会减少甲状腺素的合成，增加脑垂体促甲状腺激素的分泌，促甲状腺激素不断地刺激甲状腺，就会引起甲状腺肿大。对于儿童来说，容易发生克汀病。在从胎儿到2岁的脑发育的临界期内，碘能够促进神经系统的发育。如果过了脑发育的临界期，即使再补充碘也不可能发生逆转，已经发生的碘缺乏障碍难以修复。碘还可以促进儿童体重、身高、肌肉、骨骼的增长和性发育等。

碘缺乏病是指一系列因为机体缺碘所导致的障碍。碘缺乏病的主要原因是环境缺碘。某地区人群的碘缺乏是由该地区的食物链的作用导致的。碘缺乏病可以表现为克汀病、甲状腺肿大、聋、哑、瘫痪，更为重要的是因为碘缺乏能够对胎儿的脑发育产生不良影响，造成儿童体格和智力发育障碍，会损害碘缺乏地区人口的智能。如果碘摄入过多，也会引起甲状腺的肿大并出现甲状腺功能亢进等疾病。

自然界中，海产品的含碘量比较高，大多数陆地植物的含碘量比较低。海产品含碘量是陆地植物的几倍，所以海产品是最佳的天然补碘产品。海带、紫菜、海鱼等含碘量丰富。陆地植物中的菠菜和芹菜的含碘量也较高。除此之外，食物或者水中碘含量的高低还与地理环境有关系。一般内陆山区的空气和土壤中碘含量较低，应注意碘的补充，以预防碘缺乏病。

（七）膳食纤维

人体内不能被消化道分泌的消化酶消化，且不能被人体吸收利用的木质素和多糖称为膳食纤维。膳食纤维按照其溶解性可以分为不溶性膳食纤维和可溶性膳食纤维。不溶性膳食纤维包括木质素、部分纤维素、不溶性半纤维素、不消化的果糖、抗性淀粉等。可溶性膳食纤维包括合成类多糖、部分微生物多糖、部分纤维素等。膳食纤维分类如图 2-2 所示。

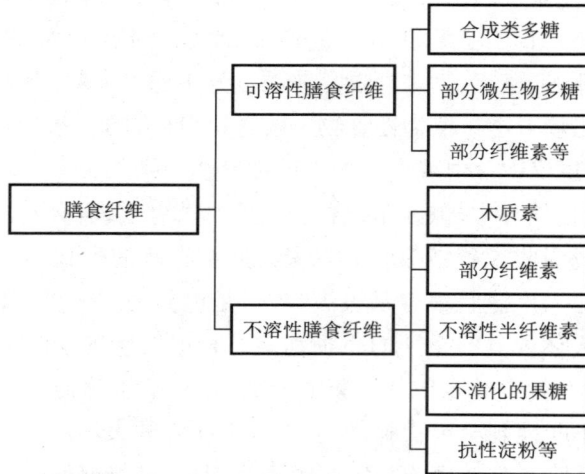

图 2-2　膳食纤维分类

　　膳食纤维具有一定的人体生理功能:膳食纤维进入大肠后,部分会被大肠内细菌选择进行分解和发酵,使肠内的微生物菌群的代谢和构成发生改变,大量的有益细菌就会被诱导繁殖,产生的代谢物质能够刺激肠黏膜,促进粪便的排泄。当可溶性膳食纤维进入人体后,其黏度可以延缓体内葡萄糖的吸收,对血糖上升有抑制作用,改善人体的耐糖量。膳食纤维能够使机体组织细胞对胰岛素的敏感性增强,使人体对胰岛素的需要量降低,从而有助于糖尿病的预防。膳食纤维能够对胆汁的再吸收量起到减少作用,从而预防胆结石的形成,还能对胆固醇和中性脂肪的吸收起到阻碍作用,从而预防高脂血症的发生。膳食纤维到达胃部会吸水膨胀,使人产生饱腹感,同时还能促进胃的蠕动,延缓胃中食物进入小肠,降低小肠对营养素的吸收速度,从而对肥胖症患者或者糖尿病患者的进食减少具有积极作用。

　　人体摄入的食物越来越精,摄入精加工的米面多而摄入粗粮比较少,蛋白质摄入较多而对蔬菜、水果不够重视等,造成膳食纤维的摄入不足。膳食纤维摄入不足会诱发高脂血症、糖尿病且容易引起便秘。膳食纤维摄入过量会出现腹痛、腹胀、腹泻、肠梗阻等症状,还会影响维生素和无机盐的吸收。急慢性肠炎、痢疾、肠道肿瘤、消化道出血等病患者应对膳食纤维的摄入量进行控制。

蔬菜、水果、谷类、豆类、薯类等食物都含有膳食纤维。但是由于食入部位不同、品种不同、加工方法不同等原因,膳食纤维的含量也不尽相同。其中,谷类食物的膳食纤维含量最高。蔬菜的边皮比中心部位的膳食纤维含量高。豆类和粗粮的膳食纤维高于细粮。草莓、菠萝等比苹果、香蕉等的膳食纤维含量高。芹菜、菠菜、荠菜、韭菜、胡萝卜比茄子、黄瓜、西红柿等的膳食纤维含量高。建议食用水果时,尽量将果皮和果肉一起吃掉。膳食结构中粗细粮要合理搭配。

二、科学健身的合理膳食与营养

科学健身的目标实现和效果达成不但取决于科学的健身手段、健身方法、健身计划,科学的健身原则和健身规律,良好的心理素质和身体素质,还需要合理的膳食营养。

(一)科学健身过程中合理膳食所需要的营养素

科学健身过程中,健身者合理膳食的营养素主要包括碳水化合物、脂类、蛋白质、维生素、膳食纤维、无机盐和水。健身者摄入食物,不但能够满足人体的机体消耗能量和营养素的需要,还能有助于提高健身者的机能水平并改善健身者的运动能力。

(二)科学健身过程中合理膳食所具有的特点

(1)对一日三餐膳食摄入的能量进行合理分配。
(2)对每日摄入的食物量进行合理规划。
(3)膳食中摄入各种食物的能量比例要合理。
(4)摄入食物最好是体积小、重量轻、营养密度高的。
(5)合理地安排膳食时间。

(三)科学健身时膳食不合理所出现的营养问题及解决方法

科学健身时膳食不合理所出现的营养问题主要包括以下几个方面。
(1)在一日三餐中,很多健身者可能存在早餐膳食摄入不足、结构不合理,晚餐摄入过多、营养过剩,从而导致三餐存在热量方面摄入不合理的现象。
(2)由于现代人过于追求瘦身,很多健身者的膳食中出现主食不足、粗粮不够的现象,这样会导致人体最主要、最经济、供能最快的能源物质碳水化合物的摄入量出现普遍偏低的现象,从而影响健身锻炼时能量的供给。

（3）膳食中摄入的蔬菜、豆类及豆制品类比较少,摄入的水果种类比较单一,特别是摄入的绿叶蔬菜量不足,这样某些健身者就会出现维生素 A、维生素 B、维生素 C 及钙、铁、镁、锌等无机盐摄入不足的现象,导致营养素缺乏,出现机体问题,从而影响科学健身的顺利进行。

（4）膳食中摄入过多的高脂肪、高蛋白质的食物,脂肪供能比例过高。

（5）科学健身时,面对变化的健身训练或者健身环境,饮水不充足或者补液不科学,不知道应该选择含有什么样的糖、维生素和电解质的饮料等。

（6）科学健身时,对于用餐的规律没有掌握或者掌握不准确,对适时加餐存在认知和运用缺乏的现象,有时还会出现用餐时间的延误等。

（7）膳食与营养品的补充脱节,过度重视或者依赖营养品,而不重视或者忽略正常的膳食。

针对上述科学健身时膳食不合理所出现的营养问题,可以采用以下的解决办法:首先是对健身者和健身教练开展营养学知识的教育,帮助他们掌握营养学的知识、掌握科学配餐的方法等。其次是对健身者和健身教练强化科学用餐的理念,健身锻炼负荷要与营养恢复相符合,按时用餐要与适时加餐相结合。再次,有条件的情况下,可以通过专业的营养师或者科技人员直接对健身者的膳食实施安排和指导。

（四）不同的营养素对科学健身的调控作用

1. 碳水化合物的营养与科学健身的体能储备

科学健身时,通过营养手段提高健身者的碳水化合物储备,对科学健身具有重要的意义。科学研究反复论证,碳水化合物储备不足会对所进行的 60%～80%最大摄氧量的运动产生不利影响,出现机体疲劳的现象,从而影响健身锻炼的进行。碳水化合物是人体最重要的供能物质之一,是科学健身时体能的基础,能在任何的运动情况下参与 ATP 的合成。科学健身过程中人体血糖保持稳定,可以使红细胞的生存得到保护,对免疫功能下降进行抵制,并能防止中枢性疲劳的产生。

碳水化合物的主要食物来源是含淀粉比较多的谷类、根茎类和薯类等食物。健身者用来维持机体良好的体能储备及体能恢复的关键性要素就是每餐摄入足够的碳水化合物。当然,不同的健身锻炼项目对碳水化合物的摄入量要求也不同。游泳运动需要摄入较多的碳水化合物,长跑、自行车、划船等运动需要摄入碳水化合物的量比游泳要少一些,长跑是这几项运动中碳水化合物需要摄入量最少的。

当人们进行健身锻炼时,经常会纠结于吃主食会不会发胖这一问题。事实上,少吃主食、多吃菜肴,会让机体摄入更多的油脂。过量摄入油脂是引起发胖的重要原因。当人们健身后,机体内的糖原储备降低,不吃主食不但不能使体内糖原得到补充,而且没有碳水化合物的参与还降低了体内脂肪的有效利用。反之,吃主食所摄入的碳水化合物不但容易被消化吸收和代谢利用,还利于减肥。但是不能过多地摄入碳水化合物,否则碳水化合物会转化成脂肪在体内贮存,也容易引起肥胖。

科学健身的一日三餐及加餐对科学健身十分有必要。健身者应该吃好每一顿饭。一日三餐要遵循3∶4∶3的热量分配比例。早餐尤为重要。早餐应该包括碳水化合物和蛋白质,并搭配水果和蔬菜等。摄入足量的碳水化合物对上午进行健身运动的健身者来说非常重要。对于进行晨练的健身者来说,在进行健身锻炼之前需要摄入含有碳水化合物的食品或者饮料,在运动中适时补充运动饮料,是保持血糖水平的有效方法。

空腹进行健身锻炼非常危险,主要表现在:健身运动时体内糖原消耗增多,容易引起酮体升高、尿素氮升高,极易引起运动性疲劳;体内血糖缺乏容易引起红细胞寿命缩短;免疫系统因健身锻炼抑制加重,从而降低免疫力。

健身者在健身锻炼的前、中、后三个阶段都要对碳水化合物引起足够的重视。在健身锻炼前的3～4小时摄入200～300克的碳水化合物是最佳的。此时摄入的碳水化合物可以增加糖原的储存量,促进肠胃的排空,提高机体应对疲劳的能力,维持运动中的血糖平衡,使大脑的反应变得更敏捷等。在健身锻炼的过程中要做到对碳水化合物的适时补充,主要是通过摄入含糖的运动饮料。补糖量建议为每小时20～60克,消耗能量多的运动项目可以为每小时40～102克。运动中补糖可以维持良好的血糖水平,对消耗掉的能量进行及时补充。健身运动后应该尽早补充碳水化合物,主要目的则是使健身运动中消耗的肌糖原得到快速补充。健身运动后建议每千克体重摄入1克的糖,在正常用餐前每隔1小时补充一次,同时还需要补充大约20克的蛋白质,这样会发挥蛋白质与糖之间的协同作用,加速恢复的效果。如果条件允许,健身者进食充足碳水化合物的正餐最好是在健身运动后的2小时以内。

2.蛋白质的营养与科学健身的肌肉力量

蛋白质是人体所必需的重要营养素,对健身者具有重要的营养功能。在科学健身的过程中,蛋白质能够为健身者提供健身锻炼所需要的能量,提高科学健身的持久性;蛋白质能够增强健身者的饱腹感,有助于健身者减重;蛋白质能够促进肌肉蛋白质的合成,增强肌肉的力量;蛋白质参与健身者的营养素转送、酸碱平衡、体液平衡和内分泌调节等多种重要的生理功能;蛋白质还是细胞、组织生长、修复、更新的原材料。

蛋白质的食物来源主要包括奶类、蛋类、肉类、坚果类、谷类、干豆类等。在科学健身过程中,优质蛋白质的摄入更加有利于健身锻炼。优质蛋白质选择要遵循更接近人体蛋白质的氨基酸组成,与蛋白质共存的油脂含量要少。健身者在健身时将易消化、含油脂少、含氨基酸全面的高蛋白食物作为优先选择。这样的食物主要包括奶制品、豆制品、禽蛋、清蒸鱼、白灼虾、去皮的鸡胸肉、清炖瘦牛肉等。

科学健身时为了增加肌肉的力量,需要进行力量训练。力量训练的过程中,为了提高骨骼肌收缩蛋白的数量,需要增加蛋白类食物的摄入或者适量补充蛋白粉,同时还要适量摄入维生素 C 和维生素 E,营造协同作用,对于蛋白质的合成以及肌肉损伤的修复具有积极作用。健身者为了达到增长肌肉的目的,保证能量的储备,首先应该摄入足够的碳水化合物,其次是检查蛋白质的摄入量是否合理。

3. 水的营养与科学健身的疲劳恢复

水是人体中含量最多的营养素,对人体健康具有重要作用。在科学健身时,健身锻炼会产生热量,而排汗则是人体锻炼时散热的重要途径。如果在产生大量汗的同时,水得不到及时补充,就会引起脱水。研究证明,运动中大量出汗除了引起人体体液丢失以外,还会引起电解质及一些无机盐的丢失增加,可溶性维生素的丢失也会增多。所以及时补水对人体健康具有重要作用。

健身锻炼的前、中、后都需要注意对水进行科学的补充。健身锻炼前需要适当地补充水来延缓身体脱水,减慢人体核心温度的升高速度。在健身锻炼的过程中,健身者可以通过多次饮水,提高对运动性脱水的耐受能力,使脱水带来的负面影响减轻,还能促进体液的更新,有效清除体内的垃圾。补水使体液充足,可以有效地促进新陈代谢,保持人体组织和器官的健康。健身锻炼后,健身者应及时补水,主动地多饮水、多喝汤、多吃含水量多的蔬菜和水果,少喝具有利尿作用的茶水,不喝具有诱导排尿量增多的咖啡类饮料等。

4. 科学健身中抗氧化的膳食及营养

人体内存在内源性抗氧化防御系统,用来对抗自由基对人体的破坏。该防御系统包括两种类型,即主要由维生素 C、维生素 E 和巯基化合物等抗氧化物质组成的非酶促系统和主要由过氧化氢酶(CAT)、超氧化物歧化酶(SOD)、谷胱甘肽过氧化物酶(GSH-Px)等抗氧化酶组成的酶促系统。过氧化剂能够使自由基显著减少,并消除自由基对肌肉组织的损伤,从而促进机体的健康。所以在科学健身的过程中,补充营养并提高健身者的抗氧化能力显得非常重要。

在营养学中,食物中某种营养素满足人体需要的程度与其能满足人体需要程度的比值被称为高营养密度。通俗来讲,在相同的热量下,含有各种营养素的含量更高、种类更多的食物即为高营养密度的食物。提高健身者抗氧化能力的重要保障与基础则是高营养素密度的平衡膳食。在膳食中应明确:对抗自由基最有力的武器是蔬菜和水果,蔬菜和水果最好是应季的和新鲜的,蔬菜最好是生吃;重视蛋白质的摄入,多摄入肉类、蛋类和洋葱、大蒜、大葱、生菜等食物;多摄入蘑菇、西兰花、甘蓝、卷心菜、全谷物等富含锌和硒的食物,有助于提高机体的抗氧化防御能力;摄入芝麻、南瓜子、葵花子等坚果和李子干、葡萄干等水果干可以帮助机体提升抗氧化能力;适量摄入菜籽油、冷榨橄榄油等富含维生素 E 的有益的油脂食物。

为了提高健身者的抗氧化能力,还可以增加营养的补充。常用的营养补剂包含 β-胡萝卜素、葡萄籽提取物(OPC)、辅酶 Q10、强效抗氧化剂、番茄红素、维生素 C、维生素 E 等。将抗氧化剂进行合理组合,能够将它们之间存在的协同作用发挥到最大,从而提升机体的抗氧化效果。比如将辅酶 Q10 和维生素 C、维生素 E 共同使用,它们之间的抗氧化保护作用会更大。

5. 科学健身中改善免疫力的膳食及营养

在科学健身的过程中,营养素摄入不足会引起机体免疫力降低,增加感染病毒和罹患疾病的风险。健身运动过程中,健身锻炼引起的血糖浓度降低、氧自由基升高、蛋白质摄入不足等因素都可以引起健身者的免疫功能降低。机体免疫力增强的基础则是合理膳食。在日常的膳食中,健身者需要保证蛋白质的摄入量,提高碳水化合物的摄入量,多吃富含维生素 C、维生素 E 等抗氧化类的食物,增加洋葱、大蒜、萝卜、玉米、菌菇类等食物的摄入量。

为了提高健身者的免疫力,还可以增加营养的补充。补充冬虫夏草、破壁灵芝孢子粉可以提高健身者整体的免疫调节能力。补充维生素 C、谷氨酰胺等可以补充健身者免疫系统的能源物质。补充乳清蛋白可以间接提高健身者的免疫力。补充番茄红素、维生素 A、维生素 C、维生素 E、卵磷脂等可以清除健身者体内的自由基，降低对免疫细胞的损伤等。

6. 科学健身中体重增减的膳食及营养

科学健身过程中，健身者要想实现体重的增加或者减轻，就需要首先了解什么是体成分，根据健身者的个体情况和所进行的健身锻炼项目来对理想体重设定目标。其次要选择适宜的指标对健身过程实施监控。最后还要制订营养恢复的方案，防止体重出现大幅度的波动，从而实现健身锻炼的良性循环。

（1）体成分、瘦体重、体脂百分比。不同身体成分在人体总重量中的构成比例即为体成分。经常使用的是以脂肪组织为核心来作为体成分划分的方法，将体成分分为去脂体重（瘦体重，LBM）和脂肪重量（BF）两部分。

$$体重 = 脂肪重量 + 瘦体重$$

瘦体重由人体全身的骨骼、肌肉、神经、血管和内脏器官构成。其中肌肉对健身者来说具有非常重要的作用，直接决定体能和力量。

体脂百分比是指脂肪重量与体重的比值乘以 100%。体脂百分比可以衡量脂肪水平。经常进行健身锻炼的人比不进行健身锻炼的人的体脂百分比低。

科学健身过程中，无论健身者是想增加体重还是减轻体重，其目标都应该是增加或者减少脂肪含量，而非增加或者减少瘦体重。

（2）健身者体重减轻的膳食及营养。科学健身过程中，健身者控制体脂的方法主要有运动降低体脂方法、膳食控制的方法、运动与膳食控制结合在一起、脱水等。其中，最科学的是运动与膳食控制结合在一起。健身者要减重，需要在减重训练的基础上增加能量的消耗、增加体脂的消耗、维持瘦体重等。

在膳食过程中，要遵循提供基础代谢所需要的能量，控制人体总能量的摄入，保证蛋白质的摄入，保证饮水，多吃高膳食纤维食物，多吃奶制品、豆制品、蔬菜，适量摄入水果，形成良好的饮食习惯，食量逐渐降低等原则。每周体重的减轻需要平稳，不宜超过 1.5 千克。如果超过这个数值，体重减轻则是由于体内水分和肌肉体积的减少，当饮食恢复后容易造成反弹。

当健身者控制体重时，可以使用以左旋肉碱为主要成分的营养补剂来促进机体脂肪的燃烧；可以服用去脂魔酥、多纤维素和魔芋食品等食物纤维类的食物用来减轻饥饿感，增加饱腹感；可以服用盐和维生素合剂、电解质补液或者胶囊等以维持体液的平衡；健身锻炼后，适量摄入优质蛋白粉，用来维持瘦体重；

饮水也是健身者进行瘦身锻炼的重要营养手段。

（3）健身者体重增加的膳食及营养。在科学健身过程中，肌肉的力量和重量与健身者的运动能力密切相关。在体成分中，瘦体重的重要组成部分则是肌肉。所以，健身者增加体重的目标应该放在瘦体重的增加，尽量降低或者避免体脂增加。健身者可以通过摄入足够的优质蛋白，并加上有氧练习或者力量训练等适当的增肌训练，来达到设定的增肌增重的目标。

在膳食过程中，健身者要通过增加进食量、摄入食物来满足身体对能量正平衡的需求，确保摄入足够的维生素、无机盐和优质蛋白来为肌肉合成提供相应的原料，实现增加体重的基本目标。健身者同时还需要进行增肌训练，通过增肌训练可以激活合成代谢。增加进食量，提供合理的营养组合会使训练激活的合成代谢高效运行，从而对肌肉的修复和生长过程起到加速作用。增肌训练还可激活脂肪的氧化，增加体脂的消耗量，避免体脂出现大幅增长的现象。所以说增肌增重的正确方法就是增加进食量与增肌训练相互结合、同步进行。

健身者增肌增重时应注意合理膳食，合理选择食物：可以多选择鱼、虾、去皮火鸡肉、兔肉、瘦羊肉、瘦牛肉等以优质蛋白质为主的食物来增加蛋白质的摄入；也可以选择玉米片、西瓜、全麦面包、蜂蜜等高血糖指数为主的食物来增加碳水化合物的摄入。执行正能量平衡且一日多餐的用餐计划，切记晚上睡觉前1小时完成加餐。还应合理安排健身锻炼和用餐时间。健身锻炼和用餐时间越接近，健身者就越要采用高营养密度、高能量、适宜蛋白量、容易消化吸收、体积小的用餐模式。

健身者增肌增重，还可以选择肌酸、乳清蛋白、酯化肌酸、肌泵、肌盾、丙酮酸肌酸即赛力昂等具有增肌功效的营养品。

三、合理的膳食营养对科学健身的影响

合理的膳食营养是科学健身的基本保障，是健身方案中不可或缺的重要环节。合理的膳食营养对科学健身的重要性，主要体现在以下几个方面。

（一）保证生长发育和维持健康

在科学健身时，制定合理的膳食方案，通过食物的摄入保证人体对维生素A、维生素 D、维生素 B_2、碘等营养物质的需要。因为这些营养物质可以促进人体蛋白质的生物合成、骨细胞的分化、骨骼和牙齿的正常发育，是维持人体生长和健康不可缺少的。若严重缺乏，就会出现骨质疏松、脊椎骨弯曲等症状。

（二）满足体能消耗及恢复的特殊需要

健身者通过合理膳食，可以按科学比例摄入不同的食物种类，保证健身锻炼时碳水化合物、脂肪、蛋白质三大供能物质的摄入。三大供能物质进入人体进行代谢，会为健身者的健身锻炼提供能量。同样，当健身锻炼结束时，人体因为血糖浓度降低，为了补充健身运动中对于糖原的消耗，也需要通过合理膳食增加三大供能物质的摄入，维持血糖平衡，加速机体的恢复。如果健身者在健身锻炼过程中，运动强度比较大并且出现疲劳，膳食中应注意蛋白质、维生素 A、维生素 E、钙等营养素的摄入。

（三）调节心理和生理机能

在科学健身过程中，膳食中摄入蛋白质、水、无机盐、维生素、膳食纤维等各种不同的营养可以调节人的心理和生理机能。这些心理和生理机能表现在提高运动能力和运动支持作用、免疫系统的保护作用、参与人体的物质代谢调节、皮肤新陈代谢的促进作用、维持正常的血钙平衡、抗氧化作用、抗衰老美容作用、维持神经的正常兴奋性、维持神经的应激性和正常功能等。通过吃甜品等摄入碳水化合物会给人带来满足感，使人感到愉悦与放松。所以应科学合理地安排膳食，尽可能摄入多种营养素，以较好地调节人体的心理和生理机能。

（四）满足机体适应和伤病康复需要

科学健身时合理的膳食搭配，特别是碳水化合物、脂肪、蛋白质的摄入会为健身者提供足够的能量来满足机体适应外在环境的需要。同时，蛋白质的摄入可以对健身锻炼时造成的细胞破损和组织创伤起到修复作用，利于伤病康复。膳食中蛋白质、维生素 A、维生素 C、铁、锌等营养素的摄入，还可以起到免疫保护作用，增强健身者的抵抗能力。

（五）帮助健身者提高运动能力和健身锻炼的质量

科学健身过程中合理的膳食搭配，表现在对水、锌、维生素 B_2、维生素 E、蛋白质等的摄入能够满足机体的需要，可以为健身者提供健身支持并提高健身者的运动能力等，还表现在对于蛋白质、碳水化合物和脂肪的摄入能够满足机体运动所消耗能量的需要，保证健身者在健身锻炼中提高运动能力和健身锻炼的质量。

第二节　科学健身的医务监督

一、什么是科学健身的医务监督

医务监督是指以医学为内容,指导人们科学合理地进行体育锻炼,以促进练习者的身体发育、预防运动性疾病、增进健康的医疗手段。

在科学健身锻炼中实施医务监督,可以使健身者在健身锻炼过程中对自己身体的功能状况进行观察,并为科学、合理地安排健身锻炼内容和运动负荷提供重要依据和参考。

二、医务监督的内容和方法

健身锻炼过程中的医务监督主要包括主观感觉和客观检查两个方面。

(一)主观感觉

主观感觉包括身体感觉、运动情绪、睡眠、食欲、排汗量和排尿等。人的主观感觉是人体功能状况的直接反映。科学地进行健身锻炼的人,总是精力充沛、心情愉快、睡眠正常、食欲良好。

1. 一般感觉

一是正常的感觉,主要表现在健身锻炼后疲劳消除快,功能恢复也较快,精神饱满,全身无不适的感觉;二是不良感觉,主要表现在运动后出现四肢无力、头痛、恶心、心前区和上腹部疼痛等症状,是健康状况不良或运动量过大的表现。

2. 运动心情

健康者心情愉快,渴望训练,运动成绩也较好。如果健康状况不良、发生过度训练或训练方法不当,运动时就会出现一些特殊心情,如"怕水""怕球""不想训练""厌烦训练""惧怕训练"等。

3. 睡眠

睡眠情况往往可以反映健身锻炼的强度、运动量等。良好的睡眠应该是入睡快、睡得深，不做或很少做梦，睡醒后精神良好，全身有力。反之则入睡难、易醒、多梦、失眠，睡醒后仍感到疲劳而且嗜睡。

4. 食欲

健康者健身锻炼后食欲良好，进食量大。如果健身锻炼后不思饮食、食量减少，并在一段时间内不能恢复正常饮食，则表明胃肠消化和吸收功能下降，可能与运动量安排不当或锻炼者身体功能和健康状况不良有关。但剧烈运动后立即进食和过多吃零食也会影响食欲，应加以区别。

5. 排汗量

运动时由于代谢水平较高，产热较多，所以排汗成为一种重要的散热方式。排汗量除了受运动量的大小、训练程度和神经系统的功能状态等因素的影响外，还受饮水量、气温、空气相对湿度和衣着厚薄等因素的影响。所以，在进行自我监督时应加以注意。在相同的外界条件下，各人出汗的情况也不尽相同。随着健身锻炼水平的不断提高，等量健身锻炼后的排汗量应逐步减少。在条件相同的情况下，排汗量明显增加，特别是夜间睡觉大量出冷汗，表明身体极度疲劳，这也可能是内脏器官患病的征兆，应加以注意。

（二）客观检查

客观检查包括生理指标、运动成绩和其他伤病情况。生理指标包括心率、体重和肺活量等。运动成绩包括身体素质和专项运动成绩等。每个人在健身锻炼后所呈现出的各种生理反应和自我感觉都是不同的。因此，应根据自己所表现出的不同状况，在综合分析的基础上做出正确的判断，以便更科学地进行健身锻炼。

1. 心率

心率变化，特别是晨间心率的变化，对判断身体功能与健康水平有着重要的意义，而且简单易行，易于掌握。在测量过程中既要注意频率的变化，也要注意节律的变化。

健康人的心率正常范围为 60～100 次 / 分。年龄越小，心率越快。14 岁左右的少年，其心率为 70～80 次 / 分。在一般情况下，经常从事健身锻炼且水平较高的人，心率较缓。在健身锻炼过程中，若心率比过去减少或变化不明显，且节律齐,就表明健身者身体功能良好,有潜力。脉率在数值上与心率一致,故常用脉率测定结果代替心率。若晨脉比过去明显增加,且长期恢复不到原来的水平,就表明机体反应不良,可能是早期过度健身锻炼的表现。当晨脉每分钟增加6次时,20%的人自我感觉不良;增加12次时,40%的人自我感觉不良;增加18次,则有60%的人自我感觉不良。

如果发现脉搏跳动节律不齐或有间歇性的停跳现象,就应做具体分析。如果仅仅是出现不规则的时快时慢,可能是呼吸性心律不齐的表现,是正常的生理现象。另外,还有一种期前收缩的现象,它也可能发生在正常人之中。因此,当健身锻炼者出现这种现象时,不一定表示有心脏病,但应密切注意身体功能状态的变化情况。如果节律不齐,而且总不消失或反而增多,多数是心脏功能不良的反应,应及时调整运动量,并采用心电图等方法查明原因,以防过度疲劳或疾病的发生。

晨脉的测定应在早晨起床前进行,具体方法是仰卧测30秒的脉搏数再乘以2,即为每分钟的脉率,这样误差较小。

2. 体重

在健身锻炼过程中,体重的变化有一定的规律。一般是健身锻炼初期由于体内储存的脂肪和多余的水分被消耗掉而引起体重下降。经过一个时期的健身锻炼后,体重开始恢复,并逐步增加,直到保持在相应的水平上。如果在健身锻炼中体重出现"进行性下降"的现象,则可能是由于过度疲劳、营养不良或不足、患慢性消耗性疾病(如肺结核、淋巴结核等)所致。在进行自我监督时,可定期(一周或半月)进行测定体重。测定一般安排在每天的同一个时间,如早晨。

3. 肺活量

肺活量的变化在一定程度上可以说明呼吸功能的情况。呼吸功能良好时,肺活量增大或维持在较高水平上。若呼吸功能不良,肺活量可能持续下降。

4. 健身锻炼成绩

科学的健身锻炼能使运动成绩逐步上升或处于较高水平。如果照常进行健身锻炼而成绩却停滞不前或者下降,动作也变得不协调,甚至连已经熟练掌握的动作也不能完成,这很可能是身体功能状态不良或早期过度健身锻炼的表现。

在自我监督的客观检查中,除上述指标以外,还可酌情定期测握力、呼吸频率以及其他生理指标。自我医务监督可按表2-2进行。

表2-2　自我医务监督表

类别	内容	反应			备注
自觉状态	身体健康	正常	一般	较差	
	运动情绪	正常	一般	较差	
	睡眠	正常	一般	较差	
	食欲	正常	一般	较差	
	排汗情况	正常	较多	虚汗	
	尿便情况	正常		混稀	
生理指标	心率/(次/分)	有规律/(次/分)		不规律/(次/分)	
	体重/千克	增加	保持	减轻	
	肺活量/毫升	增加	保持	减轻	
运动成绩	素质成绩	增加	保持	下降	
	专项成绩	增加	保持	下降	
其他	伤病情况	（记录伤病原因和程度）			

姓名：_____　　日期：_____

第三节　健身中常见的生理反应及处理

世界卫生组织指出,适量、规律的体育锻炼有以下好处:延年益寿;强健筋骨、肌肉和关节;有效控制体重;降低患心脑血管疾病、高血压、直肠癌、2型糖尿病的概率;预防和减少骨质疏松症的发生;促进心理健康,预防抑郁症、强迫症和孤独感的发生;帮助青少年预防和控制不良习惯,远离烟草、酒精、药品滥用以及不健康的饮食习惯。

在健身锻炼过程中,健身者的生理平衡在一定刺激下会受到暂时性的破坏,会出现某些生理反应。健身者的这种生理反应称为"运动生理反应"。健身锻炼过程中常见的生理反应及处理办法如下。

一、健身锻炼后肌肉疼痛和紧绷与延迟性肌肉酸痛

开始从事健身锻炼的人或是很长一段时间没有进行健身锻炼的人，一旦进行健身锻炼，常会有肌肉酸痛或紧绷的感觉。在健身锻炼后数小时内所产生的急性肌肉酸痛被认为与参与健身锻炼的肌群缺乏血流量（氧含量）及肌肉疲劳有关。

另外，在健身锻炼后 24 小时所出现的肌肉疼痛、肌肉酸痛或肌肉僵硬的现象称为延迟性肌肉酸痛（DOMS）。这种肌肉酸痛最常见于开始一个新的健身锻炼计划，或改变日常的健身锻炼计划，或大幅度地增加健身锻炼的持续时间和强度等。其特点是在健身锻炼后 24～72 小时，肌肉的酸痛达到顶点，但经 5～7 天，肌肉的疼痛基本消失。延迟性肌肉酸痛一般是对平时健身锻炼过程中肌肉不用力的一种正常反应，是机体的一个适应过程，将有利于肌肉的恢复及肌纤维的增粗，机体也将会产生更强的耐力和更大的力量。

延迟性肌肉酸痛与急性、突然而剧烈的肌肉疼痛不同，如健身锻炼过程中肌肉被拉伤或者被扭伤而产生的疼痛、经常参加健身锻炼导致的肿胀或擦伤。延迟性肌肉酸痛一般与体液保留的增加（刺激末梢神经有痛觉）以及肌肉与关节本身及周围结缔组织过度伸展或撕裂等因素有关。

（一）原因和症状

延迟性肌肉酸痛是由细小肌肉纤维撕裂而导致的。撕裂的数量（和疼痛程度）取决于健身锻炼的强度、时间以及健身锻炼项目的类型。进行不熟悉的健身锻炼项目可能导致延迟性肌肉酸痛，肌肉在增加长度时的剧烈收缩会导致延迟性肌肉酸痛，这种现象很常见。

引起肌肉强烈收缩的健身锻炼项目包括俯卧撑、下楼跑、下坡跑、降低重心和下蹲等健身锻炼项目。除了会导致机体小肌肉的撕裂外，机体撕裂的部位与肌肉的肿胀也会共同导致健身者的肌肉酸痛。

（二）处理

如何应对延迟性肌肉酸痛？应对延迟性肌肉酸痛的最好方法就是把预防放在第一位。

1. 健身锻炼后的运动恢复

有关研究表明，低强度的有氧运动可增加血液流量，减轻肌肉酸痛。在剧

烈的健身锻炼后,可采用低强度的有氧运动帮助肌肉放松。

在高强度的健身锻炼后,完全休息是恢复的最好方法。然而,研究也发现了通过运动恢复的一些优势。健身锻炼后的运动恢复是指健身锻炼后从事低强度的运动。有两种形式的恢复:一是在剧烈健身锻炼后立即放松,二是在高强度的健身锻炼后的第二天从事低强度的运动。

2. 休息恢复

在没有任何特殊处理的情况下,疼痛通常会在3～7天消失。健身锻炼后保证足够的休息是必要的,以便机体的肌肉组织尽快恢复、重建和加强。恢复时间对于任何健身锻炼计划都很重要,因为这个时间是健身者的身体适应健身锻炼和产生真实健身锻炼效果的时间。

3. 按摩

按摩能够帮助健身者减轻肌肉疼痛和肿胀,而且不会影响其肌肉的功能。治疗型的按摩可治疗软组织疼痛和伤害。按摩有助于改善肌肉的灵活性,提高关节灵活度和减轻肌肉僵硬,有助于改善按摩区的血液流动,升高肌肉温度。此外,按摩还有助于减轻焦虑和改善情绪。

4. 使用RICE法

所谓RICE法,即采用休息、冰敷、压迫和抬高伤肢的方法。如果健身锻炼过程中遭受如扭伤、肌肉拉伤或撕裂等损伤,可采用RICE法以缓解疼痛、限制肿胀和保护受伤的软组织。

治疗方法还有进行温和的拉伸练习、采用药物治疗、练习瑜伽等,但最重要的方法还是以预防为主。

(三)预防

1. 减慢过程

最重要的预防方法首先是逐渐增加健身锻炼的时间和强度。在健身锻炼时增加运动强度,时间太快则是产生损伤的一个常见原因。健康专家建议刚开始进行健身锻炼的人或者专业的运动员可以采取10%的指导原则来避免运动中损伤的发生和肌肉酸痛的出现。这条指导原则是指增加的健身锻炼每周不应超过10%,包括健身锻炼的距离、强度、重量和时间,可以遵循这一原则来设置每周健身锻炼的增加量上限。例如,如果一个健身者每周跑10千米,他还想在下周增加跑步的距离,那么应遵循10%规则,增加1千米的距离。如果一个健身者举重为 30 千克,想在下周增加举重的重量,则应遵循 10% 规则,增加 3 千克的重量。一个刚开始进行健身锻炼的人,如果觉得增加 10% 的负荷量太大,则可以每周增加 5%;对于其他人而言,10% 可能太少。如果不能确定健身者的锻炼能力,则只需根据实际情况相应地增加健身锻炼即可。

2. 热身活动

适当的热身活动可以增加流向运动的肌肉的血液量,从而避免肌肉僵硬,降低受伤的风险,改善健身锻炼的表现。此外,热身还有助于为生理和心理做好健身锻炼的准备。典型的热身运动包括:逐渐增加健身锻炼项目的专项强度,例如,对于喜欢跑步的健身者而言,慢跑一会儿,并做几个冲刺型的动作来动员所有的肌纤维;以缓慢平稳的方式添加健身锻炼项目的非专项动作,如以球为健身锻炼项目的健身者使用无关球的健身锻炼作为他们的热身活动。

拉伸肌肉最好的时间是在增加血液流量之后,这样可以避免健身者受伤。天冷时拉伸肌肉会增加受伤的危险,因此,最好在拉伸之前做有氧运动。健身锻炼之后做一些拉伸的练习,可以使肌肉变软,增加血液流量并使肌肉温度提高。

3. 放松活动

健身锻炼后应以温和的伸展活动进行放松。伸展活动是提高健身者体能和健康最基本的方式。伸展活动可以促进身体循环,扩大运动范围,改善体姿,避免关节僵硬,减小肌肉张力,提高放松的能力。在进行伸展练习时,应注意以下几点。

(1)均匀地拉伸身体两侧的肌肉,不要只拉伸一侧而不拉伸另一侧。

(2)避免过度伸展,不要有疼痛或不适感,以感到轻微的紧张感为佳。

(3)慢慢、均匀地拉伸肌肉,保持姿势约 15 秒,同时也要慢慢地释放。

(4)拉伸的时候不要反弹或猛拉,否则会导致超出肌肉的能力而发生损伤。拉伸应该流畅和缓慢。

(5)拉伸时应放松。深呼吸是放松的关键,在拉伸时不要屏住呼吸。

二、健身锻炼过程中出现的贫血

(一)病因

贫血可由各种原因所引起,它不是独立的疾病,而是一种症状。健身者在健身锻炼过程中如果生理负担量过大,也会导致贫血,这种贫血称为健身锻炼过程中出现的贫血。其类型多为缺铁性贫血,少数为溶血性贫血,个别为混合型贫血。从发生率看,女性健身者高于男性健身者,年龄小的健身者高于年龄大的健身者。血红蛋白是红细胞的主要成分。正常人血红蛋白的浓度和红细胞的数量密切相关。在一般情况下,血液中红细胞数量越多,血红蛋白浓度就越高。我国成年健康男性血红蛋白浓度为 120～160 克／升,成年女性为 110～150 克／升。成熟红细胞的寿命约 120 天。机体在正常情况下每天都有一定数量的红细胞新生和衰亡,二者之间维持着动态平衡,使血液中红细胞与血红蛋白的数量保持在相对稳定的水平上。一旦这种平衡受到某些因素的破坏,即可引起贫血。血红蛋白减少,血液输送氧的功能不足,以致全身各器官、组织缺氧,从而引起各种临床症状。

（二）征象

健身锻炼过程中出现的贫血发病缓慢,主要表现为头晕、乏力、易倦、记忆力下降、食欲差等症状。健身锻炼时症状较明显,常伴有气喘、心悸等,主要的体征为皮肤和黏膜苍白,心率较快,心尖区可听到收缩期吹风样杂音。症状的严重程度与血红蛋白的数量多少及健身锻炼负荷的大小有密切关系。血液检查时,血红蛋白的含量减少,男性健身者低于 120 克／升,女性健身者低于 110 克／升,这是诊断本病的标准。

（三）处理

适当减少健身锻炼的量,必要时应停止锻炼。改善营养,尤其是补充富有蛋白质和铁的食物。口服硫酸亚铁片剂,每日 3 次,每次 0.3 克,饭后服用,这对治疗缺铁性贫血有明显效果,并同时服用维生素 C 和胃蛋白酶合剂,以利于铁的吸收。有人采用中、西药结合来治疗健身锻炼过程中出现的贫血,也有较好的疗效。由其他原因引起的贫血则应及时查明原因,对症治疗。

（四）预防

合理安排健身锻炼的量和健身锻炼的强度,遵守循序渐进和个别对待的原则。多摄入含蛋白质丰富的食物,克服偏食习惯。大运动量健身锻炼的健身者可进行预防性补铁,建立合理的膳食制度,使健身锻炼与进食有一定的间隔时间。

三、健身锻炼的腹痛

健身锻炼的腹痛泛指在健身锻炼过程中或健身锻炼结束时产生的腹部疼痛。

（一）病因

一般引起腹痛的原因,大体可分为两类:一类是腹内脏器病变,另一类是腹腔以外脏器或全身性病变。由腹内脏器病变所致者,又可分为器质性和功能性两种。

1.胃肠痉挛

胃肠痉挛引起的腹痛,轻者为钝痛、胀痛,重者则可为阵发性绞痛。饭后过早参加健身锻炼,健身锻炼前吃得过饱、喝水过多、喝冷饮过多或空腹锻炼引起胃酸或冷空气对胃的刺激等,都会引起胃痉挛,其疼痛部位在上腹部。健身锻炼前吃了产气或不易消化的食物,如豆类、薯类、牛肉等,腹部受凉或蛔虫刺激等,均可引起肠痉挛,其疼痛部位多在脐周围。宿便刺激也可引起肠痉挛,其疼痛部位在左下腹部。

2.肝脾瘀血

肝脾瘀血肿胀,增加肝脾被膜的张力,使被膜上的神经受到牵扯,因而产生疼痛。肝痛在右季肋部,脾痛在左季肋部,疼痛性质为胀痛或牵扯痛。发生肝脾瘀血的原因可能是准备活动不够或开始健身锻炼时速度过快。当内脏器官的功能还没提高到应有的健身锻炼水平,就加大健身锻炼的强度,特别是心肌力量较弱时,心脏搏动无力,会影响静脉血回流心脏,致使下腔静脉压力上升,肝静脉回流受阻,从而引起肝脾瘀血肿胀。此外,在进行剧烈的健身锻炼时,会破坏均匀、有节奏的呼吸,引起呼吸肌疲劳或痉挛,膈肌疲劳后会减弱对肝的"按摩"作用。同时由于呼吸短浅,胸腹腔内压增长,会影响下腔静脉血的回流,这些都可使肝脾发生瘀血肿胀。

3.腹直肌痉挛

夏季进行剧烈的健身锻炼时,由于大量排汗,盐分缺失,会使水盐代谢发生紊乱,加上疲劳,可引起腹直肌痉挛。这种腹痛多发生在运动后期,疼痛部位比较表浅。

4.髂腰肌血肿

在进行剧烈的健身锻炼时,由于髂腰肌拉伤,会产生血肿而引起腹痛。

5.腹部慢性疾病

慢性肝炎、溃疡病或慢性阑尾炎患者参加剧烈健身锻炼时,由于病变部位受到牵扯、震动等刺激,会产生疼痛。这种疼痛的部位同病变的部位一致。

（二）征象

健身锻炼中腹痛的部位一般与有关脏器的解剖部位有关。腹部可分为上、中、下腹三部分或左、中、右腹三部分。右上腹痛者,多为肝瘀血、胆囊炎、胆石症等;中上腹痛者,多为胃痉挛、十二指肠溃疡、急性胰腺炎等;左上腹痛者,多为脾瘀血;腹中部痛者,多为肠痉挛、肠套叠或蛔虫病等;右下腹痛者,多为阑尾炎、右髂腰肌血肿;左下腹痛者,多因为宿便刺激引起的肠痉挛或左髂腰肌血肿;腹直肌痉挛多在相应的部位疼痛,且比较表浅。但是,也有的疾病在发病初期其疼痛部位并不一定与病变部位完全一致,如急性阑尾炎早期的疼痛部位多在上腹部或脐周围。也有些疾病虽然表现为急性腹痛,但病变部位却在腹外器官,如急性心肌梗死、大叶性肺炎等。

（三）处理

健身锻炼中发生腹痛时,一般只要减慢跑速、加深呼吸以调整运动与呼吸的节奏、按压疼痛部位或弯着腰跑一段距离等,疼痛即可减轻或消失。如疼痛仍不减轻,甚至反而加重,就应停止健身锻炼,并做进一步的鉴别诊断和处理。若是由胃肠痉挛引起的腹痛,可口服普鲁苯辛(每次15毫克),针刺或用指掐、点、揉内关、足三里、大肠俞等穴;若是腹直肌痉挛,则可进行局部按摩,或采用背伸动作拉长腹肌。如果上述措施均不见效,就应请医生诊断和处理。

（四）预防

合理安排膳食,健身锻炼前避免吃得过饱和饮水过多,饭后1.5～2小时才可进行剧烈的健身锻炼,还需在健身锻炼前做好充分的准备活动。健身锻炼时要坚持循序渐进的原则,并注意呼吸与动作之间的节奏配合。夏季进行健身锻炼要适当补充盐分。各种腹部脏器的慢性疾病应及早就医、彻底治疗,在疾病未愈之前应暂停健身锻炼,或只参加一些力所能及的健身锻炼项目。

四、健身锻炼过程中的晕厥

在健身锻炼过程中出现的晕厥,一般来讲都属于运动性晕厥。在运动中或运动后由脑部一时性血供不足或血液中化学物质的变化引起突发性、短暂性意识丧失、肌张力消失并伴有跌倒的现象称为运动性晕厥。

(一)病因

健身锻炼过程中出现晕厥是由供应给大脑的血液和氧减少引起的。晕厥是一种临时的意识丧失,通常持续不到一分钟。健身锻炼过程中出现的晕厥可能是由各种因素引起的,如严重的脱水、低血糖或高温。此外,在健身锻炼过程中出现的晕倒也常常与血液循环受到影响有关。

(二)症状

健身锻炼过程中出现的晕厥多表现为头昏、眼花、面色苍白、全身乏力、出冷汗,进而出现意识丧失和瞳孔缩小。一般数秒钟内便可恢复,少数人在数小时后清醒,其他异常体征不明显。

(三)处理

病情较轻者,只要保持安静,取平卧位,注意保暖,并予以必要的对症处理,口服镇静剂,吃容易消化的食物;对心功能不全的患者,应保持安静,取端坐位,给患者吸氧及点掐内关穴、足三里穴;对昏迷者可加点人中、百会、涌泉等穴,并保持呼吸道通畅;若患者发生呼吸、心搏骤停,必须立即就地做人工呼吸和胸外心脏按压,同时速请医生做进一步处理。

(四)预防

预防晕厥,首先在于加强健身锻炼,提高健身者的身体素质和机能水平。其次,在健身锻炼过程中,应结合身体实际情况量力而行。患病期间,可暂停训练,积极治疗并注意休息。伤病初愈者,要注意逐渐增加运动量。凡在大强度健身锻炼前均应做全面深入的体格检查。对有高血压病史、心血管系统疾病史的患者或有家族病史者应禁止参加剧烈的健身锻炼。此外,饭后要休息2～3小时再进行健身锻炼。

五、健身锻炼过程中的肌肉痉挛

肌肉痉挛（俗称抽筋）是指肌肉不自主地强直收缩。在健身锻炼过程中最易发生痉挛的肌肉是小腿腓肠肌，其次是足底的拇长屈肌和趾长屈肌。

（一）病因

1. 大量排汗

进行剧烈的健身锻炼时（尤其是夏天），大量排汗，失水、失盐严重，使体内电解质的平衡发生紊乱，体内氯化钠的含量过低，引起肌肉神经的兴奋性增高而发生肌肉痉挛。

2. 肌肉收缩失调

在健身锻炼过程中，肌肉快速地连续收缩，放松的时间太短，导致肌肉收缩与放松的协调交替关系被破坏。特别是局部肌肉处于疲劳状态时，更易发生肌肉痉挛。

3. 寒冷的刺激

在寒冷的环境下进行健身锻炼时，若未做准备活动或准备活动不充分，肌肉受到寒冷的刺激常发生痉挛。此外，局部肌肉疲劳或有微细损伤时，也可引起痉挛。

（二）征象

发生痉挛时，局部肌肉坚硬或隆起，剧烈疼痛且一时不易缓解。

（三）处理

牵引痉挛的肌肉，几分钟即可缓解。例如，腓肠肌痉挛时，先让患者平坐或仰卧，伸直膝关节。牵引者双手握住患者足部并抵于牵引者的腹部，利用牵引者躯干前倾的适度力量，将患足缓慢地背伸；若拇长屈肌、趾长屈肌痉挛，用力将足和足趾背伸，但切忌使用暴力。此外，可配合局部按摩，如重推、点穴（承山、涌泉、委中等），以使痉挛得到缓解。

（四）预防

健身锻炼前应做好充分的准备活动。可事先对容易发生痉挛的肌肉做适当按摩。冬季户外进行健身锻炼时要注意保暖，夏季进行剧烈的健身锻炼时应注意补充盐分、水及维生素 B_1 等。游泳前要先用冷水淋湿全身,以提高机体对冷水刺激的适应能力。若水温较低,游泳的时间不宜太长,更不要在水中停止活动。若发生腓肠肌痉挛,切勿惊慌失措,可采用仰泳,一手划水,用患足对侧的手握住患侧足趾,用力将患肢的踝关节背伸;若无效或两侧腓肠肌同时痉挛,应立即呼救。疲劳或饥饿时,不宜进行剧烈的健身锻炼。

六、健身锻炼过程中出现的中暑

(一)原因

在较高的温度下,长时间进行健身锻炼易发生中暑。尤其在温度高、通风不良的条件下,头部缺乏保护,被烈日直接照射容易中暑。

(二)征象

中暑早期会出现头晕、头痛、呕吐现象,后逐步发展为体温升高、皮肤干燥,严重者可出现精神失常、虚脱、抽搐、心律失常和血压下降,甚至昏迷。

(三)处理

降温消暑:将患者扶到阴凉通风处休息,使其平卧,头部抬高,解开衣领。如果中暑者神志清醒,并无恶心、呕吐症状,可饮用含盐的清凉饮料、茶水或绿豆汤等,并补充生理盐水或葡萄糖生理盐水等,以起到降温和补充血容量的作用。

人工散热:可采用电风扇吹风等散热方法,但不能直接对着患者吹风,防止造成其感冒。

冰敷:可在头部、腋下或腹股沟等大血管处放置冰袋(将冰块、冰棍或冰激凌等放入塑料袋内,封严密即可),并可用冷水或30%(体积分数)酒精擦浴直到皮肤发红。每 10～15 分钟测量一次体温。

严重患者,经临时处理后,应迅速送医院进行治疗。

(四)预防

在高温炎热的季节进行健身锻炼时,应适当减少运动量和运动的时间,避免在烈日下长时间进行健身锻炼。夏天在室外进行健身锻炼时,应戴白色的凉帽,穿宽敞透气的衣服。在室内进行健身锻炼时,应保持良好的通风并备有低糖的饮料。

（五）野外中暑防范措施及处理

在野外环境下进行健身锻炼，健身者长时间暴晒在阳光下，体内的热温不能充分散发，致使体温升高，脑内的体温调节中枢受到破坏，便会产生中暑。

中暑者通常会伴有头痛、发高烧、呕吐或晕厥等症状，严重者甚至导致死亡。因此，野外活动者应特别注意防范及急救，最好戴上遮阳帽，并尽量减少在阳光下的健身锻炼时间。

一旦发生中暑，应赶快急救。首先，将患者移到阴凉的地方，使其平躺，并用东西将头及肩部垫高，松开或脱掉其衣服。其次，以冷湿的毛巾敷在患者头上，如有水袋或冰袋更好。再用海绵浸酒精，或毛巾浸冷水，用来擦拭身体，尽量扇凉以降低其体温到正常温度。最后，测量患者的体温，或观察患者的脉搏。若脉搏在 110 次／分以下，则表示体温仍可忍受；若达到 110 次／分，应停止使用降温的各种方法，观察约 10 分钟后，若体温继续上升，再重新给予降温。待患者恢复知觉后，可给患者喝些盐水。此外，依患者的舒适程度供应覆盖物。

七、健身锻炼中的极点

（一）极点

健身锻炼不足及体适能状态较低的人，通常在健身锻炼开始后不久（特别是长跑运动），就会有两腿发软、全身乏力、呼吸困难等感觉。在运动生理学中，这种现象称为"极点"。例如，在进行中长跑项目的健身锻炼时，能量消耗大，下肢回流血量减少，氧债不断积累到一定程度，就会出现呼吸急促、胸闷难忍、下肢沉重、动作不协调甚至恶心的现象，这就出现了"极点"。"极点"的产生主要是由于内脏器官的惰性。因为人体从相对安静状态到剧烈的健身锻炼时，四肢肌肉能迅速适应，进入工作状态，而呼吸、循环系统等，则不能很快发挥其最高的机能，就会造成体内缺氧，大量的乳酸和二氧化碳积聚，使植物（自主）神经中枢和躯体性神经中枢之间的协调遭到暂时破坏，表现为"极点"的产生。"极点"是一种正常的生理现象，与健身锻炼水平、健身锻炼前的准备活动有关。经常参加健身锻炼的人，"极点"出现得晚，持续时间短，身体反应也较轻；而很少进行健身锻炼者"极点"出现得早，且持续时间长，身体反应也较重。

（二）第二次呼吸

健身锻炼过程中出现"极点"现象时，千万不要因此而停止锻炼，应适当地减慢锻炼速度，保持冷静并有意识地进行深长的呼气，坚持下去，上述生理反应将逐渐缓解和消失，随后机能得到重新改善，氧供应增加，运动能力得到提高，动作变得协调有力。这种现象，标志着"极点"已经有所克服，生理过程出现新的平衡，运动生理学上称之为"第二次呼吸"。"第二次呼吸"出现以后，循环机能将稳定在较高的水平上。"极点"与"第二次呼吸"是长跑等健身运动项目中常见的生理现象，无须疑虑和恐惧。只要坚持经常进行健身锻炼和处理得当，"极点"现象是可以延缓和减轻的。

八、健身锻炼中出现的运动无法忍受度

健身锻炼过程中的运动量和运动强度应该保持在安全的范围内，可检验锻炼时的心率是否超出个人的目标范围。体适能较差或高危人群，健身锻炼时如果超出了目标范围是不安全的。一些生理信号可以告知是否超出功能上的极限，这就是运动无法忍受度。当健身锻炼过程中出现运动无法忍受时，会出现心跳过速或不规则、呼吸困难、恶心、呕吐、头痛、晕眩、不正常的脸色发红或发白、极端疲惫、全身无力、发抖、肌肉酸痛、肌肉痉挛以及胸部憋闷等症状。因此，健身锻炼时要学会观察自己身体的反应，一旦发现有以上症状，应立刻停止锻炼。以后如果想继续锻炼，经检查后再决定。

恢复心跳数可作为过度劳累的指标。从某种程度上说，恢复心跳数与体适能水平有关。健身锻炼后 5 分钟，心率应低于 120 次 / 分，否则表示健身锻炼过度或有其他心脏疾病。如果降低运动强度或减少运动的持续时间，健身锻炼后 5 分钟仍有心率过快的现象，就应该看医生。

第四节 健身中常见的运动损伤及处理

一、健身锻炼过程中出现运动损伤的原因

在进行健身运动中所发生的损伤，统称为运动损伤。造成运动损伤的直接原因较多，主要有以下几个方面。

（1）思想上不够重视。运动损伤的发生，常与健身者对预防运动损伤的意

义认识不足、思想上麻痹大意及缺乏预防知识有关。如健身锻炼前不检查器械、预防措施不得力、好胜好奇,常导致健身者在盲目和冒失行动中受伤。

（2）健身锻炼前准备活动不充分。特别是缺乏有针对性的准备活动,运动器官、内脏器官功能没有达到运动状态而造成损伤。人体从相对静止状态过渡到紧张的运动状态,必须依靠准备活动来提高神经系统和各系统器官的功能。准备活动缺乏或准备活动不合理、不充分,就很容易发生运动损伤。

（3）健身锻炼情绪低下,或在畏难、恐惧、害羞、犹豫以及过分紧张时容易发生伤害;有时也会因缺乏健身锻炼经验和缺乏自我保护能力而致伤,如摔倒时用肘部或直臂撑地,会造成肘关节或尺骨、桡骨损伤。

（4）健身锻炼内容组合不科学、方法不合理及技术上的错误等,都可能造成损伤。如投掷标枪时上臂外展,屈肘小于 90°,肘部低于肩部时,容易造成肌肉拉伤,甚至肱骨骨折。

（5）健身锻炼场地狭窄,地面不平坦,器械安置不当或器械不坚固,健身时人群拥挤或多种健身锻炼的项目同时开展,健身者容易相互冲撞致伤。

（6）不良健身环境的影响。空气污浊、噪声、光线暗淡、气温过高或过低以及运动服装不符合要求等原因,都可直接或间接地造成对健身者的伤害。

二、健身锻炼过程中运动损伤的预防

在健身锻炼过程中,如果忽视运动损伤的预防工作,或者未能积极采取有效的预防措施,就可能发生各种伤害。因此,在健身锻炼中,要了解造成运动损伤的各种原因,并及时总结规律,把握损伤的特点,预防在先。

（1）加强健身锻炼的安全教育,克服麻痹思想,增强预防损伤意识。

（2）认真做好准备活动。准备活动要有针对性,不同健身锻炼项目重点活动的部位不同;天冷时准备活动时间可长一些,天热时也不要忽视准备活动;对可能发生运动损伤的环节和易伤部位,要及时采取预防措施。

（3）合理组织安排锻炼。合理安排运动量,防止局部运动器官负担过重。

（4）加强易伤部位和相对薄弱部位的练习,提高其机能,是预防运动损伤的积极措施。

（5）提高自我保护能力。如摔倒时,立即屈肘低头,团身滚动,切不可直臂或肘部撑地;由高处跳下时,要用前脚掌着地,注意屈膝、弯腰,两臂自然张开,以利于缓冲和保持身体平衡;面对粗野动作,要及时闪避,不要"硬碰硬",尽量避免身体直接接触。

三、健身锻炼过程中运动损伤的处理

健身锻炼过程中出现的损伤多为闭合性软组织损伤,如扭伤、挫伤和肌肉拉伤等,这种损伤一般可分为三个时期:首先是早期,即伤后 24～48 小时,严重的可持续 72 小时;其次是中期,即伤后 48 小时到 6 周;最后是后期,即伤后 3 周至 12 个月。这三个时期之间并没有明显界限。这三个时期除与伤的轻重相关外,还与伤后及时合理的急救处理、治疗及康复有关。处理得当,愈合过程可缩短且可以不留或少留后遗症,否则将可能有相反的结果。

（一）早期

这一时期最长可持续 72 小时,主要是组织撕裂或断裂后出现血肿和水肿,出现反应性炎症,表现为不同程度的红肿热痛及功能障碍。此时,处理原则主要是防止内出血、制动、防肿和止痛。处理办法有:立即停止活动,以减少出血;用冷水浸泡或用冰块冷敷受伤部位以达到止血、防肿和止痛效果;用绷带加压包扎以防止肿胀的扩大。注意:早期肿胀形成越小,后期康复就越容易。早期的正确处理对于治疗运动损伤起着关键的作用。

（二）中期

伤后 48 小时到 6 周,此时伤处开始消肿。热疗可在 24～48 小时间进行,以消除水肿,促进机体尽快吸收,并减少瘢痕形成。还可用针灸、按摩、理疗等治疗方法,并应尽早进行受伤部位的功能锻炼。热疗和按摩在此期的治疗中极为重要。热敷时温度不要太高,时间不要太长,避免烫伤;按摩手法应从轻到重,从损伤周围到损伤局部,以免加重受伤部位,造成再出血。

（三）后期

从伤后 3 周开始至痊愈。在此时期主要是增强肌肉、肌腱和其他组织的功能。治疗方法主要是加强受伤部位的功能锻炼,负荷可以逐渐增加,直至剧烈运动,另外配合热敷、按摩和理疗等治疗方法。

四、常见的运动损伤

（一）开放性软组织损伤

擦伤是皮肤受摩擦所致的皮肤黏膜伤。轻度擦伤可用碘伏对其创面进行

消毒,还可以在医生帮助下使用莫匹罗星软膏或者红霉素软膏等对创面进行涂抹,不需包扎即可痊愈。注意,涂抹时不宜直接涂抹伤口,可在伤口周围消毒。

重度擦伤应首先用生理盐水和过氧化氢冲洗消毒,然后再用消过毒的敷料包扎。撕裂伤、刺伤、切伤等发生后,皮肤都会有不同程度的规则或不规则的裂口,早期处理主要是清创、缝合和抗破伤风。伤口内有异物者应先清除,然后再止血、缝合、包扎。

(二)挫伤

挫伤是因外来钝性暴力作用或健身者相互撞击而致伤,一般会出现红热肿痛及功能障碍等现象,即俗称的"硬伤"。轻者可以按照闭合性软组织损伤处理。伤及头部、胸部、腹部及睾丸等严重挫伤可合并其他内伤,并出现脑震荡、休克等现象,应注意观察,及时抢救,并迅速转送到医院。

(三)肌肉拉伤

肌肉拉伤是健身锻炼中常见的损伤,在准备活动不充分或肌肉疲劳时较容易发生。另外,压腿或者劈叉时因幅度过大也容易发生肌肉拉伤。肌肉拉伤会严重影响锻炼、生活和学习。发生肌肉拉伤后,轻者会出现少量肌纤维撕裂,可立即做冷敷、加压包扎和抬高患肢处理,然后让肌肉处于松弛位固定休息,中后期可以进行按摩、理疗和针灸等治疗方法;严重者会出现肌肉完全断裂,应及时运送医院缝合处理。

(四)腰肌劳损

慢性腰肌劳损是引起慢性腰痛的重要原因。主要是腰部活动过多引起长期负荷过度,致使多次微细损伤的积累,或急性腰扭伤后治疗不彻底与多次损伤而逐渐演变成慢性损伤。长期姿势不正确或固定于某种体位、健身锻炼后受凉等都是致病因素。大多数患者能坚持健身锻炼或中小运动负荷锻炼,表现为健身锻炼前、后腰部疼痛,只有少数症状较重者完全不能运动。按摩、理疗、针灸和拔罐疗法等对治疗腰肌劳损的效果较好,健身锻炼时也可用腰部保护带(护腰),并注意加强腰背肌练习。

(五)踝关节扭伤

踝关节扭伤在足球、篮球等健身锻炼项目中发生率较高,主要是由锻炼时跳起落下重心不稳、踩在别人脚上或者场地凹凸不平而引起。踝关节扭伤后要及时治疗,避免出现习惯性扭伤。

在发生踝关节扭伤后,要及时现场处理。最容易犯的错误是不检查、不包扎就放冷水冲。本想止血,但常常事与愿违,反而会因水的冲击使其迅速肿胀,不但达不到冷敷的效果,反而会使肿胀更加严重。较合理的处理措施是立即用指压迫止血,同时做强迫内翻试验及踝关节抽屉试验检查,判断损伤的程度。也可使关节小的错动复位,然后可用冰敷或蒸发冷冻剂喷洒降温并加压包扎,抬高患肢,并按闭合性软组织损伤处理,或送医疗单位处理。为避免习惯性扭伤,重新进行健身锻炼时要打弹性绷带进行包扎固定,并协助踝关节发力,限制踝关节过度内翻,这对预防二度扭伤有较好的作用。

第三章

青少年科学健身的项目选择与实践

本章导语

少年强则中国强。实现社会主义现代化是近代以来中国人民梦寐以求的夙愿,实现中华民族伟大复兴是近代以来中华民族最伟大的梦想。青少年是祖国的希望和未来。青少年拥有健全的人格对实现社会主义现代化和中华民族伟大复兴具有重要意义。青少年的健全人格,首在体育,即对于青少年要加强科学健身,达到文明其精神、野蛮其体魄的目的。本章主要阐述了青少年的特点、青少年进行科学健身的原因及意义、青少年健身时体态塑造的项目选择与实践、青少年健身时身体素质提高的项目选择与实践等,从而让读者对青少年科学健身引起重视,并掌握针对不同健身目的青少年如何选择健身项目、如何实施健身项目,以期增强青少年的健身锻炼意识、养成健身锻炼习惯、提高健身锻炼效果,推动我国青少年体育的发展。

学习目标

(1)了解青少年的生理和心理特点。

(2)明确青少年进行科学健身的原因和意义。

(3)掌握青少年体态塑造的健身锻炼项目选择与实践。

(4)掌握青少年身体素质提高的健身锻炼项目选择与实践。

第一节 青少年科学健身

　　青少年人群是科学健身的主要参与者。青少年时期是人一生中生长发育的关键时期,也是健身锻炼行为习惯养成时期。在此时期,家庭、学校和社会都对青少年的健身锻炼加以适当的引导、支持与鼓励,不仅能够增强广大青少年的身体素质,促进青少年的生长发育,还能够提高青少年的智力水平,利于青少年的心理健康以及培养其良好的社会适应能力,同时也对我国全民健身的发展有着重要的意义。

　　在党的二十大报告中,习近平总书记提出了"广泛开展全民健身活动,加强青少年体育工作"的要求,从而为新时代青少年体育工作明确了定位与方向。我国有 1.58 亿中小学生,青少年体育工作,关乎青少年的身心健康和全面发展的问题。以前《体育法》中的"学校体育"一说已经在新修订的《体育法》中更名为"青少年和学校体育";国家还颁布了《关于全面加强和改进新时代学校体育工作的意见》《深化体教融合促进青少年健康发展意见的通知》《关于强化学校体育促进学生身心健康全面发展的意见》等一系列文件;"健康第一"的理念也落地生根;"双减"政策也已经实施;体育学科也被逐步纳入到了中考和高考中,体育学科的地位也在不断地提升。这些都彰显了顶层设计的高度,也突显了党和国家对于青少年体育工作和青少年健康的高度重视。

一、青少年的生理特点和心理特点

　　根据生长发育的规律、形态特点、生理特点和心理特点等,将青少年划分为6 个阶段:从出生后 28 天到 1 岁为婴儿期,2—3 岁为幼儿期,4—6 岁为学龄前儿童,7—12 岁为学龄儿童,13—17 岁为少年期,18—25 岁为青年期。对青少年而言,其生长发育具有一定的规律性。青少年的身体处于快速的发展变化中,其心智也尚未完全成熟,比较渴望获得更多来自外界的关注。所以关注并认识青少年的生理特点和心理特点,才能有效地促进青少年的生长发育,增强青少年的体质健康,提高青少年运动技能的掌握能力。

（一）青少年运动系统的生理特点

青少年的运动系统主要包括肌肉、骨骼和关节三大方面，每个方面都具有各自的生理特点。在健身锻炼时，要注意结合青少年的生理特点，进行科学的健身锻炼。

1. 青少年肌肉的生理特点

人体运动的动力器官为肌肉，人体健美的外在表现也是由肌肉构成的。人体生长发育的高峰期是青少年时期。在这一时期，中枢神经系统对肌肉的调节变得逐渐完善，肌肉群活动的协调性越来越好，肌纤维的纵向发展已经基本结束，肌纤维开始转向横向发展，肌肉中的水分也逐渐减少，肌肉收缩的有效成分蛋白质、脂肪、无机盐和糖的含量却是增加的。

青少年身体各部分的肌肉发育速度不尽相同。通常来说，四肢肌晚于躯干肌，伸肌晚于屈肌，下肢肌晚于上肢肌，小块肌肉晚于大块肌肉的生长发育。肌力的逐年增长也是不均匀的。在生长发育加速期，肌肉纵向发展比较快，但是仍然比骨骼的增长要慢，青少年的耐力和肌力都比较差；在生长发育加速期后，肌肉横向发展比较快，肌纤维也明显增粗，肌力也显著增大。男孩的肌力增长最为明显的是在 18—19 岁，女孩的肌力增长最为明显的是在 15—17 岁。

青少年进行科学健身，可以增加肌肉的活动次数，增多肌肉中的毛细血管网，肌肉的血液供应情况会得到改善，肌肉的代谢过程会得到加强，更充分、更多的营养物质会不断地供应给肌肉，进而会对肌纤维的变粗和肌肉体积的变大起到有效促进作用。

2. 青少年骨骼的生理特点

骨骼作为人体的支架，其主要功能体现在对人体体型的塑造。在青少年时期，骨骼中的无机盐含量比较少，有机物和水分的含量比较多，骨密质少但是骨松质多，所以青少年的骨骼弹性比较大，不容易折断。伴随着年龄的不断增长，青少年的骨干与骨骺相连接的部分即骺软骨会逐渐出现骨化，当骺软骨完成骨化后，人体的骨骼也就不能够再继续生长，身体也就不再继续长高。一般情况下，人体完成骨化的时间是在 21—22 岁或者更晚一些。所以，在青少年时期进行科学的健身锻炼，可以更好地促进青少年骨骼的生长发育，增强骨骼的新陈代谢能力，改善血液循环，并供应充分的血液，骨细胞的生长能力会不断增强，从而会增加骨的长度，增厚骨质，增粗骨骼，增强骨组织的机械稳定性，提高骨骼在抗扭转、抗压缩、抗折、抗弯等方面的性能。研究发现,经常参加健身锻炼的青少年,其平均身高比其他同龄人要高出 4～7 厘米。

3. 青少年关节的生理特点

青少年时期的关节结构与成年人的关节结构基本相同,但是构成青少年关节的关节面差度比较大,关节面的软骨比较厚,关节囊比较薄,关节内、外的韧带比较松弛也比较薄,关节周围的肌肉比较细长、薄弱。所以青少年关节的伸展性和活动范围都比成年人的大,其关节的柔韧性和灵活性比成年人的好,也比较容易进行健身锻炼使其发展。但是青少年关节的稳定性却不及成年人,在外力的作用下比较容易脱位。因此,在这一时期,青少年进行健身锻炼,使关节周围的肌肉力量得到加强,关节周围的韧带和肌肉的伸展性能得到提高,关节的活动范围得到扩大,关节的稳定性和灵活性得到提高。但是,值得注意的是,在这一时期进行健身锻炼,要把握好健身锻炼的力度,掌握好锻炼技巧,避免发生关节脱位和损伤。

4. 针对青少年运动系统的生理特点,在进行健身锻炼时的注意事项

(1)在生长发育加速期,发展力量要多采用伸展性的练习。对于小肌肉群的力量和伸肌的力量要有计划地进行发展,促进青少年的肌肉平衡发展。

(2)对于青少年的柔韧性,可以充分地、有针对性地发展,但是在发展的同时,要重视关节的稳定性和牢固性,以防关节脱位或者损伤。

(3)注意培养正确的身体姿势。进行健身锻炼时,要避免单一肢体进行较大负荷、长时间的健身动作;要避免左右肢体负荷不均匀的健身动作;要避免跳跃着地过猛的健身动作;要避免长时间做一些静止动作,不注意休息;要多进行体位变化、着力点变化的健身锻炼,从而防止造成肢体和骨盆畸形以及脊柱的弯曲等。

(4)进行负重的健身锻炼时,要注意控制好负荷。如果负荷过重,则可能会引起骨化的速度加快,影响身高的发育。

(二)青少年氧运输系统的生理特点

青少年的氧运输系统包括呼吸系统、血液和心血管系统三部分。这三部分各有其自身的生理特点。

1. 青少年呼吸系统的生理特点

肺和呼吸道组成了人体的呼吸系统,其中呼吸道包括鼻、喉、气管和支气

管。人体在进行呼吸运动时,气体的通道则为呼吸道,气体进行交换的场所则是在肺部。人体呼吸系统的功能与人体的能量代谢之间存在密切联系。

(1)呼吸道的生理特点。青少年的呼吸道从鼻腔开始到达支气管,气道比成年人的狭小,并且软骨没有硬固,同时呼吸道内分布有丰富的血管、柔嫩的黏膜,黏液分泌不充足,纤毛运动也比较差。由于青少年呼吸道的这些生理特点,病菌及尘埃等都比较容易侵入,从而引起充血、感染,造成呼吸道的阻塞、炎症及损伤等,所以在健身锻炼时要加以重视。

(2)肺部的生理特点。青少年时期,人体肺的结构和机能都在迅速生长发育。随着年龄的增长,呼吸深度增大,呼吸的频率逐渐减慢,呼吸肌的力量逐渐加大,呼吸系统向着健全的方向发展。由于青少年的肺泡数目较成年人要少,呼吸运动的幅度比较小,肺泡壁的弹性比较差,同时还有来自胸廓狭小的限制,所以青少年的肺容量较成年人的要小。肺容量小,就会表现为肺活量小。随着年龄的增长,肺活量会逐渐增长。

健身锻炼可以使青少年肺组织保持弹性,使胸廓活动度得到改善,加深呼吸深度,增大肺活量;可以促进呼吸系统的健全与完善;可以使呼吸系统的构造和机能得到良好的发展;使呼吸系统的换气和通气功能得到良好的提高。

一般情况下,人在安静状态下的呼吸频率是 12～18 次/分,肺的通气量是 4.7 升。经常进行健身锻炼的人,达到同样的肺通气量,仅需要 8～12 次/分的呼吸频率。即健身锻炼可以在定量工作时使呼吸机能保持较强的工作能力而不下降。在开展较强的健身锻炼时,呼吸系统也能很好地达到工作要求。

2. 青少年血液的生理特点

通常情况下,青少年的血液总量要比成年人的少,但是从体重百分比来看,则比成年人的大。随着年龄的增长,血液总量占体重的百分比会逐渐地下降,在 15 岁左右就会达到成年人的水平。同时,血液中的有形成分也与成年人的有所差别。比如血液中的红细胞和血红蛋白等,也是在 15 岁左右达到成年人水平。

3. 青少年心血管系统的生理特点

心血管系统由血管和心脏组成,是一个封闭的管道系统。血管是运输人体血液的管道,心脏则是动力器官。血液在人体血管内按照一定的方向不停地进行循环流动的推动力主要来自心脏有节律的舒张和收缩。心血管系统担负人体新陈代谢中的运输任务,对人体的运动能力起着决定作用。青少年的心血管系统处于生长发育时期,各器官具有各自的生理特点。

（1）血管的生理特点。青少年的血管弹性比较小,血管壁比较薄,血管的内径宽于成年人的,血管长度短于成年人的。所以,青少年血管的血流阻力比成年人的小,体内血液循环一周的时间要短于成年人的。又因为青少年的毛细血管比较丰富,所以各组织、器官的血流量在单位时间内要比成年人的大,从而保证了青少年能够得到更加充分的营养与氧的供应。

健身锻炼能够对血管壁的结构产生积极的影响,能够使血管在器官中的分布得到改变,可以增粗冠状动脉的口径,增加心肌、毛细血管的数目。所以说,健身锻炼是保护心脏健康、预防一些心血管系统疾病的有效手段。

（2）心脏的生理特点。人体泵血的肌性动力器官是心脏。心脏的泵血功能推动血液通过血管将体内的代谢产物排到体外,运输氧气和营养物质等体内新陈代谢所需要的物质。青少年心脏的心肌纤维细并且短,弹力纤维比较少,心脏瓣膜的发育也不完善,心脏的容积比成年人的小,重量更轻。随着年龄的增长,心脏的重量会增长。到青春期时,青少年的心脏就会达到成年人的水平。心脏容积的增大也会有上述的规律。

在达到成年人水平前,青少年的心脏收缩力比较弱,心脏的每分输出量和每搏输出量都比成年人的少,在运动中一般会表现出心率较快。同时,健身锻炼时肌肉的紧张收缩与舒张,增加了心脏的工作量,心脏毛细血管更加开放,加强了心肌的新陈代谢和血液供应,从而使心肌中的糖原和蛋白质贮备得到了增加,使心肌增厚,使心肌纤维变粗。

青少年坚持健身锻炼,可以增加心脏的容量,增大心肌的收缩力量,进而可以增加心脏的每分输出量和每搏输出量,利于心脏的健康。

4.针对青少年氧运输系统的生理特点,在进行健身锻炼时的注意事项

（1）不应进行过多的力量性、耐力性、静力性的健身锻炼,可以选择速度性的健身锻炼,锻炼时间要短,锻炼期间要休息好,休息的次数也尽量要多。

（2）在健身锻炼过程中,要注意呼吸和动作的配合,挺身的健身动作要进行吸气,屈体的健身动作要进行呼气,避免过多地进行屏气。同时还要对呼吸道的卫生加以注意。

（3）为了发展和提高心肺功能,12—13岁之后耐力性和力量性的健身锻炼比例可以稍微增加,可以在15—17岁之后进行比较剧烈的健身锻炼,也可以适当地进行长距离的健身锻炼项目的练习,可以在20岁以后对超长距离的健身锻炼项目进行练习。

（4）在健身锻炼过程中要注意区别对待。因为少年时期的心脏未发育成熟，健身锻炼的量和强度要严格控制在安全范围内并遵循循序渐进的原则。对于在青春期出现高血压的青少年来讲，如果经常参加健身锻炼并且锻炼后没有不适反应，则可以继续进行健身锻炼，但是健身锻炼的运动量不可以过大，不宜进行像举重等需要憋气力量的练习，还需要定期进行检查，做好健身锻炼过程中的医务监督，保证健身锻炼的安全性及科学性。

（三）青少年神经系统生理特点

生命活动的主要调节系统是神经系统。神经系统包括中枢神经系统和周围神经系统。神经系统在机体的各个器官和系统中起着主导作用，处于支配地位。神经系统调节和控制人体任何一个器官或者系统的活动。神经系统是人体发育最快、最早，也是成熟最早的系统。

1. 青少年神经系统的生理特点

（1）神经过程中抑制与兴奋发展的生理特点。脑细胞建立联系的上升期即为青少年时期。此时，大脑神经细胞的分化机能得到迅速的发展，大脑皮质的结构、功能产生了巨大的变化。抑制和兴奋是人体中枢神经系统的两个活动过程，并且两个活动过程的发展是不均衡的。在6—13岁，神经系统的兴奋过程所占优势比较明显，兴奋过程相对比较强些，主要表现为活泼好动，注意力不容易集中，富有模仿性，比较容易建立条件反射，学习和掌握新的动作比较快，但是由于兴奋比较容易扩散，所以在进行动作练习时比较容易出现多余的动作，动作不够准确和协调，对于复杂精细的动作难以掌握。但是神经过程具有灵活性高的特点，神经细胞的物质代谢比较旺盛，合成的速度比较快，利于运动后疲劳的快速恢复。13岁以后，神经抑制过程会得到逐渐加强，抑制和兴奋也逐渐趋于平衡。在13—14岁时，皮质的抑制调节功能会达到一定的强度，分析综合能力得到了明显的提高，能够较快建立各种条件反射。到14—16岁，反应的潜伏期会缩短，分化抑制能力会得到显著的提高。

（2）第二信号系统的生理特点。第一信号系统在9岁之前占主导地位，对于形象具体的信号比较容易建立条件反射；此时第二信号系统比较薄弱，正在发展之中，对于抽象语言的思维能力比较差，综合分析能力的发展也不完善。在9—16岁，第二信号系统的功能进一步发展，对于抽象、联想、推理、概括等思维的活动逐渐提高。16—18岁，第二信号系统的功能发展到比较高的水平，两个信号系统之间的相互关系更加完善,综合分析的能力得到了显著提高。

（3）青春期神经系统的稳定性。内分泌腺的活动会在青春期开始的一段时间内发生变化,可能会对神经系统的稳定性产生影响,表现为稳定性出现暂时的下降,抑制过程出现明显降低,兴奋过程出现明显提高,进行健身时的动作出现不协调的现象,少女的表现更为明显。不过,动作协调性的发展会随着青春期身体的发育逐渐进行。

2. 针对青少年神经系统的生理特点,在进行健身锻炼时的注意事项

（1）锻炼内容要生动有趣,对于静止性和单调性的健身活动要尽量避免。

（2）在健身锻炼过程中,要注意对青少年注意力的培养,同时要注意发展青少年的思维能力。

（3）健身锻炼时,要多进行具有模仿性的、游戏性的各种锻炼活动,并且健身动作的难度不宜过大,精细度不宜过高。

（4）在进行耐力性的健身锻炼时,肌肉的活动方式不能单一,要经常变化。

（5）由于青春期神经系统的生理特点,女孩的动作协调性比较差,这一点十分明显,所以在健身锻炼时要加以注意。

（四）青少年物质代谢和能量代谢

1. 物质代谢的生理特点

青少年物质代谢的生理特点主要包括糖代谢、脂肪代谢、蛋白质代谢、水代谢、无机盐代谢几个方面。

（1）糖代谢的生理特点。糖是人体热能的主要来源之一,是构成机体组织的重要成分,在人体肌肉活动的维持和大脑活动的维持中具有重要的作用。8—13岁的青少年,每天应从食物中摄入350～370克的糖;14—17岁的青少年,每天应从食物中摄入450～470克的糖。青少年糖代谢的调节不如成年人的完善。

（2）脂肪代谢的生理特点。脂类也是构成机体的重要成分,对于青少年神经系统的形态和功能的成熟具有重要作用。青少年体内脂肪的需要量会随着年龄的增长而发生改变。16—18岁的青少年每天每千克的体重需要1克脂肪。如果青少年膳食中缺乏脂肪的摄入则会导致生长发育受到影响,如果过多地摄入则会对生长发育产生不良影响,比如出现肥胖等。

（3）蛋白质代谢的生理特点。蛋白质是构成人体内细胞、组织的不可缺少的物质,对人体的生长发育具有十分重要的作用。青少年时期蛋白质代谢的特

点是分解过程小于合成过程,所以对于蛋白质的需要量要高于成年人。生长发育的速度越快,对蛋白质的需要量就越高。12—15岁的青少年每天每千克体重需要蛋白质2.25克。膳食中要注意蛋白质的摄入,如果摄入不足会导致生长发育的迟缓。特别是在进行健身锻炼时,需要适当地增加蛋白质的摄入量。

(4)水代谢的生理特点。水是构成人体的主要成分之一。青少年随着年龄的增长和身体的生长发育,体内的含水量会逐渐地下降。青少年每天对于水的需求量会随着年龄的增长而增多,但是相对需求量反而会随着年龄的增长而减少。14岁的青少年,每天每千克体重需要70~80克水;18岁的青少年每天每千克体重需要40~50克水。青少年水代谢的神经体液调节也不够完善。

(5)无机盐代谢的生理特点。青少年摄入钙和磷两种无机盐对于骨骼的构成具有重要意义。尤其是在青少年生长发育加速期以及性成熟期的需要量会增加得更明显。16—18岁的青少年每天需要10克左右的钙和磷。除此之外,青少年的生长也需要钠、钾、氯、铁等无机盐。如果青少年铁的供应不足或者铁在体内缺乏,就会使血红蛋白的生成受到影响,进而可能会出现缺铁性贫血等。

2. 能量代谢的生理特点

青少年的新陈代谢具有比较旺盛的特点。青少年的新陈代谢除了要满足生长发育的需要,还要满足机体各器官维持正常生理活动的需要。为了满足上述两个方面的需要,在健身锻炼过程中,青少年对于氧的需要量要比成年人的多。由于青少年的糖酵解能力不如成年人,所以他们进行长时间最大强度的健身锻炼能力要比成年人差。青少年在进行健身锻炼时,刚开始建议采用短时间较大强度的锻炼,再逐渐保持强度并适当地延长锻炼时间或者锻炼距离,从而提高青少年的糖酵解供能的能力。青少年肝糖原的贮存量比成年人的少,肌糖原和肌肉占人体体重百分比也要比成年人的低,最大摄氧量也比成年人的水平低,糖的有氧氧化能力比成年人的差,所以在进行长时间的健身锻炼过程中容易发生血糖水平的下降,耐力会比较差。

3. 针对青少年物质代谢和能量代谢的生理特点,在进行健身锻炼时的注意事项

(1)健身锻炼时,可以对青少年逐步安排耐力锻炼,从而提高体内糖原的贮备量,增加最大摄氧量,增强青少年心肺功能。但是要注意,健身锻炼的距离和时间要把控好,不宜过长。

(2)由于物质代谢的生理特点,青少年时期要合理膳食,加强营养。特别是

对于钙、磷、铁等无机盐的摄入要引起重视。

（五）青少年的心理特点

1. 青少年的心理特点

青少年的心理状态、心理过程具有动态发展的特点，即随着年龄的增长以及社会生活等各方面产生的影响，青少年的心理逐步得到发展，并趋向成熟。青少年的心理特点主要表现在以下几个方面。

（1）青少年精力充沛，兴趣广泛，对于未来经常抱有美好的希望，意志和各种品质都处于建立和发展的阶段。青少年的性格逐渐形成，对于社会现象和自然现象总是带有自己的意向和独立的见解，其人生观和价值观还没有完全定型。由于缺乏社会实践经验，青少年在生活中对事物的认识会表现出片面性和轻率的一面，不能对问题进行全面、客观、准确、深入的认识和分析。

（2）青少年的想象力非常丰富，理解力和记忆力也得到了突出的发展，这一时期是人生智能发展的黄金时期。由于社会经验不足、心理成熟度较低、思维方法比较简单、认知结构不够完善，经常会对所接触的事物或者所观察的事情产生主观性、片面性的看法，或者是出现盲目自信、固执己见的现象。

（3）青少年的情感世界是丰富的、强烈的，但又是复杂的、不稳定的，容易产生冲动、容易偏激。他们有丰富多彩的自我形象理解。一方面，由于人我关系意识的增强，他们会要求别人对自己进行评价；另一方面，由于自信心、自尊心和独立感的增强，他们喜欢表现自己的才能、发表自己的见解，要求别人尊重自己，表现出一定的叛逆性格。

2. 针对青少年的心理特点，在进行健身锻炼时的注意事项

（1）在进行健身锻炼时，要加强对青少年的思想引导，明确健身锻炼的目的，多进行综合性的基础身体素质锻炼。

（2）健身锻炼时，要激发青少年锻炼的自主性，注重个性和兴趣，培养青少年的健身意识与健康意识。

二、青少年身体素质的发展特点

身体素质一般指人体在生理、心理、运动等方面所表现出的发展水平和机能能力。反映身体素质的指标包括力量、速度、耐力、灵敏度、协调性等机能。身体素质是人体进行体力活动所必备的基本能力。对青少年而言，身体素质的

发展与自身生理功能基础和运动能力密切相关,其特点主要表现在以下几个方面。

(一)青少年身体素质的自然增长规律

青少年各项身体素质随年龄自然增长而变化的现象称为身体素质的自然增长。事实上,身体素质增长的速度并不是匀速直线变化的,而是呈快慢相间、波浪曲线规律向前发展。不同年龄段各项身体素质指标的增长速度各不相同,大致顺序为速度、力量、耐力、柔韧性、协调性等。

青春发育期一般是各项身体素质增长速度最快、幅度最大的时期,男生在15岁左右,女生在12岁左右。12岁以前男女之间各项身体素质差异不大。在发育成熟后,男生在16—20岁,女生在13—20岁,身体素质增长的速度逐渐减慢。在此期间女生身体素质的增长值明显低于男生,大约为男生年平均增长值的1/2,导致不同性别间的身体素质差异迅速增大,并在20岁左右稳定下来。25岁左右以后,各项身体素质指标的自然增长基本停滞,若想要再进一步提高则需要进行系统、科学的健身训练。

(二)青少年身体素质发展的阶段性规律

青少年各项身体素质的发展前后快慢不同,总体而言呈现出明显的阶段性规律特征。根据青少年身体素质增长变化的总体特点和趋势,可以将青少年身体素质的发展分为三个阶段,包括增长阶段、稳定阶段和下降阶段,其中增长阶段又可以分为快速增长期和缓慢增长期。

总体趋势大致表现为前期经历增长阶段,比如男生在7—15岁进入身体素质快速增长阶段,基本在15岁时增长量平均达到总体增长量的80%,在16—20岁进入缓慢增长阶段。值得注意的是,女生在身体素质发育过程的快速增长阶段和缓慢增长阶段之间可能出现暂时停滞的现象,称为身体素质发育的停滞阶段,然后从增长阶段过渡到稳定阶段。无论男女在20岁以后,随着年龄的增长,身体素质发展的速度明显变慢,进入下降期,各项素质发育趋向稳定,甚至受各种因素的影响身体素质发展还会出现停滞或倒退的现象。稳定阶段基本能保持到25岁左右。在25岁以后各项机能都在走下坡路,身体素质开始逐渐下降。

(三)各项身体素质指标发展的不同敏感期

在青少年生长发育过程中,随着各个器官系统功能的不断完善,各项身体素质会在不同的年龄段表现出不同的增长速度,即存在某项或某几项指标在特定年龄段内增长速度特别快的现象,这个年龄段就成为对应身体素质指标的敏感期。在青少年时期,男生的成长发育过程要比女生大约晚两年,但是身体各部分形态发育的最快时期都在 12—15 岁,而且身体各部分发育的先后顺序大致遵循躯干生长先于四肢、下肢先于上肢、肢体近端先于远端的规律。各个身体素质的敏感期特点如下。

(1)力量素质。力量素质包括绝对力量、相对力量、速度力量、力量耐力。一般来说,青少年力量素质增长在 18—19 岁以前会随年龄的增长而持续稳定地增长,力量素质发展的敏感期大致是男生 12—16 岁,女生 11—15 岁。总体而言,绝对力量除了随年龄增加、肌肉体积增加而增大外,还会受到后天训练的影响;相对力量和速度力量则受先天遗传因素影响更为明显。

(2)速度素质。速度素质主要包括反应速度、动作速度和位移速度。一般认为青少年速度素质发展的敏感期是男生 8—13 岁,女生 9—12 岁,在此年龄段内速度素质的自然增长率最大。在反应速度方面,起重要作用的是遗传因素,随年龄的增长而逐渐提高。后天训练对提高反应速度也非常关键。动作速度和位移速度的提高主要是依靠后天训练,比如经过一定的训练后青少年在 13—14 岁时动作速度就已经接近成年人的水平。

(3)耐力素质。耐力素质发展的敏感时期男生为 10—20 岁,女生为 9—18 岁。其中男生 10 岁左右时耐力素质首次出现大幅度提高,13—15 岁时再次明显提高,之后明显减慢。女生 9 岁时耐力素质首次出现大幅度提高,14 岁后耐力水平逐年降低,15—16 岁下降幅度最大。男、女在青春期前耐力素质差异很小,随着年龄的增长,其差距逐渐加大。耐力素质的训练与心肺功能的发育关系密切。

(4)灵敏度素质。灵敏度素质是人体在突发条件下能够迅速、准确完成各种动作的能力,是各种素质能力的综合表现。青少年在 7—13 岁是灵敏素质发展效果最好的阶段,并在 19 岁左右达到最高水平,此后缓慢下降。

(5)协调素质。协调素质是在运动过程中,人体综合神经系统、肌肉系统以及身体各个部分做动作的能力。协调能力在学习技术动作的过程中可从灵活性、空间定位能力和节奏感等方面得到表现。6—9 岁是发展一般协调能力的最有利时期,9—14 岁是发展专门协调能力的最有利时期。随着发育的成熟,协调能力的发展在 13—14 岁达到高峰。

三、青少年进行科学健身的原因和意义

（一）青少年进行科学健身的原因

青少年时期是人生发展的重要阶段,也是一个人最具活力和创造力的时期。如果能在青少年时期养成积极参加科学健身锻炼的习惯,不仅有益于提高身体素质,促进学业质量的提升,还有助于正确面对困难和挫折,对未来的工作和生活产生积极深远的影响。多年来的全国青少年体质健康调查数据显示,随着社会经济的发展和人民生活水平的提高,青少年的身体素质却在持续下滑,体质健康总体呈下降趋势。面对新时代青少年群体身心健康成长与发展的现状,从以下几个方面介绍青少年进行科学运动健身的必要性。

（1）青少年是整个社会中最积极、最有生气的力量,是我国建设和发展的生力军。青少年的身体素质不仅事关个人的成长,更承载着国家和民族未来的命运。培养体魄强健、意志坚强、身心健康的青少年是实现国家强盛、民族振兴的基础,也是提升国家竞争力的重要保障。

（2）根据国家卫健委发布的《中国居民营养与慢性病状况报告（2020 年）》,我国 6—17 岁青少年超重率和肥胖率分别为 11.1% 和 7.9%。由于过度摄入高脂、高糖类食物,同时由于学业压力、不良日常习惯等原因而缺乏运动,摄入与消耗能量不平衡,超重和肥胖便随之而来。青少年正处于身体生长发育的关键时期,肥胖容易造成身高发育受限,还会引发一些身体常见的慢性疾病以及他人偏见带来的心理压力等。

（3）有关调查数据显示,近几年我国青少年近视率呈现持续快速增长的趋势。2022 年我国青少年总体近视率为 53.6%,其中小学生为 36%,初中生为 71.6%,说明近视已经成为我国青少年普遍存在的健康问题。近视不但会造成青少年生活和学习上的诸多不便,还容易引起紧张、焦虑等不良情绪。大量研究表明,每天进行足够的户外体育锻炼对防控儿童青少年近视具有积极的作用。

（4）数字信息技术的不断发展,正以前所未有的速度深刻改变着人们的生活方式和行为模式。尤其对于青少年来说,他们缺乏自制力,更容易沉迷于手机、电脑等电子设备。与同龄人面对面的互动缺少,可能导致人际交往能力的退化,过度沉溺于网络还会导致厌学、暴力等心理健康问题。健身锻炼则有助于产生与维持积极的情绪,释放紧张情绪,减轻压力,改善青少年之间的人际关系。

（5）科学研究表明,如果人长期不运动,身体得不到锻炼,可能会导致机体免疫力下降,从而更容易被病原体所感染,导致疾病的发生。除此之外,长期不

运动还会逐渐造成肌肉耐受力下降、肺活量下降、心脏功能下降、新陈代谢减慢等身体机能方面的变化。青少年正值生长发育的黄金时期,更应该加强体育锻炼,增进健康,保证身体的正常发育。

(二)青少年进行科学健身的意义

生命在于运动,运动需要科学。根据青少年时期身体的生长发育特征以及新时代青少年成长过程中所面临的上述困境,适度而科学的运动健身对于全面地促进青少年身心健康发展有着迫切而重要的现实意义,其意义主要体现在以下几个方面。

(1)有效促进青少年体格发育。科学规律的健身运动可以激活青少年全身各个机能系统,合理有效调节内分泌系统,促使生长激素分泌旺盛,进而促进青少年的体格发育。合理的运动健身还有利于刺激骨骼细胞的生长分化,加快骨骼的生长发育。

(2)改善青少年超重肥胖现状。青少年通过适度参加有氧健身运动,通过消耗大量能量加速新陈代谢可以快速燃烧体内多余的脂肪,有效减少脂肪在体内的堆积,进而避免肥胖。同时通过适度训练,还可以促进全身肌肉生长,塑造更加匀称的身材。

(3)快速提高青少年身体素质。通过科学健身运动可以提升骨骼的强度和肌肉的力量,力量、耐力、速度等体能素质能够得到明显提高。健身运动还能提高大脑的信息处理能力,加快反应速度,可以全面提高身体的协调性和灵敏度。

(4)缓解学习压力和社交障碍。科学的健身运动是积极调节学习状态和应对压力的有效手段。适度的健身运动可以促使大脑分泌内啡肽、血清素和多巴胺等激素,使大脑产生积极、愉悦的情感,释放青少年在学习中的紧张情绪。健身运动还提供了与他人进行沟通和交流的机会,有助于青少年改善人际交往关系。

(5)有效提高身体各项机能。健身运动能加快血液循环,锻炼强健的心脏功能。在运动过程中,肌肉活动需要消耗大量氧气,排出二氧化碳,有效锻炼呼吸系统,增强肺部功能。

第二节　青少年体态塑造的健身锻炼项目选择与实践

一、预防与改善青少年脊柱畸形的健身锻炼项目选择与实践

在我国青少年中，脊柱发育畸形或者由不良的坐姿等其他原因导致的脊柱畸形的发病率比较高，对青少年的身心健康造成了严重的影响，也会对以后的学习、工作和生活造成影响。及早地发现和矫治青少年的脊柱畸形对于青少年的身心健康发展具有重要的意义。

（一）脊柱畸形的判断方法

人体直立的标准姿势如下：如果从背面来观察，两足并拢站立，头颈、脊柱、臀裂和两足跟间应在一条垂直线上，两侧肩峰、肩胛骨、髂嵴上缘的高度一致，两侧腰角对称。如果从侧面来观察，头顶、耳屏前、肩峰、股骨大转子、肋骨小头和外踝尖各点应在一条垂直线上；脊柱外形呈现四个生理弯曲，即颈段和腰段向前，胸段和尾段向后弯。

如果从背面来看，脊柱不是笔直的，脊柱的某一段偏离身体中线称脊柱侧凸畸形。或者从侧面来看，颈段、腰段弯曲过深、过浅，称脊柱前凸或后凸畸形。脊柱的异常弯曲必然影响直立姿势。

（二）脊柱畸形的病因

脊柱发育畸形的常见原因是多方面的，大体可以概括为以下几个方面。

（1）先天性因素。例如先天性楔形椎体、半椎体等先天性畸形可引起脊柱侧凸。

（2）脊柱本身疾患所导致。例如脊佝偻病、椎结核等，病变经常会发生在胸腰段，出现脊柱后凸或前凸。

（3）脊柱两侧的肌力不平衡，如一侧肢体短缩，或一侧受伤疤痕挛缩等引起的脊柱侧凸。

（4）身体长期保持某种特定姿势。例如弯腰骑车、伏案作业、打乒乓球等，

引起姿态性脊柱侧凸,常发生于青少年儿童,畸形不严重,只是一种暂时性的缺点,易于主动矫正。

（5）不明确病因的脊柱畸形。报道显示,80%的脊柱侧凸病因不明。在早期,脊柱畸形尚无组织结构上的改变,大多属于机能性的,畸形呈现出可逆性,是由于脊柱周围的肌肉无力、疲劳所致,此时体疗的效果最好。当脊柱畸形进入中期,已出现凹入侧的肌肉韧带挛缩,凸出侧的肌肉韧带被拉长等组织结构上的改变,体疗可逐步牵引拉伸挛缩组织,可以选择性地加强躯干肌肉的锻炼,增强脊柱活动性,但是需经较长时间锻炼才能逐渐得到矫正。脊柱畸形到了晚期,不仅肌肉和韧带有了广泛的形态改变,而且骨和软骨也出现了畸形,体疗只能控制畸形的发展,减轻疼痛,预防劳损。

（三）脊柱畸形的临床表现

1. 症状

脊柱畸形多见于青少年儿童,并且女性比较多。早期的脊柱畸形不明显,也没有组织结构的改变,很容易被忽视。10岁以后,脊柱畸形会迅速发展,1～2年内就会形成明显的畸形。严重的可影响腹腔、胸腔容积而引起消化不良、心悸、气促等内脏功能障碍的表现。如果脊柱侧凸对神经根造成了压迫,牵拉可产生相应的压迫症状。

2. 检查

（1）临床上通常用简单的指压法,来检查局部棘突有无偏移或者胸腰段有无侧弯现象。

（2）脊柱测量计检查脊柱前后弯曲度,可以发现平背、驼背、直背或鞍背等脊柱畸形。

（3）重锤法检查脊柱侧弯。方法是观察所有的棘突是否与重锤线保持一致,并看其有无偏移现象。若脊柱下段向右偏、上段向左偏,或正好相反,称为S形弯曲。若有单纯向左或向右的偏移,称为C形弯曲。

（4）X线摄片检查。脊柱正、侧位片上可发现脊柱畸形的病变部位、形状及程度。

（四）脊柱畸形的处理原则

防止脊柱发育畸形的关键在于预防。要做到预防,首先是保持正确体姿。同时还要经常参加健身锻炼,加强脊柱周围肌肉的平衡发展。如果畸形严重则需就医并进行矫治。

（五）预防和治疗脊柱畸形的健身锻炼方法

预防和治疗脊柱畸形的一个重要手段则是进行健身锻炼。可以通过矫正动作的锻炼用来治疗轻度畸形,可以在短期内使其得到矫正;对于中度畸形则需要较长时间,但亦可逐渐矫正;对重度畸形可以通过健身锻炼阻止其发展,缓解疼痛症状。

1. 矫正动作的选择原则和作用

（1）对被拉长而松弛的肌肉进行锻炼起到收缩作用,对紧张收缩的肌肉进行锻炼起到放松作用。

（2）全面锻炼肩胛带肌肉和背腰肌的力量。

（3）利用各种器械,例如体操棒、哑铃、肋木、单杠、吊环、牵引带和梯子等,以加强矫形力量。

（4）选择正确的矫形动作,否则会适得其反。例如矫治脊柱侧凸畸形,应增强凸出一侧已被拉长且衰弱的肌肉力量,牵引凹入一侧已缩短的肌肉和韧带,做与变形方向相反的运动。

（5）矫形动作锻炼须持久,同时还要注意日常生活中坐、站、走路的正确姿势,以巩固疗效。

2. 脊柱前凸的矫正动作选择与锻炼

（1）体前屈或举腿练习:增强腹肌肌力,拉长腰骶部肌肉、韧带。

① 仰卧位,双手环抱于胸前（图 3-1）。双腿并拢抬起,与躯干成 90°,保持5～10 秒,放下（图 3-2）。

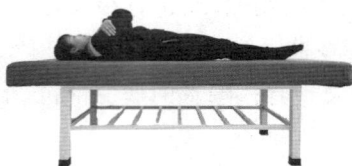 

图 3-1   图 3-2

② 仰卧,双手放于体侧（图 3-3）。上体前屈,双臂前平举,双手尽力贴近脚尖,保持 5～10 秒,还原（图 3-4）。

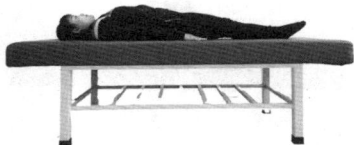

图 3-3

图 3-4

③ 仰卧，双臂屈曲，双手握住床沿（图 3-5）。屈曲膝，双腿折叠，膝关节尽力向胸部靠拢，保持 5～10 秒，放下（图 3-6）。

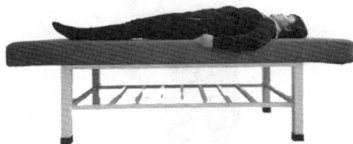

图 3-5

图 3-6

④ 跪坐在双脚上，躯干前倾，健膝尽量屈曲，腹部贴近大腿，双手于胸前支撑（图 3-7）。臀部抬起，使头顶部接触床面，双手掌心朝下撑于头部两侧（图 3-8）。

图 3-7

图 3-8

⑤ 坐直，双腿外展，双臂上举约 90°（图 3-9），躯干前倾，双手尽量贴近双脚（图 3-10）。

⑥ 上体坐直，双腿屈膝向上抬起，双臂支撑于体侧（图 3-11）。

（2）髋关节后伸练习：拉长关节前面结构。

双腿开立与肩同宽，挺胸收腹，双手持棍，屈肘置棍于胸前（图 3-12）。双臂向下伸展，双手持棍于体前（图 3-13）。

（3）后举腿练习：加强臀肌、大腿后群肌力量，使骨盆后倾。

双臂伏案状前伸，一腿直立支撑，另一腿向后抬起，躯干略前倾（图 3-14）。上述动作练习 10～15 次。

图 3-9

图 3-10

图 3-11

图 3-12

图 3-13

图 3-14

（4）骨盆后倾练习：仰卧于床上，双臂交叉放于头顶处（图 3-15），尽力抬高臀部，放下（图 3-16）。

3. 脊柱后凸的矫正动作选择与锻炼

（1）各种体位的挺胸扩胸练习：

① 站直，双脚并拢，挺胸，双臂尽量向后伸（图 3-17）。还原，双臂下垂置于

体侧(图 3-18)。

② 站直,双脚并拢,挺胸,双臂尽量外展(图 3-19)。

③ 站直,双脚并拢,挺胸,双臂平屈肘置于胸前,做向左和向右的扩胸动作(图 3-20)。

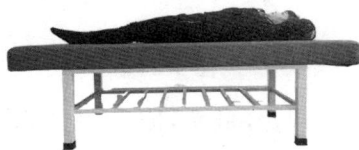

图 3-15

图 3-16

图 3-17

图 3-18

图 3-19

图 3-20

④ 仰卧于床上,两肘支撑于床面,双手托起臀部,使臀部高高抬起悬空,保持 5～10 秒钟(图 3-21)。

⑤ 俯卧于床上,同时抬起头肩胸及双腿,双臂前伸(图 3-22)。

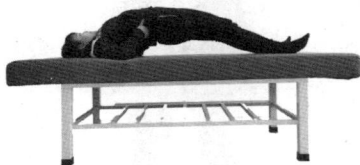

图 3-21

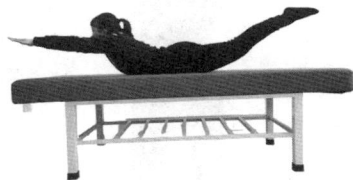

图 3-22

⑥ 双膝跪于床面上,呈跪撑状,双手与肩同宽,低头,眼睛注视床面(图 3-23)。抬头挺胸,眼睛注视前方(图 3-24)。

图 3-23

图 3-24

⑦ 双膝跪于床面上，呈跪撑状，双手与肩同宽，低头，眼睛注视床面（图 3-25）。躯干前屈，屈肘，双手掌心及肘关节依次支撑于床面，低头，使头前额部和胸部接触床面。

图 3-25

（2）体操棒练习：

① 预备姿势。两手持棍，稍宽于肩，下垂于体前，分腿直立。

② 两手持棍，直臂前上举（图 3-26）。恢复到预备姿势（图 3-27）。

图 3-26

图 3-27

③ 两手持棍，屈臂上举于胸前（图 3-28）。恢复到预备姿势（图 3-29）。

图 3-28

图 3-29

④ 两手持棍，直臂前上举，然后躯干前倾至基本与地面水平（图 3-30）。恢复到图 3-31 姿势。

图 3-30

图 3-31

⑤ 两臂持棍前上举，再屈肘置棍于肩后，两肩外展后张（图 3-32）。双腿屈膝下蹲（图 3-33）。

上述每组动作重复练习 10～15 次。

4. 脊柱侧凸的矫正动作选择与锻炼

C 形侧凸的矫正练习比较简单，可按一般原则编排。S 形侧凸的矫正练习较复杂，应当注意避免由于矫正了一个侧面而加重了另一个侧面。可采用节段性侧弯运动，使动作所形成的脊柱侧凸与原有侧凸部位一致，而方向相反，以达到矫正的目的。

图 3-32

图 3-33

脊柱侧凸的矫正体操方法如下。

（1）对称性练习：

① 站直，双腿并拢，双手叉腰（图3-34）。躯干前倾，与地面水平（图3-35）。还原。

图 3-34

图 3-35

② 站直，双腿并拢，双手置于双肩上（图3-36），躯干前倾，与地面水平（图3-37）。还原。

③ 站直，双腿并拢，双手抱于脑后（图3-38），躯干前倾，与地面水平（图3-39）。还原。

④ 双脚开立，与肩同宽，双臂侧平举60°，向左、右做转体运动（图3-40、图3-41）。

图 3-36

图 3-37

图 3-38

图 3-39

图 3-40

图 3-41

（2）非对称性练习：

① 预备姿势。坐于椅子或床上，上身直立，双手叉腰。

② 一臂叉腰，另一臂侧平举（图3-42），再侧上举120°（图3-43），还原为预备姿势（图3-44）。

图 3-42　　　　　　　图 3-43　　　　　　　图 3-44

③ 一臂叉腰，另一侧腿和臂同时前平举（图3-45），还原为预备姿势（图3-46）。

④ 坐位，上体直立，双臂自然下垂于体侧，一侧肩部耸起，保持10～20秒，放下；耸起另一侧肩部（图3-47）。

图 3-45　　　　　　　图 3-46　　　　　　　图 3-47

⑤ 身体呈侧卧位，保持正直，双手掐腰，双脚呈跖屈位（图3-48）。旋转90°使身体呈仰卧位，上体侧转，抬起，与床面呈60°，以一侧前臂支撑于床面，双手叉腰，双脚呈跖屈位（图3-49）。旋转180°使身体呈俯卧位，身体保持正直，双手掌心向上放于身体两侧，双脚呈屈位（图3-50）。

⑥ 仰卧于床上,双臂平放在身体两侧,一条腿抬起 60°,保持 10～20 秒;换另一条腿(图 3-51)。

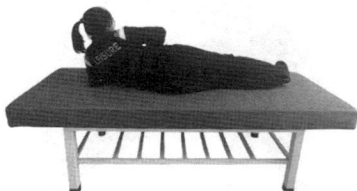

图 3-48

图 3-49

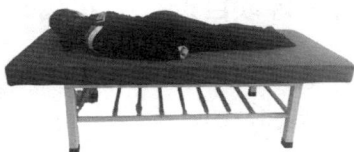

图 3-50

图 3-51

⑦ 仰卧于床上,双臂平放在身体两侧,举起一侧手臂,与身体成 90°,保持 10～20 秒;换另一侧手臂(图 3-52)。

⑧ 弓步站立,双手叉腰(图 3-53)。一侧臂前上举,另一侧臂后伸(图 3-54)。躯干前倾,前举臂的手部尽量贴近地面(图 3-55)。

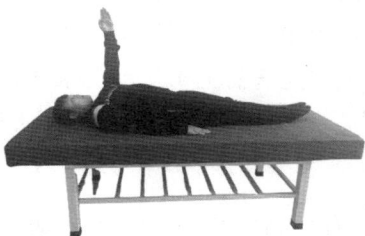

图 3-52

图 3-53

图 3-54   图 3-55

二、预防与改善青少年腰背痛的健身锻炼项目选择与实践

腰背痛不是一个独立的病名,而是一综合症状。腰背痛是指腰下部、腰骶部、背部肌肉和腰背筋膜损伤等引起的局部或者多部位的疼痛。

(一)腰背痛的病因

腰背痛非常常见,病因有很多,临床表现并不一样,具有反复发作、病程长等特点,影响青少年的学习和生活。腰背痛是由很多因素引起的,这里只对一些常见的发病原因进行分析。

1. 急、慢性损伤

急、慢性损伤主要包括肌肉与筋膜、骨与关节(含椎间盘)、韧带与关节囊、血管与神经等损伤。动作不正确,身体负重过大而超过了所能承受的范围,或者奔跑时脚踩滑而闪腰等,均可导致腰背肌肉、筋膜等出现不同程度的损伤。急性劳损没有得到及时的治愈就会迁延成慢性劳损。此病常见于运动员或体力劳动者。

2. 退行性病变

椎间盘退行性改变,包括腰椎间盘突出、骨质疏松症、骨刺(骨质增生)、继发性腰椎管狭窄、假性腰椎滑脱、老年性驼背等。多见于中老年人,青少年比较少见。

3. 功能性缺陷

不良体姿、扁平足、下肢不等长、妊娠等,某些运动或劳动,需长时间处于某种体位下工作,形成静力性肌肉劳损。

4. 先天性脊柱畸形

常见的先天性脊柱畸形包括隐性脊柱裂、骶椎腰化、腰椎骶化、腰椎滑脱、脊柱侧凸等。畸形可使一部分脊柱失去正常结构,使脊柱的稳定性削弱,可能使脊柱及其周围的组织易受到牵拉、挤压或外伤,从而发生腰痛。

5. 其他因素

内分泌失调、泌尿生殖系病变、肿瘤等可引起腰背痛。当这些疾病去除以后,腰背痛也随之消失。

6. 诱因

腰背痛患者经常会因为劳累、受凉、风湿等诱发疼痛,与天气变化有关。由于寒冷刺激,腰背肌肉筋膜血流动力学受影响,导致肌肉供血出现障碍,肌纤维出现紧张痉挛而发作。

中医学认为,腰背疼痛本症是风寒湿痹、肝肾阴虚或气滞血瘀等,从而导致腰部僵硬、酸胀疼痛、活动不利等。

(二)临床表现

1. 症状

部分腰背疼痛患者有急性外伤史,如闪腰(常在咳嗽、打喷嚏、提重物体姿不正确时发生)或某些体育运动项目,例如皮划艇、赛艇、龙舟、自行车等体姿固定长久引起慢性劳损。腰背部疼痛是主要症状之一,多为钝性沉重感、酸痛、锐痛、胀痛,疼痛的范围比较大,可以放射到臀部和大腿外、后侧。自觉背部肌肉较硬、发紧,休息后有好转,劳累后便会复发。

2. 检查

(1)压痛:压痛点与损伤的解剖位置有关。常可在髂峰或腰5、1两侧的棘肌处压痛、肌肉僵硬;肾脏病变者可在背区(肋脊角)压痛与叩痛。

(2)背肌耐力试验:常不超过1分钟。

(3)X线检查:对本病无诊断意义,但可帮助寻找腰背痛的病因,例如脊柱畸形、泌尿系统疾病等。

(4)磁共振成像(MRI):对软组织的病损有较高的分辨率,对髓核突出或脱出、椎体后缘的骨质增生等病理变化有较大的诊断价值。

（三）处理原则

急性腰背痛发作时局部封闭止痛、理疗、针灸、推拿等有缓解症状作用。注意保温防湿，保持正确体姿。

（四）腰背痛的健身锻炼方法

腰背痛的治疗方法虽然很多，但根治比较困难，容易复发。反复的腰背痛限制了腰背部活动，久之导致肌肉萎缩、脊柱关节不稳定。因此，加强腰背肌肉锻炼，提高躯干活动功能是体疗的重要措施。

以下介绍几种增强腰背肌的训练方法。

1. 拱桥式锻炼法

练习者仰卧于床上，两上臂自然放于体侧，双膝尽量屈曲，让臀部高高抬起悬空（图 3-56），保持 5～10 秒钟，然后轻轻放下，休息 5～10 秒钟，再进行上述动作，如此重复进行 10 次。

图 3-56

每天锻炼 2 遍，第 2 天每遍增加 2 次动作，如此每日递增，一般增加到 30～60 次。但是要注意运动量的增加以锻炼后不感到疲劳和疼痛不加重为宜。如果锻炼后出现上述不适，应减少到原来的次数，1～2 天后再增加运动量。早晚锻炼，并坚持 3 个月左右。

2. 腰背肌锻炼的其他动作选择与锻炼

（1）屈踝运动（图 3-57）。

（2）交替屈伸腿运动（图 3-58）。

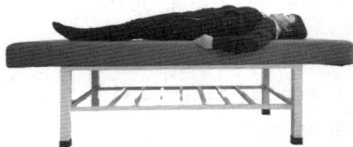

图 3-57

图 3-58

（3）转体击拳运动（图 3-59）。

（4）桥式运动（图 3-60）。

图 3-59

图 3-60

（5）伸臂运动（图 3-61）。

（6）交替直抬腿运动（图 3-62）。

图 3-61

图 3-62

（7）抱腿呼吸运动（图 3-63、图 3-64）。

（8）伏地挺胸撑起运动（图 3-65、图 3-66）。

（9）直腿前屈后伸运动（图 3-67）。

（10）直腿后上抬运动（图 3-68）。

（11）仰头挺胸运动（图 3-69）。

（12）直腿伸展运动（图 3-70）。

（13）挺腰伸展运动（图 3-71）。

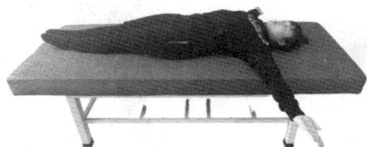

图 3-63

图 3-64

图 3-65

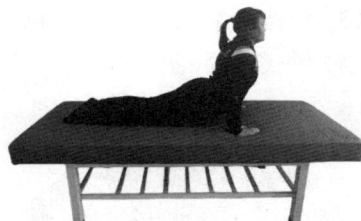

图 3-66

图 3-67

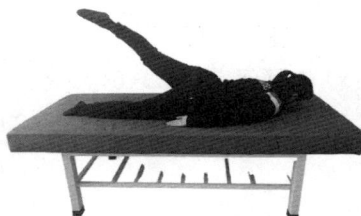

图 3-68

图 3-69

图 3-70

（14）踢腿运动（图 3-72）。

（15）转腰运动（图 3-73）。

图 3-71

图 3-72

图 3-73

上述每个动作重复练习 6～8 次或 10～12 次。

3. 胡床式锻炼法

（1）运动步骤：

运动前的姿势：箕踞坐（图 3-74）。身体和头部保持端正，颈项正直，臀部坐在床上，两手按在床面，手指朝前，两腿自然伸直，大腿与小腿后侧着席，两脚竖起向上。

图 3-74

运动中的具体步骤如下。

① 锻炼者坐于床上，两膝弯曲，两手臂环抱两腿，两手抱在足三里下 3 寸，目视正前方（图 3-75）。

② 两手将两腿向身体急速包回到极限，同时，身体向上起，两脚向外展动（3-76）。

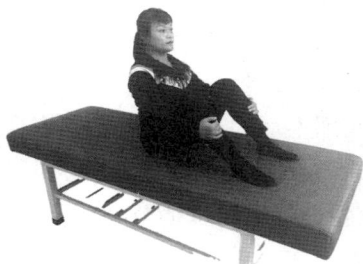

图 3-75

图 3-76

③ 两手放松，两腿返回原处，两脚内收。

④ 步骤②～③一起一落为 1 次，重复 14 次。

⑤ 返回箕踞坐姿势，结束动作练习。

（2）注意事项：

① 胡床是古代的一种折叠椅，仿照其折叠方式进行锻炼。

② 两手抱在足三里(足三里在小腿前外侧,犊鼻下 3 寸,距胫骨前缘一中指)下 3 寸的巨虚穴位置。

③ 向身体抱拢时要急速。

④ 向内回抱、身体上起、两脚外展运动要同时。

⑤ 运动要有韵律。

(3)锻炼及养生效果:

① 改善消化吸收功能。

② 调和腰部气血,缓解腰部紧张、虚劳。

③ 可以改善踝关节的灵活性和柔韧性,调和脚部气血。改善膀胱功能。

④ 活跃气血,激发阳气,改善虚冷畏寒现象。

4. 自我按摩法

(1)用手掌揉腰部 20～30 次;

(2)用肘部拨揉腰椎两侧(痛点处)20～30 次。

(3)用掌根部按压腰部,快速上下抖动 15～20 次。

以上手法,每日早晚各 1 次。

三、预防与改善青少年眼部不适的健身锻炼项目选择与实践

2022 年全国儿童青少年总体近视率为 53.6%,处于高位状态,加之眼科医疗资源总量不足,防控工作任重道远。关爱青少年眼健康,防治近视工作需要社会各界的高度重视和共同行动。

(一)提前做好眼部不适的相关预防措施

(1)进行充足的健身锻炼是预防青少年眼部不适的最好方法。因为自然光对于眼睛视力和视野的调节有非常好的作用。

(2)用眼时要注意卫生,室内阅读照明设备最好采用可调节亮度的白炽灯,用来保护孩子的视力不受外在光线的刺激或者损伤。

(3)青少年要养成正确的坐姿和握笔姿势,从而减小对眼部的压力,避免眼肌的劳损等。

(4)要注意合理膳食。膳食结构中,应包含牛奶、新鲜果蔬和蛋白质丰富的食物,少吃甜食。

（二）预防与改善青少年眼部不适的健身锻炼项目选择与实践

预防与改善青少年眼部不适的健身锻炼项目选择与实践，主要从以下几个方面进行介绍。

1. 转眼法

选择安静的环境作为锻炼场地。全身放松，消除杂念，采用站位或者坐位均可，两眼睁开，头颈保持不动，转动眼球。

（1）动作要领：

① 先将眼睛凝视正上方，缓慢转至右方，再转至凝视正下方，至左方，最后回到凝视正上方，此为顺时针转眼法。如此往复进行练习，练习9圈。

② 逆时针转眼法，与顺时针转眼法方法相同，只是方向相反。逆时针转眼法练习9圈。

③ 顺时针转眼法练习9圈，再逆时针转眼法练习9圈为一遍，练习6遍。

（2）注意事项：每次转动，眼球都应尽可能地达到极限。

（3）锻炼作用：转眼法可以锻炼眼肌，改善营养，使眼灵活自如，炯炯有神。

2. 眺望法

（1）动作要领：找一处距离站立位置10米以外有绿树或者草地的地方，排除杂念，集中精力，不要眯眼，也不要总是眨眼，眼睛向绿树或者草地的方向全神贯注地凝视，辨认树叶或者草叶的轮廓，坚持30秒，然后放松。接着将一侧手掌抬起至略高于眼睛的前方30厘米处，用眼睛将手中掌纹从上往下看清楚，大约5秒。看完掌纹后再向远方的树叶或者草叶进行凝视，接着再看掌纹。如此进行20次往复练习，每天3遍。

（2）注意事项：每次远眺，尽快将远处的树叶或者草叶轮廓进行最大限度的辨认；如果视力下降厉害，则需要增加训练次数及遍数。

（3）锻炼作用：由于绿色波长较短，成像在视网膜之前，促使眼部调节放松，眼睫状肌松弛，减轻眼疲劳。

3. 眼部推拿操

（1）动作要领：采取坐姿或者仰卧姿势均可，将两眼自然闭合，然后依次按摩眼睛周围的穴位。

穴位按摩手法：按揉法。

穴位按摩顺序：睛明穴（目内眦角稍上方凹陷处）—攒竹穴（眉毛内侧边缘

凹陷处）—鱼腰穴（瞳孔直上，眉毛中的穴位）—丝竹空穴（眉梢凹陷处）—瞳子髎穴（目外眦外侧 0.5 寸凹陷中）—四白穴（瞳孔直下，当眶下孔凹陷处）。每处穴位按揉 10～15 次，从睛明穴开始到四白穴按揉一圈为 1 遍，如此反复按揉 4～6 遍。

（2）注意事项：要求取穴准确、手法轻缓，以局部有酸胀感为度。

（3）锻炼作用：对于假性近视或预防近视眼度数的加深有好处。

4. 熨眼法

（1）动作要领：此法最好坐着做，全身放松，闭上双眼，然后快速相互摩擦两掌，使之生热，趁热用双手捂住双眼，热散后两手猛然拿开，两眼也同时用劲一睁，如此 3～5 次。

（2）注意事项：两手捂住眼睛时，掌心温度要热。两手从双眼上拿开要快速。

（3）锻炼作用：能促进眼睛血液循环，增进新陈代谢。

第三节　青少年身体素质提高的健身锻炼项目选择与实践

一、提高青少年力量素质的健身锻炼项目选择与实践

肌肉力量是指肌纤维收缩时所产生的力，它是力量性活动的基础。肌肉耐力是指肌肉长时间工作的能力，它是从事耐力性活动的基础。

（一）腹部力量

俗话说得好："爱美之心人皆有之。"许多人都希望自己能拥有完美的身材，男孩想拥有 6～8 块腹肌，女孩则希望自己能有漂亮的小蛮腰。

想要练好腹肌，我们首先应当了解一下腹肌的作用。练习腹肌不仅仅是美的需要，更是健康的需要。因为腹部的肌肉比体内其他肌肉更容易消退，缺乏运动时，由于营养过剩，腹部肌肉力量逐渐减小，弹性消失，腹部逐渐松垮并凸起，形成了"将军肚"。埋藏在"将军肚"下的脂肪容易流向心脏、脑部的血管，血管

壁因脂肪沉积而变厚,引发动脉粥样硬化,还容易引起高血压、糖尿病、心脏病、中风等致命性的疾病。美国疾病控制中心的一份研究报告称,至少有 15 种可以导致死亡的疾病与腹部肥胖有直接关系。专门的腹肌训练还能够增加核心部位的稳定性。腹肌以及腰背部的肌群可以在运动中稳定脊柱和关节,对脊柱起到良好的支撑作用,可以有效地减轻脊柱在运动过程中的负担。软弱无力的腹肌可能导致骨盆前倾和腰椎生理弯曲度增加,容易造成腰背痛。因此锻炼腹部的肌肉势在必行。

一般来讲,要减去腹部的脂肪,先做半小时以上的有氧运动(像跑步、健身车、健美操等)再加上局部的腹肌练习,效果最佳。

腹直肌位于腹前壁正中线的两侧,左右各有一块肌肉,为扁长带状肌,肌纤维被 3～4 条横行腱分割,所以腹直肌可见 6～8 块。锻炼时分成上腹和下腹两部分,因为大多数的动作只能锻炼到上部或下部。腹外斜肌位于腹外侧浅层,是扁阔肌,锻炼时一般采用负重体侧屈和体转等练习来发展该肌肉的力量。腹内斜肌位于腹外斜肌的深层,与腹外斜肌形状相同,走向相反,它主要配合腹外斜肌的运动,因此锻炼腹外斜肌一定会涉及锻炼腹内斜肌。腹横肌位于腹内斜肌的深面,肌束向前横行,在腹直肌深层。腹部锻炼方法是核心力量训练。

1. 上腹锻炼的动作

锻炼上腹的动作,青少年可以选择仰卧起坐和卷腹。

(1)仰卧起坐。仰卧起坐由于动作幅度太大,容易引起背部及脊柱受伤,并且达不到预期锻炼腹部局部的效果,在此并不推荐,只做简单介绍,以及分析可能受伤的原因。

动作要领:身体仰卧于地垫上,膝部屈曲成 90° 左右,放松背肌和脊柱;身体抬起,臀部不能离地,脚部也不能移动或者抬起,直到身体与底面成 90° 为止,然后重复。

进行时宜采用较缓慢的速度,当身体向上拉起时,应该呼气,这样可确保处于腹部较深层的肌肉都同时参与工作。手最好贴于体侧、耳侧或交叉贴于胸前。用力时容易拉伤颈部肌肉,亦会降低腹部肌肉工作量。仰卧起坐中,腹部肌肉其实只在起初阶段参与工作,之后便会改由髋部的屈肌执行任务,因此对腹部的锻炼效果并不如预期。动作到位的仰卧起坐会牵涉到臀肌和腹肌,这样就需要弓背,很容易导致脊柱受损。

如果腹部力量强,可以采用斜板上的仰卧起坐。

（2）卷腹。与仰卧起坐相比，卷腹（Crunch）更为科学、更为实用，在健身锻炼中也更安全、更有效。

动作要领：身体仰卧于地垫上，膝部屈曲成 90° 左右，放松背肌和脊柱，两腿并拢并伸直，脚部平放在地上；抬起身体，下背部不离地，双手伸展去够小腿，然后还原，重复。

注意事项：第一，注意卷腹、仰卧起坐的区别。抬起身体时，仰卧起坐臀部不能离地，而卷腹要求下背部不离地，因此卷腹比仰卧起坐幅度小，安全可靠，而且对腹部刺激更持续。第二，卷腹最好不要抱头，以免造成颈椎受伤。

卷腹根据手臂形式分成很多种。第一，普通形式：屈膝，两手臂贴近地面。第二，交臂卷腹：两手掌交叉贴在胸前。第三，触臂卷腹：屈膝，两手臂贴近大腿滑动。第四，并掌穿梭：屈膝，两膝稍微分开，卷腹时并掌向前上方滑动。第五，垂直腿卷腹：举腿卷腹。第六，触腿卷腹：平躺于垫上，大腿垂直于地面，小腿平行于地面，卷腹时手去接近小腿位置。

有些形式的卷腹不仰卧在平板上：第一，斜卧卷腹，有一定腹部力量时方可采用；第二，球上卷腹，注意掌握平衡。

总之，卷腹形式花样很多，总能找到一样适合自己的，或依次轮换做，用来增加锻炼乐趣。

2. 下腹（腹直肌下部）锻炼的动作

（1）仰卧抬腿。对于上肢力量较弱的人，躺在平板上做抬腿动作会比较容易控制。稍微增加难度可以躺在斜板上进行上斜仰卧抬腿。

动作要领：平躺在垫上或者长平凳（双手要能抓住凳以保持稳定）。动作过程中，上背、臂、手，都保持固定；并拢和绷直双腿，抬起双腿，直到大腿垂直于地面；停顿，复原，重复。

注意事项：第一，动作过程中并拢和绷直双腿，抬起双腿最多不要超过垂直位置，下背部不要离开平板，否则背部开始参与用力。第二，下放双腿时，不要使其触及地面，以保持腹肌持续紧张。第三，不要利用惯性完成动作，放慢速度依靠腹肌力量来控制。第四，可以双腿夹哑铃增大难度，或者在抬腿到垂直位置后，进一步垂直向上做举腿的动作。

（2）悬垂抬腿。相对于仰卧抬腿，悬垂抬腿要求有一定的手臂、肩的力量才能保持身体的稳定性，才能锻炼到下腹。

动作要领：采用正握宽握距悬垂在单杠上，脚尖指向地面；保持双腿伸直，收缩腹肌,向上抬起双腿,直到大腿与地面平行,与上身成直角 90°;保持几秒,然后返回到初始位置。要避免摇晃。

注意事项:第一,因为要把精力集中在锻炼下腹上,所以抬腿时大腿与地面平行即可。也有人继续向上抬腿直到脚尖指向横杠,这样不仅能锻炼整个腹直肌,甚至能锻炼到背部肌群、臀部肌群,但会弱化下腹的锻炼效果。第二,保持腿伸直。如果腿不伸直,称为抬膝,对下腹的刺激远不如抬腿的效果。

(3)罗马椅抬腿。罗马椅抬腿是比较稳定的一种悬垂抬腿。对于手臂、肩力量不够的人来说,是效果更好的锻炼下腹的方法。

准备姿势:将身体非常稳定地固定在悬垂举腿的器械上。要求双手握紧握把,上身紧贴在靠背上,眼睛平视前方,收腹挺胸,双腿并拢垂直向下,脚面绷直。

动作要领:将双腿迅速抬起到与地面平行的位置,停留 1～2 秒钟,再缓慢地放下到原来的位置。注意一定要快起慢回,使腹肌始终保持在紧张的状态,锻炼效果更佳。反复进行。

动作过程中要注意呼吸:深吸一口气,抬腿时呼气,整口气要在动作结束时正好呼尽。双腿下落还原时吸气,当动作还原到起始位置的时候,整口气要吸满,然后再进行下一个动作的练习。

注意事项:第一,动作过程中不要将上半身离开靠背,否则背部肌群会借力,特别是腰部的竖脊肌,说明此时后背部肌群也在参与整个抬腿的动作,从而减小腹肌的承受压力,这样也就大大影响了锻炼腹肌的效果。所以越是感觉腹肌没有力气的时候,越是要保证动作的标准性。哪怕一次只能做几组动作,也不要靠其他部位借力来运动。第二,每次可以进行 3～4 组,每组必须达到力竭。开始时每周练习三次,练习两个月后,可以增加到每周五次,锻炼效果会更好。第三,罗马椅抬腿的动作主要是针对下腹的锻炼。如果在练习一段时间后,双腿可以抬得更高些,甚至可以触到胸部,这时整个腹肌都会参与运动,上腹也会得到很好的锻炼。

(4)双杠抬腿。双杠抬腿能帮助增强腹部力量,同时加大腹部肌肉线条的分离程度,但对手臂力量要求很高。目标锻炼肌肉是腹直肌下部(下腹)。

动作要领:双手握住双杠撑起身体,脚尖绷直,双腿并拢,使身体呈一条直线垂直于地面,眼睛平视,肩部放松,不让斜方肌参与运动,然后深吸气;呼气时腹部收紧,双腿向身体前方抬起,双膝和脚踝不要弯曲,始终保持伸直状态,注意双腿自身不要用力,保持肌肉收紧就可以了;当双腿抬到与地面平行的时候停止,保持 1～2 秒钟,充分感觉腹部肌肉收紧的感觉,然后双腿慢慢下落还原,双腿保证始终并拢,不要分开;然后腹肌再次发力,反复练习。

注意事项:第一,双杠抬腿动作比较难,对综合素质要求高。所以应该把双杠抬腿作为腹部练习的第一个动作。第二,动作需要强壮的手臂支撑双杠,否则无力支撑,腹部根本没有机会得到锻炼。应首先将臂力提高到一定水平,否则无法进行练习。第三,动作时身体不要前后摆动,否则会影响锻炼腹肌的效果。身体的协调性和身体各肌肉共同协作能力的保证是前提条件。第四,抬腿时双腿不要分开,要绷直,否则会觉得很省力,会影响锻炼效果。第五,凡是高难度的练习动作,对呼吸的要求也是很高的。要保持住双腿抬起时呼吸,双腿下落时吸气的节奏。这样有合理呼吸的练习要比不注意呼吸的练习坚持次数更多,锻炼效果也更加明显。

(5)垂直举腿。这项运动主要是针对下腹部的。腿始终在垂直位置做提升和降落。在垫子上躺下,背部放松,双手自然放在身体两侧,手掌朝下。运动过程中保持上背部紧压在地上。收缩腹部,抬起双腿,与身体呈90°,轻微上抬臀部。当感觉腹部完全收缩,臀部不能继续往上抬的时候,停止运动,慢慢地回到初始位置。在抬起臀部的时候呼气,返回到初始位置的过程中吸气。

3.上下腹(整个腹直肌)锻炼的动作

(1)仰卧提臀抬腿。仰卧提臀抬腿是最简单的提臀抬腿,对于上肢力量薄弱的人是个不错的选择。

动作要领:平躺在垫上或者长平凳(双手要能抓住凳保持稳定)上。并拢和微屈双腿,抬起双腿,直到整个腹部收缩,此时下背部已经离开地面,大腿接近头部,而不是垂直位置,这也是与仰卧举腿的区别。不要依靠惯性迅速完成动作,而是腹部、臀部慢节奏地、有控制地完成动作,效果最好。

(2)悬垂提臀抬腿:动作幅度要大,可锻炼整个腹直肌。

(3)支撑提臀抬腿:与悬垂提臀抬腿比较类似。一般支撑在罗马椅上、双杠上来做。目标锻炼肌肉是腹直肌整体(除了腹直肌之外,还涉及臀部、背部肌群)。

(4)仰卧屈膝两头起:相当于双重卷腹,它会同时锻炼上、下腹部。收缩腹部,双腿和头部同时向腹部靠拢,用力收缩、收紧。在双腿和头部靠得最近的时候停留大概 1 秒钟,然后慢慢回到初始位置,在肩膀和脚着地的时候停止,注意头部不要着地。在身体上抬的时候呼气,回到初始位置的时候吸气。在做的过程中保持眼睛盯着天花板,以避免用脖子带动身体。

(5)仰卧直腿两头起:仰卧直腿两头起时身体形如 V,因此称为 V-up,和仰卧屈膝两头起类似,也是双重卷腹,能锻炼整个腹直肌。

动作要领:仰卧,头部略微抬高,双腿水平伸直,但不接触地面,双臂向头上方伸直,身体成水平的"一"字形。抬起双臂并向前伸出,肩部也随之离开地面,同时双腿向上抬起,双手触摸小腿。在最高点稍停片刻,然后向下还原到起始姿势。呼气时坐起,吸气时还原。

4. 腹外斜肌(含腹内斜肌)锻炼的动作

(1)侧身卷腹:侧身卷腹是锻炼腹外斜肌的不错选择。侧身卷腹虽然类型多样,但动作和效果基本类似。

(2)扭转卷腹:这是锻炼腹外斜肌用得最广泛的一种。只是动作过程中,卷腹的方向改为交叉斜向卷腹,左侧上身通过卷腹往右腿方向卷屈靠近,右侧上身通过卷腹往左腿方向卷屈靠近。

(3)负重体旋转:这是锻炼腹外斜肌的一种有效办法,用简单的杠铃就能完成。

动作要领:站立,将杠铃放在肩上,双手扶住杠铃保持平衡。通过侧腰来使身体左右转动,转动幅度约为45°,动作在最末端需要制动。自然呼吸,不要憋气。

(4)负重体侧屈:这也是锻炼腹外斜肌的一种有效办法,用简单的杠铃、哑铃就能完成。

动作要领:站立,单手哑铃负重(或肩扛杠铃)。身体慢慢侧倾斜至大约35°,再慢慢还原。动作前吸气,提拉时呼气,动作结束时调整呼吸。

5. 腹横肌锻炼的动作

腹部真空收缩:是为数不多能锻炼腹横肌的动作。

动作要领:用力将肺里所有的空气都呼出来。然后放松腹部,让它像一个松开的弹弓一样。接着用力吸气,努力地把肚脐靠向脊椎。在做的过程中一定要保持胸腔不动,否则达不到锻炼效果。继续轻轻地用鼻孔呼吸,就像要把腹部和背部靠在一起那样用力地拉动腹部,保持这个动作至少 40 秒钟。如果不能够坚持 40 秒钟,那么继续练习,坚持的时间会逐渐增加。

6. 腹肌综合锻炼的动作

腹肌综合锻炼涉及腹直肌、腹外斜肌、腹内斜肌、腹横肌。

仰卧卷腹转体(空中蹬车):适合有一定腹肌练习基础的健身爱好者。该动作可进一步提高腹部的力量和耐力,是腹肌最佳综合性锻炼方法。

动作要领:身体平躺在垫子上,双腿伸直,双臂屈肘,双手半握拳分别放到耳侧,深吸气,使得腹部卷起到最高点;然后用一侧的肘关节努力触碰到身体另一侧屈腿的膝盖,同时双腿中另一侧的腿离地,伸直,腹部始终处在收紧的状态,摆动身体,使另一侧的肘关节去触碰另一侧的膝盖,这时开始屈腿的一侧还原到伸直的状态,但要保持离地,在转体的过程中吸气,肘关节触碰到膝盖的一刹那呼吸,然后反复进行练习。每次最少做到 20 次,左右转体一次为一个动作。有一定水平以后逐渐增加次数,达到每组 40~60 次,效果最佳。每次练习做3~4 组。

7. 腹部塑形第一阶段:初步减腹

一般人只要有毅力就能在减肥上获取或大或小的成功,但小肚子却不见消退,更别提看到腹肌了。

(1)减腹第一阶段前提。第一阶段主要针对全身减肥已有成效,但小肚腩依然不消退的情况。如果全身都肥胖,那么大量的有氧运动是首选,单车、跑步都不错,但要注意保护膝盖。其实在室外快走、游泳相对来说对膝盖更安全,只是要注意有足够运动量,而且要不断突破自己所谓的运动量上的极限。

(2)第一阶段练习动作和安排。可以选择最容易的三种卷腹动作,进行各100 次的三大组练习。在家就可完成。

第一,仰卧卷腹(针对上腹)。

运动量:100 次,分 3~5 组,组间休息控制在 10~15 秒。

不要选择仰卧起坐,容易伤及背部脊柱,而且不容易坚持。选择平躺地面上的卷腹,稳定可靠,而不要选择在斜板上做卷腹,因为运动量比运动强度更重要。

第二,侧卷腹(针对侧腹)。

运动量:左右侧各 100 次,分 4 组,组间不休息,左右轮换。

第三,仰卧抬腿卷腹(针对下腹)。

运动量:100 次,分 3~5 组,组间休息控制在 10~15 秒。

左右抬腿时,腿部并拢,可以不用那么笔直。可以屈膝完成抬腿卷腹,强度小一些。

(3)训练周期。

第一,以上训练量最好每天都做,一周训练次数不少于 5 天。

第二,这一阶段如果按量坚持锻炼,一般 2～3 个月(因人而异)就能达到理想效果。如果到了 2 个月效果还不够理想,建议以上动作均递加到 150 次。

(4)注意事项。

第一,除了仰卧卷腹强度稍微大一些外,后两种动作强度小很多,因此必须按顺序完成三大组练习,大组之间可以休息稍微长的时间,但不要超过 5 分钟。

第二,对于每种动作的 100 次,分组仅供参考。控制组间休息时间不要超过规定时间,而且组间休息仍然保持平躺,以便短时间休息继续下一组,直到完成 100 次。

第三,对于很多刚开始训练的人,由于腹部有小肚腩,做卷腹是个比较痛苦的过程。因此这阶段开始并不要求动作如何标准,数量是第一位的,即每天完成卷腹的总数是硬指标,而质量可逐渐提高,否则很难坚持下来。

第四,以上训练只是针对腰腹。如果体内整体脂肪偏多,所做的有氧运动不仅仅局限于以上,还应该安排跑步、游泳等其他有氧运动 40 分钟以上。

如果顺利完成这一阶段,一般都能减去腹部多余的赘肉;如果不是,应该反思每天训练量、每周训练次数是否真的达标。当顺利通过这一阶段,而想进一步拥有腹肌的形状,那么可以尝试下一阶段训练。一般对于女生来说,并不想要分块的腹肌,保持平坦的小腹即可,因此维持这一阶段的训练即可,可相对减少锻炼频次。

(二)腿部力量

1. 发展大腿部位力量的锻炼方法

(1)杠铃深蹲。

动作要领:要做好准备动作,即两脚开立与肩同宽,挺胸收腹,用双手握住杠铃,放在颈后。在杠铃深蹲的动作过程,膝盖在腹部收紧的前提下逐渐弯曲,重心随着膝盖的弯曲逐渐下降到与膝盖水平。稍微停顿一会儿,再将力量集中到腿部,快速回到下蹲前的位置。

锻炼方法:进行杠铃深蹲健身锻炼前,要做好充分热身,将关节活动开,可以采用 4～5 分钟的慢跑,然后进行 4～5 分钟的关节拉伸。可以先进行一组热身练习,从最大重量的 40% 开始,热身练习 10～15 个。当最大力量增加到 60% 时,练习 8 个;当最大力量增加到 80% 时,练习 3～5 个。青少年可以根据自己的身体情况在健身锻炼时进行重量的增减。如果感觉能够轻松完成,可以同样的重量,在个数上进行适当的增加。当感觉到练习时的重量已经达到身体承受的极限时,可适当地减轻重量:先减到最大力量的 80%,练习 6～8 个;然后减到最大力量的 70%,练习 10 个,做 2 组;最后减到最大力量的 60%,练习 12 个。

注意事项:第一,要将腰腹收紧,切不可出现松腰松腹的现象。第二,膝盖不能超过脚尖,以免发生损伤。第三,要注意呼吸与深蹲的配合。经常采用下蹲时吸气、起立时吸气的呼吸配合方法。第四,如果重量过于大,需要有专人进行保护,毕竟大重量的杠铃深蹲存在一定的安全隐患。

站姿不同,杠铃深蹲的锻炼效果也不相同:第一,若锻炼大腿的肌肉,则需要双脚与肩同宽的站姿。第二,若锻炼臀部肌肉和大腿两侧肌肉,则需要双脚比肩宽的站姿,或者需要深蹲,即膝盖下蹲大于 90°。第三,若锻炼大腿内侧的肌肉,则需要半蹲,即膝盖下蹲小于 90°。

(2)原地抱膝跳。

动作要领:做好预备姿势,即两脚开立与肩同宽。接着两手臂向后摆起,两膝屈蹲,然后双脚原地起跳,让大腿原地向腹部的方向快速收缩,双腿在空中为半蹲姿势,此时两手臂向上、向前摆动,两手臂绕膝关节的姿势为环抱姿势,两脚落地的动作要轻盈平稳。

锻炼强度:每组练习 8～12 个,每次 2～3 组。

注意事项:第一,在跳跃腾空的过程中,大腿一定要带动小腿向高处跳跃。第二,在跳跃的过程中,上身一定挺直,严禁让上身主动向膝关节靠近。第三,双脚落地时,一定要注意缓冲。

(3)箭步蹲。

动作要领:做好预备姿势,即两脚紧紧地并在一起站立,上半身的躯干要保持直立的状态,两手臂自然放于背部的后方。然后上体挺直向前跨一步,两腿呈弓步的姿势,向前跨出的腿的大腿与小腿之间呈 90° 夹角,同时后腿完全伸直,接着前腿发力并恢复到预备姿势,一侧腿的箭步蹲完成。两腿交叉进行练习。

锻炼强度:每组练习 13～16 个,每次 2 组。

注意事项:第一,在练习的过程中,上身保持挺直,不要向前伸。第二,两腿进行交换时,要协调用力,以免出现摔倒等现象。

2.发展小腿部位力量的锻炼方法

(1)坐姿提踵。

动作要领:做好预备姿势,即两膝弯曲后坐在坐垫上,将两腿充分地伸直,将膝盖部位进行固定,以防在锻炼过程中移动。接着慢慢地向下移动脚尖,使小腿得到完全的拉伸。当脚尖向下移动到最大幅度后,慢慢地回拉到开始的位置,脚背要充分地向后勾起,使小腿肌肉得到完全伸直。按照此方法反复进行该动作的锻炼。

锻炼强度:每组练习 15～20 次,每次 2 组。

注意事项:在锻炼过程中,一定要把锻炼者的膝盖固定好,防止锻炼时因为膝盖的弯曲而削弱训练的效果。

(2)站姿提踵。

动作要领:做好预备姿势,即两脚前脚掌站立在高度约 5 厘米的台阶上。接着脚后跟离开地面,手臂和肩部要放松,上身保持挺直,力量最初从腿部发出,然后利用从腿部发出的力量进行向上的提举至最高点,接着向下移动脚后跟,让脚后跟尽量完全靠近地面。在整个动作过程中,可以保持膝盖的弯曲,按照此方法反复练习。

锻炼强度:每组做 15～20 次,每次 2 组。

注意事项:第一,在最初锻炼时,一定要将动作进行分解练习,待熟练掌握后再进行连贯性的练习。第二,在锻炼过程中,双腿紧靠,避免身体的晃动。

二、提高青少年耐力素质的健身锻炼项目选择与实践

(一)青少年要遵循生长发育的规律来提高耐力素质

从青少年生长发育的规律中可以发现,12—14 岁是青少年的一般耐力敏感期。这个年龄段的青少年正处于生长发育期,较低的血红蛋白含量、不完善的呼吸系统、对无氧代谢不足的能量储备等,都限制青少年的无氧代谢。所以这个时期要注意青少年心肺功能的良好发育,在进行健身锻炼时,主要进行有氧耐力训练,出发点应该以改善呼吸系统形态机能、促进心血管发育和良好的身体发育为主。15—16 岁是青少年的专项耐力敏感期。这个阶段的青少年身体各个系统和部位已经接近成年人。在进行健身锻炼时,要在有氧耐力训练的基础上逐渐加入无氧耐力训练,并且无氧耐力训练强度的比重要逐渐加大。

(二)青少年进行提高耐力素质健身锻炼时的注意事项

青少年在进行耐力训练时,要根据个体的差异性进行不同程度的大负荷练习,避免身体损伤;要注意使呼吸节奏和技术动作协调一致,达到耐力训练的最好效果。在有氧耐力训练增大了心脏体积、提高了心脏每搏输出量的基础上,加

入无氧耐力训练,能使青少年的呼吸系统和循环系统的功能得到改善,机体对氧气的运输能力就会提高,更好地增强青少年的耐力水平。耐力训练消耗青少年大量的能量,训练后要及时进行能源物质的补充和身体肌肉及神经系统的放松,使机体尽快恢复过来。

(三)不同耐力敏感期的健身锻炼项目选择与实践

1. 青少年在一般耐力敏感期进行耐力健身锻炼的项目选择与实践

(1)选择能够长时间持续进行的有氧运动。选择游泳、慢跑、自行车等,强度控制在自己最大强度的30%~60%,心率控制在160~180次/分,每周进行3~5次,每次控制在20~60分钟,不但能够使肌肉的耐力得到增强,还能使自身整体的耐力水平得到提高。

(2)选择小强度的间歇性运动。小强度的间歇性运动,就是以持续运动的强度和心率通过小强度运动和休息交替进行的方式进行锻炼。在选择项目的时候要根据自身的适应能力和身体状况进行,并且锻炼前要充分热身。拿跑步来说,可以跑1分钟,然后休息1分钟,跑2分钟,休息2分钟……总练习时间控制在20分钟之内。

(3)采用提高青少年积极性和兴趣的交换练习法。以每秒2~3个的速度匀速跳绳,跳1~2分钟,然后以每分钟150米的速度走30~50米。变换运动负荷,让耐力训练更加灵动,使一般耐力得到发展。采用这种方法,运动负荷的变换不能太突然,要循序渐进,避免青少年不适应而受伤。

(4)选择青少年感兴趣的较低强度的运动项目进行比赛,如拔河比赛、跨栏比赛、跳远比赛等,提高有氧和无氧耐力。

2. 青少年在专项耐力敏感期进行耐力健身锻炼的项目选择与实践

15—16岁是青少年专项耐力的敏感期。15岁之后的青少年的运动强度要增加,这时就涉及耐力训练的手段、方法及负荷。锻炼方法和手段如下。

(1)用身体能接受的强度不间断地进行训练的匀速法,譬如进行一场5千米越野跑、跳10~20分钟的跳绳等。

(2)改变运动强度的变换法,譬如在自己能力范围内快跑800米,然后快走300米。一般耐力敏感期使用的方法在专项耐力敏感期进行健身锻炼时都可以使用,但强度要比一般耐力敏感期的大,一般以个人能接受的大强度进行。

青少年耐力素质健身锻炼的手段和方法很多,负荷安排要因人而异。总的来说,青少年的耐力素质健身锻炼所采用的手段、方法和负荷,不能超越身体生长发育的自然物质基础。如果负荷过大,不仅不能把他们培养成才,反而会贻误他们的发展。

三、提高青少年柔韧素质的健身锻炼项目选择与实践

人体柔韧性是一个比较特殊的素质,它会随着年龄的增加而不断下降。它的训练应该从儿童时期就开始,并且坚持经常练习,以便保持原有的柔韧性。

(一)青少年柔韧性素质健身锻炼的益处

青少年柔韧性素质健身锻炼有很多好处:可以提高关节的活动能力和稳定性,预防运动过程中肌肉的损伤,提高肌肉的协调能动性,减少肌肉因为运动收缩带来的紧张,降低肌肉的疲劳程度。

(二)提高青少年柔韧素质的常用锻炼方法

提高青少年柔韧素质的常用锻炼方法是拉伸。拉伸主要包括以下几个方面。

1. 静态拉伸

一般在健身锻炼后进行。锻炼的时候将关节运动到最大限度的位置,保持这个位置 30 秒,并感受此处肌肉的牵拉感。

2. 动态拉伸

一般在健身锻炼前进行,以训练动作为基础。拉伸时关节保持在合理的范围内就行,不进行固定。动态拉伸不仅能够提高身体的柔韧性,还能增强身体的协调性、平衡力。

3. 筋膜放松

筋膜放松指用一些按摩工具(泡沫轴、按摩棒、双球等),对身体的软组织(筋膜、韧带等)进行梳理,增强这些部位柔韧性的一种方法。

4. 本体感受神经肌肉拉伸(PNF 拉伸)

本体感受神经肌肉拉伸指先进行等长收缩,再放松,然后进行静态伸展的拉伸方式。这是当代肌肉拉伸锻炼法中最好的一种。先进行等长收缩,让身体得到充分的放松,再进行拉伸时身体就会达到更大的限度,更好地防止运动损伤,强健肌肉。

5. 被动拉伸

被动拉伸是在辅助员的帮助下,对青少年身体进行拉伸的方法。

(三)提高青少年柔韧素质的健身锻炼动作

在实际的应用中,提高青少年柔韧素质的健身锻炼动作主要有以下几种。

1. 静态拉伸——大腿前侧拉伸

身体站直,挺胸收腹,左手放到固定物体上,保持身体平衡,提起右腿,右手握住脚背,膝盖向下的同时,让右脚脚后跟努力向臀部靠近,这时大腿内侧就会感受到被拉伸。保持这个动作 20～30 秒,使其充分拉伸后,换另一条腿。没有先后顺序,哪边先做都可以。

2. 静态拉伸——胸部拉伸

找一个固定物体,挺胸收腹立于其左侧,左手微屈握住固定物,与腋窝同高,左腿向前迈一步,同时重心前移,这时左胸就会感受到被拉伸。保持这个动作 20 秒左右,换到另一侧,对另一侧胸部进行拉伸,也没有前后顺序。

3. 静态拉伸——左右弓步压腿

双脚开步与肩同宽,双手垂于身体两侧,左腿向前跨大步,前腿弯曲,膝盖与脚尖保持在一条垂直线上,后脚尖向上抬起使后腿绷直,身体收腹挺胸,重心前移,双手放于前腿上,保持 10 秒换右腿。左右腿没有先后顺序。

4. 动态拉伸——俯身双手交替摸脚尖

双脚开步与肩同宽,手臂向两侧伸直,俯身腿部微曲,弯腰双臂左右摆动,双手分别触摸对侧脚尖(左手右侧脚尖,右手左侧脚尖)。每次摆动的时间,按照需要或者自己的喜好调整。

5. 动态拉伸——左右弓步侧压腿

双脚开步 2 倍肩宽,双手垂于身体两侧,屈膝下蹲做弓步状,身体直立腹部紧绷,保持脚尖与膝盖在同一个方向的同时,臀部向右摆动,重心下移,再向左摆动,重心下移,但不要蹲得太低。这样左右交换持续训练 1 分钟。

6. 本体感受神经肌肉拉伸——背部肌肉拉伸

找一个凳子坐好,双手抓住凳子座,伸腿并拢,上身最大限度往后仰,保持6～10 秒,然后回正放松 3 秒,再身体前倾,胸膛与双腿相靠,努力往前伸展,保持 6～10 秒。

（四）青少年在进行柔韧素质健身锻炼时的注意事项

青少年在进行柔韧素质健身锻炼时，要注意循序渐进，慢慢地增加难度，必要时要在专人的陪同下进行。每周最好进行 3～4 次柔韧素质健身锻炼。锻炼时要注意左右均匀，还要注意合理安排拉伸动作。锻炼前和锻炼后的拉伸要注意区分。进行柔韧素质健身锻炼时，呼吸节奏一定要合适，任何时候都不能憋气。

四、提高青少年灵敏素质的健身锻炼项目选择与实践

灵敏素质是人体各项能力的综合表现，受遗传因素影响较大。青少年在健身锻炼过程中不应一味地追求高强度锻炼，应采取逐渐增加复杂程度的练习方式，不断培养反应能力、平衡能力等。灵敏素质的锻炼方法多种多样，根据是否需要器械可以分为徒手练习和器械练习。

（一）徒手练习

1. 指令训练

指令训练是对信号做出判断和反应的训练，比较容易实施并且具有一定的趣味性，比较适合青少年。训练模式多种多样，可以两人搭档采用直白的听觉或视觉指令，如一人给出"向左""蹲下"的语言或手势，另一人根据指令做出对应的动作；也可以采用相反的指令，如搭档说"起立"，另一人立刻蹲下等。

2. 十字交换跳

在场地内画上直线或十字线，身体在线的中心位置保持直立，双脚同时起跳，落地瞬间双脚交叉落地并在地面上做前后左右十字交换跳，要求连续不间断完成，在熟练后再规定交叉方向和象限。

3. 象限跳

在场地上画 2 条相互垂直的直线，将场地地面分为 4 个区域，并标注 A、B、C、D 四个象限。练习者从起点开始，听到信号后迅速以双脚并跳，依次跳入 A、B、C、D 象限中，从 A 象限开始回到 A 象限为一个循环动作。在练习过程中跳动的路线可以发生变化或者由指挥者指定区域进行无规律移动。

（二）器械练习

1. 绳梯训练

绳梯训练有助于优化步法，可以提升青少年的平衡性、动作速度和移动速

度。在绳梯训练中,训练者需按要求进出绳梯在地面上界定的区域。训练者可以沿绳梯纵向或横向进出、单脚或双脚进出、同侧进出或异侧进出等。

(1)双脚、膝盖并拢,从绳梯底端开始采用双脚跳的方式向前快速跳跃,确保双脚落入绳梯内的每个方格。

(2)从绳梯的左侧开始,采用单脚跳的方式,向右跳入绳梯内,向右跳出绳梯,随后向左再次跳入绳梯内,向左跳出绳梯。重复以上动作,以"Z"字形路线前进。

(3)从绳梯的一侧开始,采用双脚跳的方式依次跳进、跳出绳梯。重复以上动作,以"W"字形路线平行于绳梯快速移动。

(4)从绳梯的一侧开始,第一步右脚踏入绳梯方格内,第二步左脚跟随右脚踏入方格内,第三步右脚踏出绳梯方格(左脚不动),第四步左脚跟随右脚踏出方格,双脚依次进出绳梯。

2. 锥桶训练

锥桶训练用锥桶作为标记来指示跑动路线以及变向位置。训练者可以各种方式按指定线路移动,以达到提升身体灵敏性的目的。

(1)地面放置两个锥桶,训练者使用小碎步,以"8"字形路径左右移动,在两个锥桶间不停环绕。

(2)地面放置若干锥桶连成一排,训练者以"Z"字形步伐向前移动,并依次绕过锥桶。

(3)训练者保持身体侧面对向一排锥桶,以"W"字形路径前后移动依次穿过。

(4)训练者从起点出发,用小碎步向前移动至第二个锥桶,使用靠近锥桶一侧的手触碰锥桶,再次上步至第三个锥桶并重复该动作。

3. 栏架训练

训练者需要根据要求以单脚跳、双脚跳、跨步等形式越过由栏架形成的障碍,达到提升动作速度、移动速度和下肢力量等目的。栏架训练方式多样,训练者可以一直双脚跳,也可以单脚跳和双脚跳结合。

(1)正方形双脚跳:把栏架围成一个正方形,训练者正对栏架,双脚与肩同宽屈膝站立,双脚同起同落,按顺时针方向依次跳进跳出。

(2)单个栏架左右折返跳:在地上放一个栏架,身体侧对栏架,屈膝分腿站立,栏内侧脚抬起迅速跨过栏架,另一只脚快速跟上,接着后面跟上的脚再迅速跨回去,最开始的脚跟上,重复以上动作。

(3)高抬腿跑:在场地上摆放 10 个栏架成一条直线,栏架间距 50 厘米,训练者面对栏架呈站立起跑姿势,起跑后两腿膝关节交替上抬至大腿平行地面后快速向下压地,双臂配合下肢摆动。

(4)步幅渐增跑:训练者面对栏架呈站立起跑姿势,支撑腿蹬地发力起跑,摆动腿积极向前上方抬,逐渐增加步幅,跑动时上体前倾,两臂配合下肢摆动。

五、提高青少年协调素质的健身锻炼项目选择与实践

协调能力体现为人们执行和控制自身动作的能力,以及机体与运动时的外部环境之间的协同状态。青少年在运动过程中,如果各系统协调不好,不仅会影响运动表现,也容易造成运动伤害。因此,对青少年的协调训练是非常重要的。下面介绍一些协调能力训练方法。

(一)平衡训练

1. 正踢腿

双脚并拢,两腿伸直,双臂保持侧平举,立掌,左脚上步,后脚向前上方踢腿,脚尖勾起,左右脚交替进行。注意踢腿时要挺胸直腰,腿部踢过腰后要加速,下落时脚面绷紧。

2. 连续双脚跳台阶

双脚开立,双腿微屈膝,身体略微前倾,双臂保持后举,然后两脚用力向前蹬地,同时两臂向前上方摆动,迅速向台阶跃起,跳上台阶后屈膝缓冲。落地时注意脚跟先着地,两腿自然屈膝缓冲,保持身体平衡。

3. 踢腿胯下击掌

保持单脚支撑,起跳时屈膝,用前脚掌发力,原地向上起跳,摆动腿大腿发力,脚尖向上踢,摆动腿踢到最高点时,双手胯下击掌,摆动腿着地后迅速由摆动腿转换为支撑腿交换练习。

(二)身体协调性训练

1. 对侧前后手碰脚

身体保持直立,双脚间距略大于肩宽,双臂自然垂于身体两侧,屈髋屈膝经体前抬一侧腿,并用对侧手与脚触碰,然后换另一侧完成该动作。之后向后屈膝

并用对侧手向后与脚触碰,接着抬起腿落地垫步的同时换另一侧完成身后手碰脚的动作,完成一整套动作。

2. 踝关节平行跳

直立,双脚间距约与肩同宽,双臂自然垂于身体两侧。保持双脚距离不变,双脚平行,脚尖朝向一侧跳动。接着保持双脚平行,脚跟朝向同侧跳动。重复平行跳动。

3. 跳绳

跳绳是一种比较简单方便的有氧健身运动。在跳绳的过程中,身体需要不断地调整和平衡,能够有效锻炼手和脚的协调能力,对身体力度以及意识与身体的配合有非常大的帮助。

跳绳的正确方法是身体自然站立,两脚略微分开,双手手心相对,握住跳绳手柄,大拇指和食指握于前端。双手握绳,两臂自然屈曲,上臂贴近身体,将绳置于体后,两手腕、手臂协调一致,用力向前拉绳,准备起跳。在起跳过程中,双手手腕发力摇绳,当绳摇至头部以上位置,在绳子到达身体前面的时候起跳。在跳跃过程中,两臂不停顿甩绳,使绳在体侧匀速地摆动。在跳动过程中,用鼻子均匀呼吸。

(三)手眼协调训练

手眼协调是指手部与眼睛的动作紧密配合。以下是几个手眼协调训练的动作。

1. 抛接物练习

两脚分开与肩同宽,将球或物放在掌心于体前,笔直上抛,双手顺势接住;将球或物上抛,击掌一至多次,双手接住轻物;将球或物放置于左手,向上抛过头顶,用右手接住,来回进行练习。

2. 接触游戏

利用网球拍、乒乓球拍或其他器械进行接触游戏,提高眼睛和手部的协调能力。例如,击打乒乓球或接住飞行的球。或使用针线、拼图、夹子等小型物品进行精细动作练习,提高手部的细致控制能力。

第四章

女性科学健身的项目选择与实践

本章导语

　　无论是在古代社会,还是在现代社会,女性都扮演着至关重要的角色。女性既在外界的工作中发挥着重要的作用,又在家庭中具有举足轻重的地位。女性为社会的发展、家庭的成长、家庭的和谐等做出了重要的贡献。关注女性的健康有利于国家、社会、民族的发展。本章主要阐述了女性的特点、女性进行科学健身的原因及意义、女性健身锻炼的项目选择与实践等,从而让读者对女性科学健身加以重视,并掌握适合女性健身锻炼的不同项目、项目特点、项目锻炼方法、项目锻炼注意事项等,丰富女性的健身锻炼内容,以期缓解女性在工作生活中的身心压力,提高女性的身心健康水平,增强女性健身锻炼效果。

学习目标

（1）了解女性的生理和心理特点。

（2）明确女性进行科学健身的原因和意义。

（3）掌握适合女性的健身锻炼项目选择与实践。

第一节 女性科学健身

现代女性除了要工作赚钱,还要生儿育女,不仅提高了对女性身体健康的要求,也提高了对女性心理健康的要求。在这样紧张的工作和生活中,女性需要身体和心理上的双重释放,一个利于女性身心健康的重要途径就诞生了,即女性科学健身。女性通过科学健身,不仅让生活方式更加健康,还让心态更加健康。通过科学健身,女性能预防疾病,能缓解身体上的不适,强化大脑的功能,缓解精神上的焦虑和压力,增强自信心和自尊心。

一、女性的生理特点和心理特点

(一)女性身体结构的特点

女性的肩部比较窄,骨盆部分比较宽,四肢相对比较短,躯干相对较长,一般比较柔弱、娇小,体态具优美感,也有着重心比较低的优势,运动时有利于动作的平衡。在进行同样强度的锻炼时,女性的肌肉组织不会像男性一样发达,具有自身的柔美特质。女性身体上的毛发通常比较少,主要分布在腋下和阴部等部位,所以女性的基础代谢率较男性要低。女性有生理周期,在这期间要特别关注和保护女性的身体。

女性的体脂率相对比较高。一般成年女性的体脂率比同龄男性高8%,约占自身体重的28%,而肌肉量却比男性要少。女性的脂肪主要堆积在胸部、下腹部和臀部,所以对于爱美的女性来说,要选择合适的减肥项目。

女性的皮下脂肪虽然比较厚,但腹部容易受凉,对寒冷的刺激比较敏感,所以天气比较凉时进行体育锻炼,要注意腹部的保暖。

(二)女性呼吸系统的特点

人体呼吸系统最主要的器官就是肺,它负责吸入氧气、排出二氧化碳。女性呼吸系统主要有以下特点。

(1)女性的肺容量比较小,主要表现在吸气容积、呼气容积以及肺活量相对较小。

（2）女性单位时间内完成的呼吸次数相对较多，即吸气和呼气的频率相对较高，也就是说，女性的肺通气量比较大，较男性能够更好地提供氧气。

（3）男性和女性在身高相同的情况下，女性的气道在直径上较窄，长度上较短。气道是影响肺功能的重要因素之一。这样的结构让女性在相同压力下吸入的气体相对较少，即对氧气的吸入量相对较少。

（4）女性雌性激素分泌比较多。雌性激素不像雄性激素那样能够促进肺的发育和生长，增强肺容量和通气量，相反，它能抑制肺部的某些功能，所以使女性的肺功能稍逊色。女性肺部的这些特点使女性在运动中耐力相对较差。

（三）女性心血管系统的特点

女性心脏的重量只有男性心脏的85%～90%，体积比较小，容量也比较小，女性心脏容积只有455～500毫升，而男性的心脏容积是600～700毫升。所以，女子心脏的一次收缩中，一侧心室排出的血量（即每搏心输出量）只有男性的90%左右。由于女性心脏稍小，心肌收缩力较弱，调节心脏的神经中枢兴奋性较高，为了维持身体机能，女性的心率通常会快一些，比男性每分钟快2～3次。

雌性激素能够帮助女性血管富有弹性和畅通无阻，使女性血管保持强壮，血液能够顺利往返心脏。在绝经前，在卵巢分泌的雌性激素的保护下，女性血压比同龄男性的低，患高血压、心脏病的概率也就比男性小。女性进入更年期以后，雌性激素分泌就会减少，所以血压升高的速度比男性更快。

（四）女性运动系统的特点

1. 骨骼肌

女性和男性经历生长发育后，身体结构上会有一定的区别。骨骼肌是人体运动能力的保障，是人体健康的基础，成年女性骨骼肌的重量是男性骨骼肌重量的80%～89%，只占自身体重的21%～35%。骨骼肌体积小是女性肌肉力量较弱的重要原因。但女性去脂体重（瘦体重）的力量，或者单位生理横断面肌肉收缩时产生的最大力量（比肌力），与男性的是不相上下的。科学健身能够使女性骨骼肌横断面积增加，增大女性的力量。女性主要是通过改善神经的控制来增强肌力。神经元的传递得到了增强，原来不活跃的肌纤维就会活动起来。也就是说，女性肌力是通过改善运动单位的募集能力来实现的。骨骼肌的比重与雄性激素水平有关。女性雄性激素水平比较低，骨骼肌受到的刺激就比较小，增大的幅度就不明显,从而骨骼肌的体积就比较小。

2.骨

骨骼是人身体的杠杆。由于女性脂肪含量相对较高,所以骨骼的重量占比就较小,一般占体重的15%。女性骨组织中无机盐含量比较少,骨密度较低,关节囊和韧带比较松,骨骼的抗弯和抗压能力比较低,所以不能承受过重的负荷。女性体内雌性激素的水平能够促进关节的灵活性和肌肉的延展性,并且女性肌肉纤维数量较多,且分布均匀,使女性身体拥有更好的弹性和韧性。女性体形较小,骨骼比较短、细,骨骼上的粗隆和结节也比较小,使骨骼肌附着面不大,让女性更加轻盈和灵活。

(五)女性生殖系统的特点

女性生殖系统复杂而精密,它主要进行繁育后代和分泌雌性激素,保证女性身体各个部位和生理周期的正常。女性的生殖系统主要包括卵巢、输卵管、子宫、阴道以及附属腺体和外生殖器。有生理周期是女性生殖系统的最主要特征之一。从月经开始的第一天算起到下一次月经开始为一个周期,一般是28天左右,在21～35天之间波动也属于正常。女性生殖系统的核心器官是卵巢,它主要负责分泌激素和生产卵子。在生理周期中,卵泡成熟为卵子后,被释放到输卵管中,卵巢分泌的性激素促使生理周期顺利完成。但随着女性年龄的增长,卵巢功能会逐渐减退,直至绝经。子宫是女性孕育胎儿的重要器官,它在生理周期中的一系列变化也需要激素的调节。

女性科学健身能够促进激素分泌,增强子宫收缩,维持子宫的正常生理功能。健身提高了基础代谢率,提升了血液循环的速度,从而使子宫血液快速代谢,增强了子宫的整体活性和运动力。健身还能提高垂体的活力,使其分泌激素刺激卵巢,卵巢受到刺激会分泌雌性激素帮助子宫代谢,从而达到延缓子宫衰老的效果。健身能减少子宫肌层脂肪的含量,强健子宫,提高子宫的整体免疫能力,降低炎症的发生概率。

(六)女性心理的特点

在社会文化和性别角色的影响下,女性的心理特点主要表现在以下几个方面。

(1)女性更容易感到疲劳。首先是因为大部分女性在家庭中承担着大部分的家务,还要承担很多无形的劳动,如果外出工作的话,就要平衡好家庭与工作的关系。其次,女性的直觉比较敏锐,能够迅速察觉到周围的人和事的变化。再次,女性的想象力非常丰富,特别是在面对友情、爱情、工作和生活时,容易展开丰富的想象。最后,女性比较细心体贴,更富有同情心,能够换位思考,对别人的感受更能够理解和关心。这些都让女性心思更重一些,心理上更累。

（2）女性更容易产生焦虑。女性在生活和工作中,更容易忍耐,遇到压力更不善发泄。她们有更强的自我意识,对自身的内心感受和情感反应有着更强的要求,在情感和心理上更注重安全感。她们常常会对身体健康、家庭关系和工作等方面产生不安,所以更容易产生抑郁症、焦虑症等心理疾病。

（3）女性更希望拥有年轻态和形体美。漂亮的外表能够让女性更加自信,进而影响她们的思维方式和行为举止,让她们更具魅力,还能让她们在社交场合更容易被注意和尊重,在工作中更容易获得机会和认可,让家庭生活更加和谐。

（4）女性更不热爱运动。女性参加运动的目的大都是为了改变身材。受传统观念的影响,女性从小就不太动,长大后运动能力就减弱,再加上每月的生理期和身材焦虑等影响,导致女性对运动不感兴趣甚至讨厌运动。

二、女性进行科学健身的原因和意义

（一）女性进行科学健身的原因

女性身心发展的各个方面在一生中主要经历四个阶段,分别是儿童期(青春期前)、青春期(10—13 岁开始,18—20 岁结束)、成年期(青春期结束到更年期开始)、更年期(45—55 岁开始)。每进入一个新的阶段,女性的身体就会发生巨大的变化。女性的呼吸系统、心脑血管系统、运动系统、生殖系统在不同的时期都有不同的特征,身体形态、生理机能、心理等各个方面都发生急剧的变化。女性必须了解自己身心发展的规律,以这些规律为依据,在进行体育健身和锻炼的时候选择科学的运动健身项目、科学的运动时间和合理的运动量,同时要注意特殊时期的健身锻炼卫生。

（二）女性进行科学健身的意义

1. 女性科学健身能够预防疾病

生命在于运动。女性在科学健身的过程中能够让血液循环得更快,从而增强身体的新陈代谢,运动时排出大量的汗液,还能让身体中积累的代谢废物顺着汗液排出,不但让女性的身体更加健康,还增强了女性的免疫力。

女性进行科学健身,可以减少患心血管疾病的风险,降低胆固醇,增强身体抵抗力,有效预防许多常见的疾病。女性可以通过有氧运动来提高心肺活力,通过力量训练对骨骼施压来刺激更强壮、更密集的骨骼的生成,改善关节功能,减少损伤的可能性,增加骨密度,降低骨质疏松和骨折的风险,以及改善心脏功能,从而让身体得到显著的功能性益处并改善整体健康。

女性科学健身时,还会起到按摩肠胃的作用,可以使肠胃的消化功能得到增强,预防和改善腹部脂肪较多引起的啤酒肚、消化不良、便秘等胃肠疾病。

2. 女性科学健身能够缓解身体上的不适

女性身体本身就有着特殊性,再加上工作、生活中长期保持一个动作或者重复一种工作,经常会引起身体上的不适。而科学的健身能够缓解特殊时期和特殊工作引起的身体上的不适。

女性身体每个月都要经历一次特殊时期,特殊时期身体普遍会有这样那样的不适。研究表明,女性在经期做一些中低强度的健身运动可以缓解痛经,因为运动能够促进激素的分泌和抗炎作用,能够增强身体的新陈代谢,从而让女性更加舒适地度过特殊时期。

女性在工作、生活中常常会很长时间保持一个动作,譬如抱孩子、久坐、工作中重复一个动作等,让身体出现肌肉黏连,腰椎、颈椎突出变形等情况。通过科学健身,能够避免这些状况的产生,缓解已形成的各种身体不适,让女性达到一个最好的状态。

3. 女性科学健身能够提高大脑的功能

女性的记忆力会随着年龄的增加相对减退,也会在怀孕产子后断崖式减退,这与女性要兼顾家庭和工作有直接的关系。女性科学健身能够增加大脑中的血液流量和氧气供应,促进神经细胞的生长和链接,提高学习能力,改善记忆力。女性科学健身能够刺激大脑分泌多巴胺、内啡肽和脑内啡,这些神经递质有助于女性改善情绪和减轻抑郁与焦虑。长期的科学健身能够让女性的大脑结构发生积极改变,包括增加灰质和白质的体积,从而让女性的思维能力和认知功能得到提升。

女性科学健身还能提高女性大脑抗衰老能力,促进创造性思维的形成。科学健身能够有效改善女性睡眠质量,让大脑得到充分的休息和恢复。充足的睡眠对维持女性大脑年轻态和保护女性大脑功能有着至关重要的作用。科学健身能够让女性在解决问题的时候有更好的方案,产生更好的想法和思路。

4. 科学健身能够让女性放松身心,减少负面情绪和压力

虽然女性的地位在当今社会得到了很大的提高,但是女性面对的挑战和压力也在不断增加。这些压力和挑战主要有贯穿女性一生的社会观念和文化传统的压力、每月经期带来的身体上的压力、生育带来的身体上的负担、照顾婴幼儿的压力、平衡职场和家庭的压力等。女性可以通过科学健身来达到放松身心、减少负面情绪和缓解压力的目的。

女性科学健身能够让不愉快的情绪得到宣泄、中和、抵消。女性通过科学健身能够刺激中枢神经系统,增加肾上腺素的分泌量,不仅释放出了能量,还能让积压很久的焦躁不安的情绪得到很好的释放。譬如快走、跑步、瑜伽等形式的运动,都能让女性的身心得到放松,焦虑情绪得到舒缓。

女性科学健身还能够促进神经递质的平衡,从而达到预防抑郁和焦虑的作用。女性科学健身能够促进多巴胺、血清素和内啡肽的分泌,这些都是对调节情绪和心理状态起到重要作用的神经递质。女性的注意力、学习力、记忆力和情绪都受到多巴胺的调节。女性科学健身能够让多巴胺水平维持平衡,从而让女性在精神上感到愉悦、满足和积极向上。女性的睡眠、食欲、情绪和压力反应受到血清素的调节。女性通过科学健身让血清素的水平维持平衡,不仅能够维持情绪稳定,还能增强女性幸福感,减少焦虑和抑郁的发生。女性的快乐和幸福感还与神经递质内啡肽有关。内啡肽是一种天然的镇静剂和止痛物质。女性通过科学健身促进内啡肽的释放,从而缓解疼痛、减轻焦虑、改善情绪和增强幸福感。

5. 女性科学健身能够锻炼意志力,增强自尊心和自信心

(1)女性科学健身能够减掉身体上的赘肉,提升女性整体的气质和体态美。女性通过科学健身能够让机体吸收的热量低于消耗的热量,使机体热量负平衡,加大能量的消耗;女性科学健身能够增加机体肾上腺素的分泌,释放脂解激酶,增强甘油三酯的水解性;女性科学健身能够减少胰岛素的分泌,对脂肪的合成起到抑制作用;女性科学健身可以提高血液中游离脂肪酸和葡萄糖的利用率,游离脂肪酸从脂肪细胞中大量释放,从而缩小细胞,消耗掉多余的葡萄糖,减少脂肪的形成和堆积,从而达到减肥的效果,提升女性的气质,改善女性的体态美。

(2)女性科学健身能够美容养颜,延缓衰老,让女性更加优雅自信。爱美之心人皆有之。特别是女性,体态优雅,容颜常驻,能极大地提升女性的自尊心和自信心,女性就会更好地平衡工作和生活。

女性科学健身能够促进皮肤的血液循环,增加皮肤和肢体末端的血量,让皮肤得到更多营养的滋养,从而吸入氧气的能力增强,对皮肤起到保养作用。女性科学健身时,能够促使渗透在皮肤中数以万计的细小的血管张开。长期进行科学健身,能够让女性输送氧气的红细胞的数量和质量都得到提高,使皮肤细胞乃至整个身体都越来越健康。女性科学健身时还能使热量在体内聚集,身体需要通过血液循环将多余的热量消散出去,这时血液循环就会加快,将身体内的废物排出,增加皮肤的光泽。女性科学健身还能让吸收了营养的皮肤增厚,活动量增大、体温升高也加快了胶原蛋白合成的速度,因此,还会延缓女性的衰老。

三、女性科学健身的指导

随着互联网的发展,很多女性会在抖音或者快手等平台上分享健身体验,让越来越多的女性看到了运动的好处,增强了健身的意识,也让更多的女性参与到了健身当中。但女性健身需要根据女性的特点进行,不能盲从,要注重女性健身的科学性。

(一)女性科学健身的一般要求

(1)体育教学是按照一定计划和课程标准进行的有目的和组织的教学过程,意在向学生传授体育知识、技术和技能,增强学生的体质,培养学生的优良品质。在体育教学中要根据女性的特征来合理地选择运动项目和判定标准。

(2)女性科学健身的主要目的是身心健康,要注意引导和启发更多的女性参与到科学健身的队伍中来,让她们亲身体会到运动给她们带来的实质性的效果,从而热爱科学健身。

(3)依据女性呼吸系统的特点,女性的运动量要安排得少一些,强度要安排得小一些。

(4)依据女性运动系统的特征,在体育教学和运动训练中,应该保持和发展她们的平衡力和柔韧性,有计划、有针对性地对她们进行身体各部位机能的加强。

(5)由于女性身体尤其是生殖系统的特殊性,女性做健身时地面不易过硬,跳跃运动不宜多做,并且要注意姿势,避免影响盆腔脏器和骨盆的正常位置和发育。

（二）月经期锻炼的要求

女性经期是一个正常的生理现象，一般生理机能不会发生明显的改变。所以，对于经期身体没有明显不适、平时身体健康、月经正常又经常锻炼的女性来说，可以适当地进行健身；对于经期紊乱并且身体有明显不适的女性（譬如痛经或者患有内生殖器炎症者），在经期不适合进行健身。但经期健身的女性也要注意以下几点。

（1）女性生理期的开始一般是在 10—16 岁。月经初潮的女性性腺内分泌周期还不稳定，在进行健身时要特别慎重，在运动项目的选择和运动量的多少上要循序渐进地摸索，逐渐养成经期健身的运动习惯。

（2）女性经期运动量要减少，并且运动时间要缩短，一般控制在半小时内，运动期间不宜参加竞技类运动项目。运动量过多，运动强度过大，运动时间过长，都可能导致卵巢功能失调，而引起月经紊乱或者经血过多。

（3）女性经期要避免参加剧烈运动或者震动过大的运动项目，譬如跳高、跳远、跨栏、100 米等，也不能做对腹部造成过大压力的运动项目，譬如俯卧撑、举哑铃、掷铁饼、推铅球等，以免造成经血过多，严重还会导致子宫位置发生改变，影响生育。

（4）女性经期由于宫口处于微开状态，宫腔容易被细菌侵入，增大宫腔细菌感染的概率。为了避免妇科炎症的发生，经期要特别注意个人卫生，不宜进行各种水中运动项目。

（5）女性经期要避免受凉，除了不能进行水中的运动项目外，还要注意不能洗冷水澡，避免感染和月经失调的情况发生。

第二节　女性健身养生的健身锻炼项目选择与实践

为了保持身体健康、体态均匀、容貌美丽、心情愉悦、精力充沛等，大多数女性比较注重健身养生。科学健身对于女性的健身养生具有极其重要的作用。女性在进行科学健身时，对于健身锻炼项目的选择和实践，要结合女性的生理特点、心理特点、健康状况、作息制度、生活习惯、健身目的等进行综合的考量。针对以上女性特有的综合因素,选择合适的健身锻炼项目并进行实践才能够满足女性不同的健身养生需求。

一、健美操

(一)健美操的概念

健美操也称为现代艺术体操,是一项融体操、音乐、舞蹈、健身、娱乐、美术等于一体的体育运动项目。可以徒手进行操化练习。可以手持轻器械进行操化练习,也可以利用专门的器械进行操化练习,达到健美、健身和健心的目的。在当代社会,健美操还具有极强的观赏性和娱乐性。

(二)健美操的起源与发展

健美操的起源可以追溯到 2 000 多年前的古希腊。在古希腊人的认知中,最匀称、最庄重、最和谐、最完美、最有生气的是人体美。当时,古希腊人为了达到自身的形体健美就会采用他们喜欢的田径、健美舞蹈和柔软体操等项目进行锻炼。这就是古代健美操的雏形。20 世纪 60 年代初,现代的健美操开始萌芽,70 年代在美国开始迅速兴起并形成了热潮。20 世纪 70 年代末 80 年代初,现代健美操在我国开始兴起。全国女子健美操邀请赛的首次举办时间是 1986 年的 4 月 6 日,举办地为广州。

(三)健美操的分类及特点

健美操从严格意义上可以分为表演健美操、竞技健美操和健身健美操。普通大众所进行的健美操健身锻炼项目属于健身健美操。因为健身健美操具有内容比较丰富,运动负荷适中,简单易学,变化繁多,自由度比较大,随机性比较强,没有统一的要求,不受性别、年龄、器械和场地的限制,对健身者的身体素质没有太大的要求等特点。健身者可以自己一个人进行锻炼也可以多人一起进行集体锻炼,可以充分活动人体的各个关节、各部位的肌肉,既可以达到强身健体的效果,又可以达到减脂塑形的效果。所以,健美操是集健身与健美于一体的健身锻炼项目,非常适合女性,深受广大女性同胞的喜爱。

(四)女性进行健美操健身锻炼的价值意义

女性长期坚持健美操的健身锻炼,可以达到以下效果。

1. 提高体质、增进健康

经常进行健美操健身锻炼,可以增强女性的肌肉力量,提高关节的灵活性,使肌腱、韧带等结缔组织更加富有弹性;可以提高呼吸系统的机能水平,使每次呼吸时的气体交换量增加,提高呼吸的深度;可以使心肌纤维变粗、心肌收缩力变强、心输出量变大,提高人体的供血能力,有助于脑细胞的供氧和供能,使大脑的思维能力提高;可以刺激肠胃的蠕动,使消化机能增强,有利于营养物质的吸收和利用,从而提高人体对疾病的抵抗能力;还可以使人的动作记忆和动作再现能力得到提高,神经系统的均衡性和灵活性得到增强,从而发展人的协调能力。

2. 减脂降重、改善体型

健美操是一项中低强度的有氧运动,坚持一定的锻炼时长,并坚持锻炼一段时间,人体的机能和形态结构都会得到改善。人体的生理机能和形态结构是辩证统一的,形态结构决定生理机能,而生理机能的变化又反作用于形态结构。进行科学正确的健美操健身锻炼,可以加快体内脂肪特别是腰腹部多余脂肪的新陈代谢,使体重降低,还能增加胸背肌的肌肉体积,使人体的形态结构更加均衡合理,线条更加优美,还可以对不良的身体姿态进行矫正,形成正确的体态。

3. 缓解压力、愉悦身心

健美操是在音乐的伴奏下完成各个动作的身体练习。优美的动作练习伴随着优美的音乐,会对女性的心理状态产生积极影响。当女性沉浸在锻炼中,陶醉在美的享受中,可以消除内心的烦恼,缓解紧张情绪,对身心进行全面的调节,也使女性受到美的熏陶,提高了女性的艺术素养。

（五）健美操的技术动作

健美操主要包括头颈部、肩部、上肢、手势、胸部、腰部、髋部和下肢的技术动作。

1. 头颈部技术动作

头颈部技术动作主要包括屈、绕、转等。头颈关节角度的弯曲,称为屈,主要包括右屈、左屈、前屈、后屈。以颈为轴心而进行的头部的弧形运动,称为绕,主要包括左绕、右绕。头颈部绕着身体所做的垂直转动,称为转,包括右转、左转。

在进行头颈部技术动作的练习时,要注意身体保持正直,颈部被动肌群得到充分的伸展,头颈移动的方向要准确。

2. 肩部技术动作

肩部技术动作主要包括提、绕、沉。肩胛骨做向上的运动,称为提,主要包括双肩同时提、单肩提和两肩依次提。以肩关节为轴做小于360°的弧形运动,称为绕,主要包括双肩依次向前、向后绕,双肩同时向前、向后绕,单肩向前、向后绕。肩胛骨做向下的运动,称为沉,主要包括双肩同时沉、单肩沉和两肩依次沉。

做肩部技术动作时,沉肩时要尽量向下,提肩时要尽量向上,动作的幅度要大并且要有力。绕肩时,头颈不能前探,上体不能摆动。

3. 上肢的技术动作

上肢的技术动作主要包括屈、举、振、绕、旋。肘关节产生一定的弯曲角度,称为屈,主要包括头后屈、腰间屈、肩上侧屈、肩下侧屈、肩上前屈、胸前平屈、胸前屈等。以肩为轴进行活动,活动范围不超过180°,并停止在某个部位,称为举,主要包括后举、前举、侧局、侧下举、侧上举等。以肩为轴,手臂用力摆到最大幅度,称为振,主要包括下举后振、上举右振、侧举后振等。单臂或者双臂向内、外、前、后做180°以上的弧形运动,称为振。以肘或者肩为轴做手臂的外旋动作。

进行上肢技术动作练习时,要求幅度要大,位置要准确,力达身体最远端,上体保持正直。

4. 手势的技术动作

手势的技术动作主要包括基本手势、圆手型、直手型、V 指和拳。拇指指关节弯曲内扣,其余四指并拢伸直,称为基本手势。中指与拇指靠拢,食指稍微分开,小手指和无名指向中指靠拢,并稍微向内扣成弧形,称为圆手型。五指伸直并互相并拢,称为直手型。

5. 胸部的技术动作

胸部的技术动作主要包括挺胸、含胸和移胸。两肩外展,扩大胸腔,称为挺胸。两肩内合,缩小胸腔,称为含胸。将髋部固定,胸做向左、向右的水平移动,称为移胸。

做胸部技术动作时,要求各个技术动作都要做到最大的限度。

6. 腰部的技术动作

腰部的技术动作主要包括转、屈、绕。腰部带动身体沿着垂直轴做扭动,称为转,包括右转和左转。腰部向前、向后、向右、向左做拉伸活动,称为屈,主要包括前屈、后屈、右侧屈、左侧屈。下肢固定不动,上体沿着垂直轴做圆形、弧形的运动,称为绕,包括绕环和左右绕。

做腰部技术动作时,绕环要充分连贯,幅度宜大,身体的远端要尽力向外延伸。

7. 髋部的技术动作

髋部的技术动作主要包括提、顶、绕。髋关节急速向一侧上提的动作,称为提,包括右提和左提。髋关节做急速的水平移动,称为顶,包括右顶、左顶、前顶和后顶。髋关节做圆形、弧形的移动,称为绕,包括绕环、右绕和左绕。

做髋部的技术动作时,要求动作过程要柔和、平稳、协调,并稍带有弹性。

8. 下肢的技术动作

下肢的技术动作主要包括点弓步、滚动步、交叉步、并腿跳、弓步跳和开合腿跳。一脚向侧成弓步,另一脚跟进并拢,交替进行,称为点弓步。从前脚尖依次过渡到全脚掌落地,两脚交替,称为滚动步。一脚向另一脚的前方或者后方交叉进行,称为交叉步。双腿并拢,屈膝或者直膝跳,称为并腿跳。并腿跳起,落地时下肢成前弓步、侧弓步或者后弓步,称为弓步跳。并腿跳至开立,分腿跳至并腿,称为开合腿跳。

做下肢动作技术时,要求跳跃要有弹性、轻松自如,注意动作技术与呼吸的配合。

二、瑜伽

瑜伽是一项以改善人们的身体和心性为目的进行的健身运动。它起源于印度,是一项关于心理、身体及精神的练习,有调整身体的体位法,调整呼吸的呼吸法,还有调整心理的冥想法。瑜伽有着 5 000 年之久的历史,拥有古老而易于为人们所掌握的技巧是瑜伽姿势的特点。瑜伽是一种能在锻炼中让人们摒除杂念,改善体型,陶冶情操,最终达到身心合一的运动方式。

经过 5 000 年的发展,瑜伽衍生出的流派众多,现下流行的就有 100 多种,常见的有以下 9 种。

(一)哈他瑜伽

哈是太阳的代表,他是月亮的代表,哈他是男女、日夜、正负、阴阳、冷热以及其他任何相辅相成的对立面的和谐统一。哈他瑜伽是男性力量和女性柔韧的完美结合。哈他瑜伽练习的开始是体位姿势，主要练习对身体姿势的感觉和对呼吸的控制，辅以冥想与收束法，从而达到身体各机能有序运转的效果，使心灵获得宁静祥和。

哈他瑜伽的练习动作缓慢、轻柔、舒适、安静，所以适合初学者、办公室人群、压力大和情绪焦虑者、身心疲惫者以及健身爱好者练习。但哈他瑜伽对身体也有一定的要求，不适合脊柱有毛病的中年人、患有骨质疏松症的人、有腰椎和颈椎病的人以及有肥胖症和心脑血管病患者练习。

（二）阿斯汤加瑜伽

阿斯汤加瑜伽又被称为"力量瑜伽"。阿斯汤加瑜伽是为了适应学生的需求而创立的，所以体式内容的挑战性较大，需要有较强体能的女性才能练习。它强调喉咙、肚脐、会阴三者的结合。它主要锻炼的是力量、柔韧性和耐力。在练习这种瑜伽时，只有动作和呼吸同频共振，练习者才能感受到身体的协调性、平衡和心肺功能的提高。

阿斯汤加瑜伽更侧重于提高练习者的力量、耐力以及柔韧性，不同年龄阶段的人群都可以练习。这种瑜伽分为 6 个级别，每级都由 60 个左右体位组成。从初学者到高级练习者都可以根据自己情况和需求选择练习级别，但必须在有人指导的前提下，按照编排的顺序进行练习，不适合自行练习。

（三）普拉提

普拉提又称"控制术"，集合了瑜伽、舞蹈、体操三大健身元素。通过有目的性的动作训练和呼吸方法的配合，主要对人体深层小肌肉群进行锻炼，使练习者外观正常活动姿势得到维持和改善，身体达到平衡，躯干和四肢的活动范围得到扩大，能力得到提高，人脑对核心肌群、肢体和骨骼肌肉组织的神经感应和支配能力得到加强，提高人们身、心、脑的协调性。

普拉提是相对缓慢、平和、清楚、静力状态的运动，对关节和肌肉几乎没有伤害，所以适合不同年龄和体能水平的人群练习，特别适合长时间保持一个姿势的上班族和缺少运动的人群。它的伸展、拉伸等训练不会导致肌肉变粗壮。它对腰椎间盘突出、脊柱侧弯、神经性肌萎缩、中风后遗症、运动损伤等有很好的康复治疗作用。

（四）理疗瑜伽

理疗瑜伽是传统瑜伽、物理治疗和康复技术三者结合的健身方式。它的呼吸方法和节奏的练习,可以让练习者改善血液循环,提高氧气供应量,使身体自愈能力得到提升,同时还能减少负面情绪,改善焦虑和减轻压力。理疗瑜伽特别注意练习姿势的正确性和安全性,它的一系列伸展动作可以缓解肌肉的紧张,改善姿势的对称性,平衡肌肉力度。

理疗瑜伽是一种有针对性的健身方式,很适合身体肥胖和身体处于亚健康的人群练习,还特别适合有特殊健康需求的人群练习,如慢性疼痛患者、关节炎患者和运动损伤康复者。

（五）阴瑜伽

阴瑜伽是保持瑜伽本质,在瑜伽修习基础和经验上结合其在医学方面的优势,将中国道教和武术的精粹融入其中,形成的一种新瑜伽流派。它的最大特点是动作缓慢,强调身体中韧带、润滑液、骨膜这些骨骼连接组织的拉伸,在自身拉伸极限内,保持一个动作静止 3～5 分钟,甚至 10 分钟,主要锻炼骨盆及下背部的位置,偏重于拉伸身体。

阴瑜伽比较舒缓柔和,适合任何年龄和身体状况的人群练习。阴瑜伽的锻炼方式,有助于增强淋巴系统的功能,加快身体血液循环,调整五脏六腑功能,使身体深层筋膜打开,从而增强身体的自愈力和恢复力。它的冥想练习和呼吸法练习还能放松心灵,缓解抑郁焦虑的情绪,所以特别适合女性练习。

（六）艾扬格瑜伽

艾扬格瑜伽对身体正确的姿态、骨骼和肌肉的功能及人体正常的生理结构非常重视。它与其他瑜伽的最大区别是它对体位的要求非常精准、到位,更注重细节,要求正确的呼吸方式必须与精准的体式相结合,确保健身功效的最大化,所以它能够起到治疗、纠正、矫正身体的作用。

艾扬格瑜伽可以借助工具来完成动作,对每一个体位的细节都介绍得非常精准,并且上下体位之间有自然而精准的连接,所以很适合瑜伽入门者、身体僵硬者和处于恢复期的受伤者学习。

（七）流瑜伽

流瑜伽是哈他瑜伽和阿斯汤加瑜伽的结合体。它的动作舒缓流畅,给人一种行云流水、一气呵成的感觉,以流畅的动作组合来达到强身健体的作用。流瑜伽是对耐力、专注力、伸展性、柔韧性以及力量性全面锻炼的一种健身方式。它的每个体式都能与核心体式紧密连接。流畅的动作中也有快节拍的动作,就像流水遇到岩石激起了浪花,为流瑜伽增加了节奏感。

流瑜伽的主要特点是流畅、有节奏,能使人体心率增加,代谢率提高,脂肪燃烧加快,起到改善睡眠质量、排毒养颜的作用。它适合健康的年轻人、需要排毒养颜的人群、需要减肥塑形的人群,还适合有轻度自闭的人群和注意力不集中的人群,但不适合体弱多病的人群练习。

（八）空中瑜伽

空中瑜伽借助从屋顶垂下来的丝质吊床完成哈他瑜伽体式。"反重力"是它的最大特点。练习时,练习者借助吊床悬浮于空中,在感受到身体重力的同时,将瑜伽、舞蹈、空中表演元素融合到一起,让身体的力量、平衡感和伸展性得到锻炼,同时还锻炼了正常情况下不会用到的一些肌肉。身体悬浮于空中,让身心得到充分的自由,让练习者内心的压力得到释放,胸襟更加开阔。

练习空中瑜伽时吊绳缠绕在练习者的腹股沟和腋下的淋巴处,促进淋巴的机能,提高身体的免疫力和抗病能力,增强体质;身体吊在空中,处于不稳定状态,让身体的核心肌群自然地收紧,核心力量得到锻炼,腰腹力量得到加强的同时减掉了多余的脂肪,让躯体更加的优美、挺拔。所以空中瑜伽特别适合需要排毒瘦身的人群,需要强壮体格、提高仪态的人群,还适合需要缓解身体僵硬、疲惫的人群练习。

（九）舞韵瑜伽

舞韵瑜伽又称为时尚瑜伽,是配合专业的音乐疗法,将瑜伽体式和舞蹈元素相融合,功能与技能结合在一起而成的瑜伽形式。舞韵瑜伽包含舞蹈的韵味、瑜伽的内敛,舞蹈的飘然、瑜伽的脱俗,所以练习者能够感受到生命的鲜活和灵动、气质的无形蜕变、形体的傲然挺拔、心灵的超然净化。

舞韵瑜伽对调节呼吸和放松身心有帮助,能够让心肺功能得到提升,还能增强身体的柔韧性、平衡力。它适合有颈椎病倾向、全身僵硬、弯腰驼背的人群练习,适合身体不协调、肌肉紧张、体态臃肿的人群练习,适合有疲惫感、压力感、没有自信心的人群练习,适合免疫力比较低、情绪低沉的人群,还适合热爱舞蹈和瑜伽、需要提升气质的人群练习。

以上就是瑜伽流行的九大派系。不同派系的瑜伽有自己独特的方法和特点。每个女性都要根据自己的身体状况和需要选择适合的瑜伽进行科学的健身。只有选择对了,才能对自己的健身起到事半功倍的作用。

三、踢毽子

（一）踢毽子简述

踢毽子是我国民间传统运动项目之一，是一项男女老少皆宜的项目。史料记载，它起源于我国汉代，盛行于唐宋时期。作为一项简便易行的健身运动，踢毽子虽已历经 2 000 多年的漫长岁月，至今却仍然经久不衰，深受人民群众的喜爱。

毽子，又称为毽球，古代文人也称之为"燕子"。古代一般用禽类羽毛和金属钱币做毽子。现在一般用橡胶羽毛毽，是用羽毛插在圆形的底座上所制成的，另外还有布毽、塑胶毽、皮毛毽、绒线毽等类型。在古代，适合女孩子的体育运动项目很少，而踢毽子由于简单灵活、好玩有趣，是为数不多的女孩子所喜爱的运动。诗句"踢碎香风抛玉燕"即是对踢毽场景的生动描述。

踢毽子不需要专业的设备和场地，场地可大可小，可以室外踢，也可以室内踢，需要在平整的地面进行。它运动量适中，能让手脚、眼睛和身体躯干等部位得到充分的锻炼，有助于提高健身者的敏捷性和协调性，提高各个关节的柔韧度，改善血液循环和新陈代谢，帮助大脑延缓衰老，促进身体健康的全面发展。

（二）踢毽子的分类

踢毽子时规定运动员只能用脚踢，腿部和躯干可以接触毽子，手和手臂不能触摸毽子。踢毽子花样繁多、形式各异，有多种玩法。有单人踢、双人对踢、多人对踢等，可以单脚踢，也可以双脚轮换踢。有比踢的次数，以连续踢到毽子而毽子不落地的次数来计数，有比踢的花样和难度，也有比毽子不落地的时间，等等。不过在民间最常见的还是多人健身踢毽子，大家围成一个圈，参与者你一脚我一脚轮流踢毽子，踢到谁跟前谁踢，不计胜负得失，重在强身健体、娱乐交流。

（三）踢毽子的技术动作

踢毽子主要有盘、拐、磕、绷、别等常见基本动作。踢的过程中需要不断完成抬腿、转身、屈体、跳跃等动作，可以让腿、脚、背、腰、头、眼等各部位得到很好的锻炼。

盘踢是用脚内侧踢毽。一腿站立支撑，另一腿屈膝用脚内侧向上连续踢毽，可以单脚持续踢，也可以双脚轮流踢。盘踢是踢毽入门的基础动作。

拐踢是用脚外侧踢毽。当毽子落到与腰部平齐时，双腿屈膝，踢毽腿向身体后斜上方摆动，用脚外侧将毽子向上踢起。这种踢法适用于毽子位于身体外侧或斜后方较远距离的情况。

磕踢是用膝盖踢毽。一腿平稳支撑,当毽子落到另一条腿膝盖上方时提起大腿用膝关节向上将毽子磕起,注意踢击时小腿自然下垂,大腿垂直向上。磕踢适用于毽子下落至距离身体很近的情况。

绷踢是用正脚背踢毽。当毽子在身体正前上方落下时,上身略微前倾,伸直膝盖向正上方抬起,脚面绷直,在踢的一刹那用脚背将毽子勾起。绷踢的发力可高可低,能救起即将落地的毽子。

别踢又叫交叉踢。例如当毽子落至身体右侧腰部时,右腿稍向前方提起并落地支撑,左腿在右腿前移时从右腿后交叉至身体右后方,用脚内侧将毽子踢起,然后收脚落地。

初学者要学会踢毽子,需要熟练掌握动作要点。每个动作要先从单脚踢开始练起,学完单脚踢的基本动作后,再左右脚交互练习,最后将各个动作连贯起来练习。踢毽子时要注意准确判断毽子飞行的高度、速度以及落点,在保证脚部动作正确的同时,还要两眼时刻注视毽子的运动轨迹。当身体跳起在半空中踢毽子时,要注意前脚掌先着地,尽量避免脚踝受伤。

(四)踢毽子的注意事项

(1)锻炼时应尽量选择平坦的场地,不要选择靠近马路、人流密集的地方,空气要流通,使肺部能呼吸大量的新鲜空气,还要注意避免风力的干扰;

(2)踢毽子一定要注意时间的选择,因为踢毽子是一种跳跃性的运动,所以餐前或者饭后一个小时内不要做踢毽子运动,否则很可能导致胃肠功能障碍和消化异常。

(3)应注意合理安排每次锻炼的运动量,不要超出身体的负荷,要循序渐进慢慢地把数量或者是强度加上来。踢毽子的过程中要量力而行,不要强迫自己做一些做不到的动作,以免对身体产生损伤。

(4)踢毽子需要穿合脚的运动鞋,并做好辅助性的热身活动如压腿、转腰、伸展四肢等,让身体做好运动的准备,通过热身活动来唤醒松弛的肌肉,活动开各处关节,以预防肌肉拉伤或关节扭伤。

四、跳绳

(一)跳绳的起源与发展

跳绳中的"跳",是一个动作。这个动作既是人体最自然又是人体最重要的动作之一,同时也是人类最初在树上搜集食物、躲避动物的袭击以及在对动物的攻击中获得优势的一种本能。人们将上下跳跃的线性运动与在大自然中发现的物体结合在一起,便出现了跳绳的雏形。跳绳作为原始体育的一种,自然与原始体育的萌芽息息相关。生产劳动作为原始体育发展的物质基础,也为跳绳的萌芽奠定了物质基础和客观条件。在古代,跳绳所用的绳由最初在大自然中发现的柔软的竹子或者藤蔓,逐渐发展为由编结而成的绳索。人们在绳索的编结过程中,一般会出现跨越绳索的相关动作。这些动作对小孩子具有较好的吸引力,孩子们感觉非常有趣,便开始用短绳反复模仿大人们跨越绳索的动作,时间久了便成了一种游戏,同时也摸索出了跨越绳子的简单方法,于是作为一项体育活动的"跳绳"便相应而生了。

我国的跳绳运动源远流长,从汉代(23—220年)《乐舞百戏车马出行图》画像石拓片中可见。画像共有八组画面,分为上、下两部分。其中上部刻画有两名女子一上一下进行单人"跳绳"的场面,两名女子跳绳的动作清晰可见,并且整个画面保存完整。从上述画像可见,跳绳活动至迟在汉代就有了。

随着社会的不断发展,跳绳运动也逐渐在传统跳绳运动的基础上,融入很多现代元素,出现了内容随意性强,形式复杂多样,运动量既可以大又可以小,动作新颖并具有很强观赏性、时尚性的花样跳绳,从而弥补了传统跳绳花样不多、动作单一的缺陷,深受人们的欢迎和喜爱。集健身、竞技、娱乐、观赏等为一体的竞技跳绳也逐步发展起来,并在不断的演绎和创新中得到了提高。跳绳运动在全民健身活动、学校体育课程中得到了良好的普及和推广,把我国跳绳运动推向了新的高潮。

(二)跳绳的特点及分类

1.跳绳的特点

(1)简便易练,趣味性强。跳绳所需要的器械是一根简单便宜、小巧便携的绳子。跳绳所需要的场地更不受限制,只要是一块空地就可以进行练习。跳绳运动不受人数、年龄、性别、时间、季节等条件的限制,一个人、两个人或者多个人,一条绳就可以练习起来。所以说简便易练是跳绳的特点之一。无论是个人跳绳还是多人跳绳,都可以运用绳完成多种花样的跳绳动作,节奏感也比较强,在运动时没有枯燥乏味感,颇具吸引力和趣味性,深受男女老少的喜爱。

(2)花样繁多,观赏性强。跳绳运用绳子,在多人的配合下,实现个人花样、交互绳、车轮跳、长绳、绳网绳阵等近百种跳法,并且在每种跳法上又可以衍生出更多的跳法,最终呈现出花样繁多的跳绳动作,令人眼花缭乱、目不暇接。同时,跳绳者也可以根据自身特点及对跳绳动作的喜爱,进行自我创编,创造出新的花样,并配合音乐、服饰等进行表演展示或者比赛,使跳绳具有舞台化及艺术化效果,可以给观众带去心灵的震撼及美的享受,所以跳绳运动观赏性极强。

（3）强体健心,安全性高。首先,跳绳可以减少体脂、增大骨密度、增加骨量,可以增进人体新陈代谢,防范心血管疾病的发生,还可以促进体质发展,提高力量、耐力、速度、灵敏度等身体素质,起到强体的作用。其次,跳绳可以提高睡眠质量、降低焦虑和抑郁症状、提高积极情绪、增强想象力和创造力、改善心境等,起到健心的作用。同时,跳绳运动量以及运动强度可以根据自身情况自由掌握,在跳绳过程中没有身体对抗,跳绳器材也简单安全,所以跳绳运动安全性高的特点亦显而易见。

2. 跳绳的分类

根据不同的分类标准可以将跳绳进行不同的分类。

以跳绳参与的人数作为分类标准,可以将跳绳分为个人跳绳、双人跳绳和多人跳绳（参与人数至少有 3 人）。

以绳子的长度作为分类标准,可以将跳绳分为跳短绳、跳长绳。

以跳绳时使用绳子的数量作为分类标准,可以将跳绳分为单绳类、双绳类和多绳类（绳子数量至少有 3 根）。

以竞赛作为分类标准,可以将跳绳分为计时计数类跳绳和花样类跳绳。

以跳绳动作结构和技术特点作为分类标准,可以将跳绳分为个人花样跳绳、车轮跳、朋友跳、交互绳和长绳类。

（三）女性进行跳绳健身锻炼的价值意义

跳绳是一项简单、易学、经济、高效的运动项目,能满足不同年龄的女性的健身锻炼需求。女性长期坚持跳绳健身锻炼,可以收到以下 5 个方面的效果。

1. 提高身体素质

跳绳不仅简单易学,还是一项全身都能得到锻炼和发展的运动项目。跳绳时,无论是落地缓冲阶段,还是蹬地阶段、腾空阶段,都需要全身肌肉的参与,能够很好地练习和发展女性肌肉的力量、耐力等身体素质。同时,跳绳运动灵活多变,可以锻炼女性的协调性、灵敏性等身体素质。跳绳健身锻炼还能增强女性身体的有氧代谢能力,全面提高女性机体的力量、速度、耐力、协调、柔韧、灵敏等各项身体素质。

2. 促进心理健康

现在的跳绳运动在传统跳绳运动的基础上,融合了音乐、舞蹈、体操、武术等元素,具有新颖性、时尚性、独特性等。跳绳不但能满足一个人自娱自乐的需要,还能满足多个人众乐的需要。所以无论是处于特殊生长期的女性青少年群体,或是学业压力比较大的女性大学生群体,还是普通女性大众群体,都可以通过跳绳释放或者宣泄内心的情绪,发挥创造力自由跳绳,体验强烈的心理刺激,增强成就感和获得感,增强自信心,促进心理健康。多人一起跳绳,为跳绳者提供了良好的社交平台和交流机会,对于满足人的社会属性需要是一条很好的途径。在众人一起参与的跳绳活动中,跳绳者可以结交新朋友,还可以培养大局意识、服务精神、协作精神等,有利于跳绳者增进良好的社会适应能力以及促进心理健康。

3. 改善身体形态

跳绳是对全身进行锻炼的运动项目。首先,跳绳的主要动作包括原地的跳动和手臂及手的摇动。该运动能够使下肢肌肉群及上肢肌肉群得到充分的牵拉和锻炼,使大腿、臀部、上臂等部位的脂肪得以燃烧,消耗人体大量的热量,是最好的减肥健身塑形运动之一。其次,跳绳时,腰部肌肉群参与运动,只需要较小的力量就能对身体的平衡性起到稳定作用。在每次的跳动过程中,腰椎都会受到来自脚接触地面而产生的向上的反作用力。这种反作用力可以加大腰部的生理压力并在不同运动负荷的作用下产生应变,增加腰部肌肉的力量及腰椎的骨量,使脊柱保持良好的生理弯曲并增强躯干的稳定性和挺拔性,保持良好的身体形态。

4. 预防疾病发生

跳绳对心肺功能的锻炼具有很好的作用。跳绳可以使人体血液获得更多的氧气,有利于呼吸系统的新陈代谢,能够促进心血管系统的健康。比较典型的例子就是起源于加拿大的“跳绳强心运动”,目前该运动已经得到了世界范围内的认可,并得到了很好的推广和应用。同时,跳绳因为能够动员人体的脂肪,降低甘油三酯、血胆固醇等的含量,可以起到预防肥胖症、高血脂等人体疾病的作用。长期的跳绳,还可以预防糖尿病、骨质疏松、关节炎、高血压、抑郁症、失眠症、更年期综合征和肌肉萎缩等疾病。

5. 提高智力水平

跳绳时需要神经系统的参与,特别是手握绳时,通过不断地重复摇绳动作可以很好地刺激手指部的穴位,促进手部的血液循环,增强脑部细胞的活力,提高大脑的判断力、想象力及思维的灵敏度等,同时还有助于协调、平衡大脑左右半球的发育,从而提高智力水平。

（四）跳绳的基本技术动作

1. 左右甩绳

两手臂向前摇绳,待绳子到达一边体侧时进行甩绳,绳子不需要过脚。完成此侧动作后,再将绳甩至另一边的体侧,完成另一侧的甩绳动作,即为左右甩绳。

技术锻炼方法:

第一,先学会单手的前摇绳或者后摇绳,再进行左右甩绳的学习。

第二,在进行左右甩绳时,两手腕要注意放松,摇绳要自然柔和。

第三,甩绳时膝盖抖动富有弹性,膝盖放松与手部的节奏一致。

第四,甩绳时身体要保持直立姿态,眼睛平视前方,面部带有微笑。

2. 并脚跳

双手持绳向前摇绳,双脚并拢跳跃过绳,绳子绕过身体一周,一摇一跳,即为并脚跳。

技术锻炼方法:

第一,首先学会用单手前摇绳或者后摇绳,将大臂夹紧、小臂放松,利用手腕的力量摇动绳子。

第二,练习双脚原地跳准备,起跳时,注意用前脚掌起跳。

第三,手脚配合一致,双手持绳,随节拍跳动。练习时注意上身不要后仰,摇绳速度均匀。先进行慢速练习,熟练后逐渐加快速度。

第四,姿势开始时,每次只需要进行一次并脚跳,熟练后再进行连续并脚跳练习。

第五,并脚跳绳时,两手腕应保持放松状态,摇绳要自然柔和。

第六,膝盖要保持放松,并与手部节奏相一致,踝关节和膝关节要富有弹性,注意用前脚掌着地。

第七,注意身体保持直立姿态,目视前方,且面带微笑。

3. 双脚交换跳

双手持绳,向前摇绳一次,两脚分先后依次向前抬,然后跳跃过绳;连续单脚交换跳跃过绳,一摇一跳,左四次、右四次,即为双脚交换跳。

技术锻炼方法：

第一，首先进行徒手动作的练习，分手部摇、脚部抬，接着再进行单手带绳跳和单脚跳动。

第二，在进行双腿交换跳动作时，两只手腕应保持放松，且摇绳时自然而柔和，注意手与脚的节奏应做到一摇一跳、一摇一抬。

第三，在进行抬脚动作时，踝关节和膝关节要放松，注意控制好高度，且动作要富有弹性。注意用前脚掌着地。

第四，注意身体呈直立姿态，目视前方，且面带微笑。

4. 基本交叉跳（间隔交叉单摇跳）

双手持绳摇动，该动作分为两拍进行：第一拍双手为直摇绳，第二拍双手为交叉摇绳。一拍一动，开、合各四次，即为基本交叉跳。

技术锻炼方法：

第一，首先进行徒手动作的练习，在原地静止练习手部动作交叉摇绳，然后再练习带绳交叉跳动。

第二，在进行基本交叉跳动作时，两只手腕保持放松状态，摇绳要自然而柔和，注意摇绳时手部交叉的位置。此外，手和脚的节奏要做到一摇一跳、一开一合。

第三，下肢部位踝关节与膝关节保持放松，注意控制好节奏和绳过脚的时机，且动作富有弹性。此外，要用前脚掌着地。

第四，注意身体呈直立姿态，目视前方，且面带微笑。

5. 开合跳

双手持绳向前摇动。将绳子摇过脚，置于空中时，双脚迅速跳跃成开，膝盖呈弯曲状态；当绳子快打地时，双脚成合并跳过绳子。一拍一动，即为开合跳。

技术锻炼方法：

第一，首先进行徒手动作的练习，分手部摇绳、脚部开合，再进行单手带绳摇和双脚开合跳。

第二，在做开合跳时，两只手腕注意保持放松，摇绳自然而柔和，注意手和脚的节奏要做到一摇一跳、一开一合。

第三，在做开合跳时，踝关节和膝关节要保持放松状态，注意控制好节奏和时机，且动作要富有弹性。此外，用前脚掌着地。

第四，注意身体保持直立，目视前方，且面带微笑。

6. 并脚左右跳（滑雪跳）

双手持绳向前摇动，使绳过脚，当绳子置于空中时，双脚并拢分别向右、向左跳，一拍一动，左右两边分别完成四次，即为并脚左右跳。

技术锻炼方法：

第一，首先进行徒手动作练习，分手部摇绳、脚部左右跳，再进行单手带绳摇和双脚左右跳。

第二，在做左右跳时，两只手腕保持放松，摇绳自然而柔和，注意手和脚的节奏要做到一摇一跳、一左一右。

第三，在做左右跳时，踝关节和膝关节保持放松，注意把握好节奏，控制好时机，动作要富有弹性。此外，用前脚掌着地。

第四，注意身体呈直立姿态，目视前方，且面带微笑。

7. 弓步跳

双手持绳向前摇动，使绳过脚。当绳子置于空中时，双脚分开成前后弓步动作；当绳子打地将要过脚时，双脚并拢跳过绳子。一拍一动，左右两边分别完成四次，即为弓步跳。

技术锻炼方法：

第一，首先进行徒手动作练习，分手部摇绳、脚部弓步跳，再进行单手带绳摇和双脚弓步跳。

第二，在做弓步跳时，两只手腕注意保持放松，摇绳时自然而柔和，此外，手和脚的节奏应做到一摇一跳、一弓一并。

8. 提膝跳

双手持绳向前摇动，使绳过脚，当绳子置于空中时，一只脚向前提膝，另一只脚直立跳跃过绳；同理，另一只脚重复以上动作。一拍一动，左右两边分别做四次，即为提膝跳。

技术锻炼方法：

第一，首先进行徒手动作练习，分手部摇绳、脚部提膝跳，接着手脚相配合进行跳动。

第二，在做提膝跳时，两只手腕注意保持放松，摇绳时自然而柔和，此外，手与脚的节奏要做到一摇一跳、一提一跳。

第三，下肢部位踝关节绷直，且与膝关节水平垂直。大腿与地面平行，注意控制好节奏与脚过绳的时机，且动作富有弹性。此外，要做到用前脚掌着地。

第四,注意身体呈直立姿态,目视前方,且面带微笑。

五、健身气功·大舞

(一)健身气功·大舞简述

"大舞"一词源于罗泌的《路史》:"阴康氏之时,水渎不疏,江不行其原,阴凝而易闭,人既郁于内,腠理滞著而多重腿,得所以利其关节者,乃制为之舞,教人引舞以利道之,是谓大舞。"在汉代《尚书》里也有习练"宣导郁淤""通利关节"的"大舞"或"消肿舞"的描述。《吕氏春秋·古乐》:"昔陶唐氏之始,阴多滞伏而湛积,水道壅塞,不行其原,民气郁阏而滞著,筋骨瑟缩不达,故作为舞以宣导之。"《黄帝内经》:"中央者,其地平以湿,天地所以生万物也众,其民食杂而不劳,故其病多痿厥寒热,其治宜导引按跷。"从以上文献资料的记述中可知"舞"与"导"直接相关,"舞""大舞"都属于"导引"的范畴,具有相同的功能。

除有关"大舞"的直接文献记载,湖南长沙马王堆汉墓出土的《导引图》人物中"舞"之特征和较多的"舞"之动作,也是编创健身气功·大舞的重要史料。在青海省大通县上孙家寨发掘的新石器时代墓葬中,出土了一件与古代气功有关的"舞"纹彩陶盆。彩陶盆绘有几组人物"舞"的形态,整个画面人物突出,神态逼真。经测定彩陶盆属马家窑文化,距今约 5 000 年。中国古代的原始崖画、壁画、帛画等记载了丰富的"舞"元素。湖北随州出土的曾侯乙编钟及其乐舞,蕴含了乐舞的多种形式,为研究原始"舞"的运动形式和运动特征提供了重要依据。由此可见,不论是"大舞"的文字记载,还是实物的"舞"之图画,均说明了中华民族祖先运用"舞"来康复疾病的真实性。这些蕴含"舞"的信息全面而丰富,为研究和编创健身气功·大舞提供了重要依据和启示。

国家体育总局推广的健身气功·大舞的突出特点是通利关节、以舞宣导,既传承了 5 000 年前的中华文化,又体现了新时代与时俱进的思想。

(二)女性进行健身气功·大舞健身锻炼的价值

健身气功·大舞在采用"升、降、开、合"的肢体动作进行锻炼时,还配合呼吸、意念,并配有统一的音乐进行健身锻炼。女性长期坚持健身气功·大舞的健身锻炼,具有重要的价值,主要包括以下几个方面。

1. 以舞宣导、通利关节

古朴典雅的舞蹈动作是健身气功·大舞的动作基础,同时又融合了导引术的"调身、调息、调神"来进行锻炼,从而起到了疏通、宣发、调理人体的气机,改善人体气血运行和关节的功能。特别是通过健身气功·大舞进行健身锻炼时,人体的指、掌、肩、肘、腕、髋、膝、踝等关节得到了屈伸、环转的锻炼,从而柔畅和梳理了关节的筋脉,疏通和调和了肢体的经络和气血;人体的躯干通过拉、抻、震、揉、旋转等得到了舞动,也使人体内在的组织得到了按揉,进而对人体五脏六腑的气血起到了舒畅和调和的作用。

2. 调练形体、颐养心神

中医学认为,"神"是人体的精、气、血、津液、脏腑、经络、四肢百骸功能活动的外在表现,是人的精神意识活动,是人体生命活动的主宰者。《素问》载"心藏神""心者,君主之官,神明出焉",又有"神乃形之主,形乃神之宅"之说,可见心神在人体生命活动中的重要作用。健身气功·大舞以优美的舞蹈元素为表现形式,通过优美的舞姿变化带动着各肌肉、关节的活动,引导着全身的运动,起到外在形体的调练作用。女性在进行健身气功·大舞的健身锻炼时,通过舞的律动、舞的风采、舞的神韵、舞的美感、舞的快乐等,可以使人体阴阳平衡、气血调和、内外协调等,产生心神颐养作用。

3. 鼓荡气息、按揉脏腑

健身气功·大舞在健身锻炼的过程中强调对呼吸吐纳的调节。自然中鼓荡气息即为呼吸吐纳。在大舞的舞动中,人体的腹部和胸部随着舞姿的变化进行拉、抻、旋转的变化,自然地进行收缩、扩张与起伏,呼吸也随着进行自然吐纳,在自然中进行气息的鼓荡。当气息鼓荡时,人体内在的膈肌会出现强有力的收缩和扩张等,从而对内在的脏腑起到按揉作用。

（三）健身气功·大舞的健身锻炼技术

健身气功·大舞的基本动作有预备势、第一式昂首势、第二式开胯势、第三式抻腰势、第四式震体势、第五式揉脊势、第六式摆臀势、第七式摩肋势、第八式飞身势、收势。

1. 预备势

技术要领:

动作一:两脚并拢,两腿自然伸直站立;两臂自然垂于体侧,两掌心轻贴腿外侧;下颌微收,头正颈直,竖脊舒胸,周身中正,唇齿合拢,舌尖放平,轻贴上腭,自然呼吸,面带微笑,目视前下方(图4-1)。

动作二：屈肘，两掌于腹前十指相对，掌心向上，缓缓上托，与膈肌同高；目视前下方（图4-2）。

图4-1　　　　　　　　　　　　　　　图4-2

动作三：接上动，动作不停。两掌指尖向前，向两侧分开外展，约与肩等宽时，向内旋腕，转掌心斜向上，指尖向侧上方（图4-3）。动作不停，两臂弧线上举，左、右手举至额部前上方约30°，两手臂夹角约90°，两臂微屈成弧形，掌心斜相对，同时配合吸气；动作略停，目视前上方（图4-4）。

图4-3　　　　　　　　　　　　　　　图4-4

动作四：两臂屈肘内收，两手收至胸前，十指相对，掌心向下，两掌下按与肚

脐同高,相距 10 厘米,引气归元;同时,屈膝下
蹲约 45°,配合呼气;目视前下方(图 4-5)。

注意事项:

(1)百会上领,周身中正,呼吸自然。

(2)松肩虚腋,腰腹放松,尾闾下垂,微微
提肛。

(3)气沉丹田,心平气和,面带微笑。

功理作用:

(1)气沉丹田,内安脏腑,外松筋骨,利于
气血运行,为练功做好准备。

(2)心神宁静,心静气定,气定神敛,利于
心理调节。

图 4-5

2. 第一式昂首势

技术要领:

动作一:接上式。左脚向左开步,脚尖向前,两脚略宽于肩,两膝自然伸直;
同时,两手臂侧起至侧平举,肘微屈,掌心向上,指尖向外;配合吸气,目视前方
(图 4-6)。

动作二:屈膝下蹲约 45°;同时抬头翘尾,脊柱反弓,沉肩落肘,腕关节外展,
掌心向上,掌根与耳同高,指尖向外,配合呼气;动作略停,目视前上方(图 4-7)。

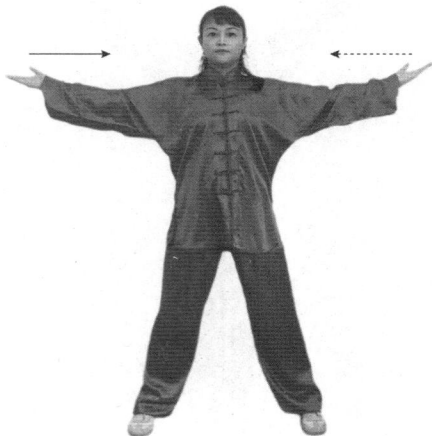

图 4-6

图 4-7

动作三:两膝自然伸直;同时下颌回收,头中正,尾闾下垂,躯干伸直,两臂

外展成侧平举,肘微屈,掌心向上,指尖向外;配合吸气,目视前方(图 4-8)。

动作四:重心右移,左脚收回并步,两膝伸直;同时两臂向上环抱,指尖相对,掌心斜向下;配合吸气,目视前方(图 4-9)。

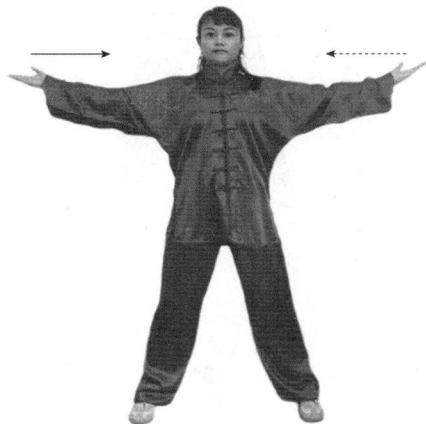

图 4-8

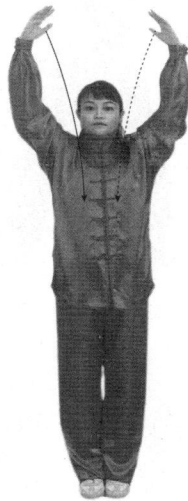

图 4-9

然后,引气归元,两掌经体前下按至肚脐同高,相距 10 厘米,指尖斜相对;同时,屈膝下蹲约 45°;配合呼气,目视前下方(图 4-10)。

动作五至动作八:同动作一至动作四,唯左右开步相反(图 4-11～图 4-15)。

本式昂首翘尾,一左一右各做 1 遍。

图 4-10

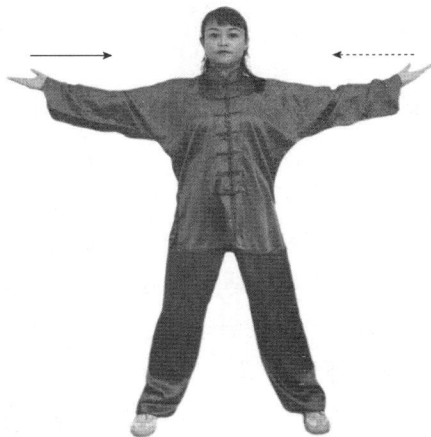

图 4-11

图 4-12

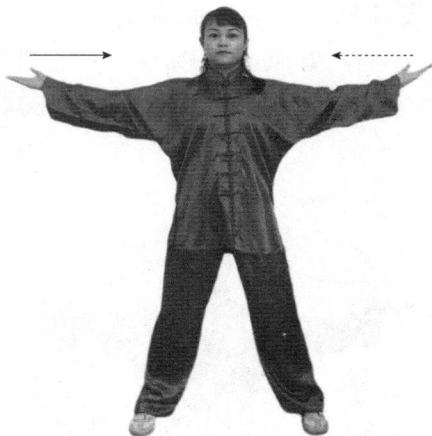

图 4-13

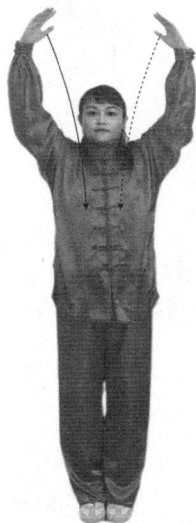

图 4-14

图 4-15

注意事项：

（1）下蹲脊柱呈反弓时，以两肩胛之间的神道穴为点，左右肩胛、头、尾部均向神道穴收敛和适度挤压，收敛挤压时肩胛稍向前，头、尾部稍向后；起身直立时，左右肩胛先松开，随之头、尾部松开。

（2）下蹲时，沉肩、坠肘、压腕（即腕关节充分伸展）。

（3）颈椎病、腰椎间盘突出患者做下蹲脊椎反弓时，要根据身体情况量力而行，动作幅度应由小到大，循序渐进。

（4）起身时，动作要缓慢。

功理作用：

（1）通过重复脊椎反弓的动作，可以有效牵引椎间关节。

（2）通过下蹲和刺激神道穴，能够增强下肢力量和平衡能力，同时对脊柱、心、肺有较好的调理作用。

（3）脊柱反弓和伸展胸腹，有利于改善胸、腹腔的血液分布。

3. 第二式开胯势

技术要领：

动作一：接上式。重心右移，左脚向左前方约30°上步，成左弓步；同时，两臂侧起至头顶前上方约30°，掌心相对，相距约20厘米，指尖向上，肘微屈；两臂侧起时，先掌心向后，侧起至45°时，两臂外旋，逐渐转掌心向上，经侧平举至头顶前上方；配合吸气，目视前方（图4-16）。

动作二：接上动，动作不停。右脚上步至左脚内侧，脚掌着地成右丁步，左膝微屈；同时，沉肩坠肘，两手下落至额前，与额相距约5厘米，掌心相对约20厘米；目视前方（图4-17）。

图4-16

图4-17

动作三：接上动，动作不停。重心在左脚，屈膝下蹲约45°；臀部向左摆，以右脚掌为支点，右膝外开，带动右腿外旋，牵引右胯；同时，两臂向两侧展开、外撑，左掌向左撑至与肩同高，掌心向右上方，指尖向左上方，肘微屈，手臂成弧形,右掌至右上方约45°,成弧形,掌心向玉枕穴,指尖向上,配合呼气,动作略停,目视左手(图4-18、图4-18背)。

图 4-18　　　　　　　　　　　图 4-18 背

动作四:左膝伸直,右脚向右前方约30°上步,成右弓步;同时,两臂侧起至头顶前上方约30°,掌心相对,相距约20厘米,指尖向上,肘微屈;配合吸气,目视前方(图4-19)。

动作五至动作六:同动作二至动作三,唯左右相反(图4-20、图4-21、图4-21背)。

图 4-19　　　　　　　　　　　图 4-20

图 4-21　　　　　　　　　　　　　　图 4-21 背

动作七：右膝伸直，左脚向左后方约 30° 退步，成右虚步；同时，两臂侧起至头顶前上方约 30°，掌心相对，相距约 20 厘米，指尖向上，肘微屈；配合吸气，目视前方（图 4-22）。

动作八：右脚退步至左脚内侧，脚掌着地，成右丁步，左膝微屈；同时，沉肩坠肘，两手下落至额前，与额相距约 5 厘米，掌心相对约 20 厘米，指尖向上；目视前方（图 4-23）。

图 4-22　　　　　　　　　　　　　　图 4-23

动作九：左腿屈膝下蹲约 45°；臀部向左摆，同时，以右脚掌为点，右膝外开，带动右腿外旋，牵引右胯；两臂向两侧展开、外撑；左掌向左撑至与肩同高，掌心向右上方,指尖向左上方,肘微屈,手臂成弧形;右掌至右上方约 45°,成弧形,掌心向玉枕穴,指尖向上,配合呼气,动作略停,目视左手(图 4-24、图 4-24 背)。

图 4-24

图 4-24 背

动作十至动作十二:同动作七至动作九,唯左右相反(图 4-25、图 4-26、图 4-27、图 4-27 背)。

本式上步一左一右开胯做 1 遍,退步一左一右开胯做 1 遍。

动作十三:接退步中的左丁步开胯(图 4-28),重心在右脚,左脚向左开步,两脚平行,略宽于肩,两膝自然伸直;同时,两臂展开成侧平举,肘微屈,掌心向上,指尖向外;目视前方(图 4-29)。

图 4-25

图 4-26

图 4-27

图 4-27 背

图 4-28

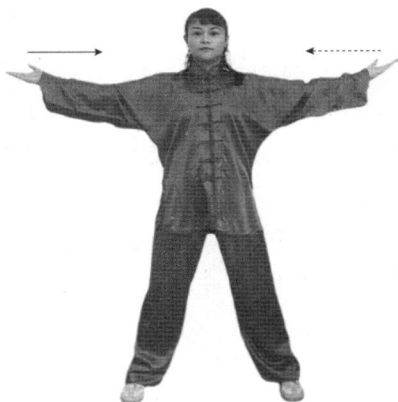

图 4-29

动作十四：两臂向头顶上方环抱，指尖相对，掌心斜向下。配合吸气，目视前方（图 4-30）。

动作十五：松肩坠肘，两掌经体前下按，引气归元，按至腹前与肚脐同高，相距 10 厘米，指尖斜相对；同时，屈膝下蹲约 45°；配合呼气，目视前下方（图 4-31）。

注意事项：

（1）向左（右）摆臀，右（左）腿外旋时要充分，且有左右的撑劲。

（2）两臂展开时，肩胛要向左右拉开；同时，头向左（右）平转。

（3）臀部左右摆动时，以胁肋部的两侧协调引伸，带动尾椎至颈椎逐节拔伸，动作要柔中带刚。

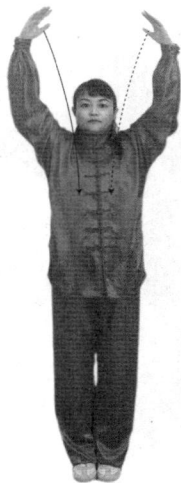

图 4-30

图 4-31

（4）上步、退步要平稳，动作应缓慢。

（5）脊柱侧屈伸时，其动作幅度要根据练习者的柔韧能力而定，不可强求。

功理作用：

（1）本式通过开合旋转来拉伸肩、髋关节，可起到以大关节带动小关节、以点带面的作用，以通利关节。

（2）在开胯时，通过脊柱做侧屈、侧伸，两臂左右伸展，牵引胁肋部，配合大敦穴点地外旋，以起到疏肝理气、疏导气血的作用，并增强下肢力量和平衡能力。

4. 第三式抻腰势

技术要领：

动作一：接上式。重心左移，右脚内扣，重心由左向右移动，以左脚跟为轴，脚尖外展约 90°，身体随之左转约 90°；同时，两掌合于膈肌处，随后微上提，掌根桡侧与胸相距约 10 厘米，指尖向前上方；目视前方（图 4-32）。

动作二：右腿自然伸直，左膝上提，小腿、脚尖下垂，脚趾内扣；同时，掌根与膻中穴同高，掌根桡侧与之相距约 10 厘米；指尖向前上方，与垂线夹角约 30°；目视前方（图 4-33）。

动作三：右腿伸直，左脚尖上跷，向前蹬出，左腿伸直；目视前方（图 4-34）。

动作四：屈右膝，左脚向左前方约 30° 上步，成左弓步；目视前方（图 4-35）。

图 4-32

图 4-33

图 4-34

图 4-35

动作五：两脚不动，躯干前倾约 45°；同时两掌向前上方伸出，先目视前上方，当手臂伸直时，下颌回收，目视前下方；同时，两臂前伸至上臂内侧贴耳，右脚跟向后下方牵引；配合吸气，动作略停（图 4-36）。

动作六：左脚不动，右脚跟离地，右脚趾抓地；同时，手臂持续向前上方引伸；配合吸气，动作略停，目视前下方（图 4-37）。

动作七：重心后移，右脚跟落地，随后屈右膝，同时，左脚掌趾翘起，左腿伸直，翘臀、塌腰、挺胸、抬头；两掌收回于膻中穴，掌根桡侧与膻中穴相距约 15 厘米，指尖向前上方，与垂线夹角约 30°；配合呼气，动作略停，目视前上方（图 4-38）。

177

图 4-36

图 4-37

动作八至动作十三：重复动作二至动作七 1 遍。

动作十四：接上动。起身，右腿微屈，左脚掌内扣约 135°（图 4-39），重心左移，右脚尖外展约 135°，同时身体右转约 180°；目视身体的前方（图 4-40）。

图 4-38

图 4-39

图 4-40

重复动作二至动作七 2 遍，唯左右相反（图 4-41～图 4-46）。本式前伸、后坐一次为 1 遍，先左 2 遍，后右 2 遍。

图 4-41

图 4-42

图 4-43

图 4-44

图 4-45

图 4-46

动作十五：左腿伸直起身，右脚掌内扣约 90°，脚尖向前，重心右移，左脚跟内碾约 45°，两脚平行，与肩同宽，直立；目视前方（图 4-47）。随后，屈膝下蹲约 45°；同时，两掌分开，转掌心向下，指尖斜相对，下按，引气归元，按至与肚脐同高，相距 10 厘米；配合呼气，目视前下方（图 4-48）。

注意事项：

（1）前抻时，手、脚两头用力延伸牵引，躯干松中有紧，节节带动。

（2）前抻时手臂、躯干、后腿成直线。

（3）重心向后时，以前脚大趾外侧的大敦穴为点跷起，同时充分翘臀塌腰。

图 4-47   图 4-48

（4）上步时要避免两脚前后在一直线上，要保持身体平稳。

（5）抻拉时避免突然用力和强直用力，要松中有紧、缓慢柔和。

（6）合掌时，两掌之间成空心。

功理作用：

（1）通过手、脚两头缓慢持续抻拉，节节引开，抻筋拔骨，打开督脉，调理三焦，促进各关节周围的肌肉、韧带及软组织的气血运行。

（2）塌腰、翘尾、挺胸、抬头，合掌收于膻中穴前，可调理任督二脉和心肺功能。通过脊柱的反向牵拉，对颈椎、腰椎及下肢关节有良好的保健和康复作用。

5. 第四式震体势

技术要领：

动作一：接上式。两腿伸直；同时，两臂侧起至侧平举，掌心向下，指尖向外；配合吸气，目视前方（图 4-49）。

动作二：屈膝，下蹲成马步；同时，两臂从体侧下落至约 45° 时，屈肘，两臂内收，与肩同宽，成弧形，上臂至前下方约 45°，两掌与肚脐同高，掌心向上，指尖向前；配合呼气，目视掌心（图 4-50）。

动作三：两腿缓慢伸直；同时，两手握固，大拇指指端掐无名指指根内侧，从小指至食指，依次内收抓握，收于腹前，拳面相对，拳心向上，拳轮轻贴肚脐两侧；目视前方（图 4-51）。

随后，重心右移，左腿屈膝上提，高于水平，小腿下垂，脚趾上跷；同时，两前臂内旋，转拳背相对约 5 厘米，两腕自然上提，拳面经耳门，提至头顶上方，肘微屈,拳面相对,相距约 10 厘米;配合吸气,目视前方(图 4-52)。

图 4-49

图 4-50

图 4-51

图 4-52

动作四:左腿放松下摆至后下方,约垂线向后 15°,同时,松肩坠肘两臂分别从两侧下落,水平时,由拳变掌,掌心向上,指尖向外。动作不停,两臂内旋下落,两侧的合谷穴轻击大腿外侧中线的胆经;配合呼气,目视前方(图 4-53)。

左脚向左开步,稍宽于肩,脚大趾至脚跟依次落地,两腿自然伸直;同时,两臂顺势侧起约 45°(图 4-54)。

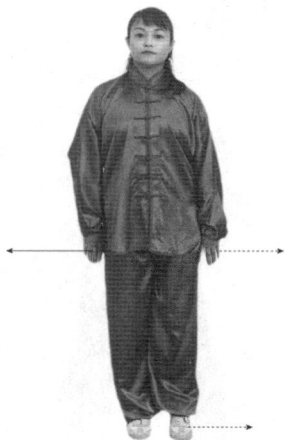

图 4-53   图 4-54

动作五：两脚不动；身体右转约 45°，带动左手，向体前划弧至前正中线，与膻中穴同高，掌心向上握固（划弧时，左臂逐渐外旋，肘微屈）；同时，带动右手向体后划弧至后正中线，与命门穴同高，掌心向上握固（划弧时，右臂逐渐内旋，肘微屈）；配合吸气，目视左手（图 4-55、图 4-55 侧）。

图 4-55   图 4-55 侧

动作六：两腿屈膝下蹲约 30°；同时，身体转正，松肩坠肘，左手拳轮轻击下丹田，同时右手拳眼轻击骶骨；配合呼气，目视前下方（图 4-56）。

动作七：两腿缓慢伸直；同时，躯干右旋约 90°，两拳变掌，左手向右伸出，肘微屈，掌心向上，与膻中穴同高，指尖向右，右手向左伸出，肘微屈，掌心向上，与命门穴同高,指尖向左;目视左手(图4-57)。

图4-56

图4-57

随后,身体转正,带动左手经右前方、前方、左前方至左,右手经左后方、后方、右后方划弧至右,两臂成侧平举,肘微屈,掌心向下,指尖向外;目视前方(图4-58)。

动作八至动作十三:同动作二至动作七,唯左右相反(图4-59～图4-66)。

重复动作二至动作十三1遍。

本式一左一右为1遍,共做2遍。

图4-58

图4-59

  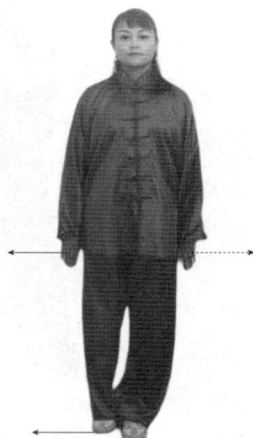

图 4-60　　　　　　　　图 4-61　　　　　　　　图 4-62

图 4-63　　　　　　　　图 4-64　　　　　　　图 4-64 侧

接第 2 遍最后一动(图 4-67)。两腿缓慢伸直;同时,两拳变掌,左手向下、向左、向上,右手向下、向右、向上环抱,指尖相对掌心向下;配合吸气,目视前方(图 4-68)。

随后,两腿屈膝约 45°;同时,两掌下按,引气归元,至腹前与肚脐同高,相距10 厘米,指尖斜相对;配合呼气,目视前下方(图 4-69)。

图 4-65

图 4-66

图 4-67

图 4-68

图 4-69

注意事项：

（1）提膝、握固上提要上下相随,向下摆腿牵引要顺势放松,下摆松髋、送膝时,引踝是关键,用力来源于动作惯性。

（2）提膝、抬臂时,配合吸气,同时向上引腰。

（3）手臂向下敲击胆经时要松肩、坠肘、引腕,在敲击气海穴和骶骨时要同步,力量来源于手臂下落的惯性。

（4）提膝的高度因人而异，不可强求。

（5）摆腿敲击时，动作轻缓。

功理作用：

（1）通过带脉和脊柱的左右旋转，增强腰部的灵活性。敲击胆经，震荡丹田，鼓荡正气，培补元气，使气有所运，筋有所养，血有所行，以增强抗病能力。

（2）通过躯干、四肢的惯性和自身重力作用下做被动牵引，伸展关节，可使髋关节、膝关节、踝关节得到牵拉，缓解长期过度负重引起的损伤，对下肢关节有良好的保健康复作用。

6. 第五式揉脊势

技术要领：

动作一：接上式。重心左移，右脚收至左脚内侧，右脚掌着地，成右丁步；同时，两臂向下、向左、向上摆，左臂摆至与肩同高时，掌心向下，指尖向左；右臂摆至左下方约45°，指尖向左。两肘微屈，配合吸气，目视左手（图4-70）。

动作二：动作不停。左腿保持屈膝约45°，右脚以脚掌为轴，带动右腿外展，展至脚尖向右；同时，臀向左摆，躯干向右侧屈至右上方，约垂线向右45°，带动左臂向上、向右摆，摆至右上方，约垂线向右上方45°，肘微屈，掌心向上，指尖向右；右手至左腋下，右手的劳宫穴与大包穴同高，两穴相距10厘米，屈肘虚腋，配合呼气，目随左手，当躯干向右侧屈约45°时，向右转头，配合呼气，动作略停，目视右下方（图4-71）。

图 4-70

图 4-71

动作三:从动作二最后的定式,按原来的动作路线,返回动作一(图4-72)。

动作四:右脚向右开步,略宽于肩,重心右移,右膝微屈,左脚收回至右脚内侧,左脚掌着地,成丁步;同时,两臂向下、向右摆,右臂摆至与肩同高,掌心向下,指尖向右;左臂摆至右下方,约垂线向右下方45°,两肘微屈,掌心向下,指尖向外;配合吸气,目视右手(图4-73)。

图4-72   图4-73

动作五:同动作二,唯左右相反(图4-74、图4-74背)。

图4-74   图4-74背

动作六:从动作五最后的定式,按原来的动作路线返回动作四(图4-75)。

动作七:同动作四,唯左右相反(图 4-76)。

图 4-75　　　　　　　　　　　　图 4-76

重复动作二至动作六 1 遍。

本式一左一右为 1 遍,共做 2 遍。

接第 2 遍最后一动(图 4-77)。左脚开步,两脚平行,稍宽于肩,两腿伸直;同时,左臂向下、向左、向上至侧平举,右臂至右侧平举,肘微屈,掌心向上,指尖向外(图 4-78)。

图 4-77　　　　　　　　　　　　图 4-78

随后,两臂向上环抱,指尖相对,相距约 10 厘米,掌心向下,手臂成弧形;配合吸气,目视前方(图 4-79)。

然后,两腿屈膝约 45°;同时,引气归元,两掌下按至腹前,与肚脐同高,相距约 10 厘米,指尖斜向相对;配合呼气,目视前下方(图 4-80)。

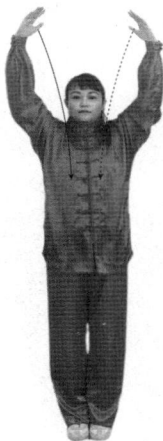 

图 4-79　　　　　　　　　　　　　图 4-80

注意事项:

(1)起脚及落脚时应轻起轻落,收髋提膝时,以腰带动。

(2)两臂向右或左上方旋转摆动时,从腰至胸,从肩至手节节引动,要求动作柔缓、飘逸。

(3)动作配合呼吸,手臂起时吸气,落时呼气。

(4)左右移步要平稳,动作幅度因人而异。

(5)上下动作相随、不脱节。

功理作用:

(1)脊柱左右侧屈、伸展,增强脊柱关节周围韧带的伸展性、弹性和肌肉力量,以维护关节的稳定性。

(2)通过侧屈、侧伸和腿的外旋,有助于疏理肝气,宣发肺气。

7. 第六势摆臂势

技术要领:

动作一:接上式。两腿屈膝约 45° 不变,下颌回收,由头经颈椎、胸椎、腰椎、骶椎,从上向下逐节缓缓牵引前屈约 45°;同时,两掌沿垂线下按至两膝之间,逐渐转指尖向下,掌背相靠,两肘微屈;目视两掌(图 4-81)。

动作二：两腿缓慢伸直，同时，由骶椎至腰椎、胸椎、颈椎、头，从下向上依次缓缓逐节伸直后成直立；两臂同时上提，两掌经前正中线提至胸前时，前臂成水平，指尖向下。动作不停，松肩坠肘，逐渐转指尖向上，转至胸前合掌，掌根与膻中穴同高，相距约10厘米，前臂约成水平；配合吸气，目视前下方（图4-82）。

动作三：两腿屈膝约45°，其他动作不变（图4-83）。

图4-81　　　　　　　　　图4-82　　　　　　　　　图4-83

动作四：膝与脚尖相对，方向不变，保持头正颈直，臀部向左、左前方缓缓摆动；同时，两掌向左、左前方缓缓推出，两臂撑圆；配合呼气，动作略停，目视左前下方（图4-84、图4-84背）。

图4-84　　　　　　　　　　　　　图4-84背

动作五：臀、臂放松还原至中正,同动作三(图 4-85)。

动作六：同动作四,唯左右相反(图 4-86、图 4-86 背)。

　　　　图 4-85　　　　　　　　图 4-86　　　　　　　图 4-86 背

动作七：臀、臂放松还原至中正,同动作三(图 4-87)。重复动作四至动作七 1 遍。

动作八：膝与脚尖相对,方向不变,保持头正颈直,向左摆臀。同时,两掌以腕为轴,向左倾斜约 45°,目视左前下方(图 4-88、图 4-88 背)。动作不停,以尾椎为点,顺时针画平圆 2 圈;同时两掌以腕为轴,以中指尖为点,顺时针画平圆 2 圈,两掌画圆时,保持与垂线约 45°;自然呼吸,目随画圈方向略微转视,至第 2 圈终点时,动作不停,尾椎及两掌向前弧线转正,目视前方(图 4-89)。

　　　图 4-87　　　　　　　　图 4-88　　　　　　　图 4-88 背

动作九：同动作八，唯左右相反（图4-90、图4-90背、图4-91）。

图4-89 　　　　　　图4-90 　　　　　　图4-90背

本式一左一右为1遍，做2遍；然后顺时针画2圈，逆时针画2圈。

动作十：逆时针画圈最后动时，两掌从大拇指至小指依次分开，转掌心向上，指尖向前（图4-92），随后由小指至大拇指依次内收，旋腕，两掌从腋下向后穿至肩胛骨下，掌心向后，指尖向下，左右腕关节贴于脊柱两侧（图4-93、图4-93背）。

图4-91 　　　　　　图4-92 　　　　　　图4-93

动作十一：两腿缓慢伸直；同时，两掌下推至环跳穴；配合吸气，目视前方（图4-94、图4-94背）。

图 4-93 背　　　　　　　图 4-94　　　　　　　图 4-94 背

随后,两臂逐渐外旋侧起,经侧平举(图 4-95)。动作不停,向上环抱,指尖相对,相距约 10 厘米;目视前方(图 4-96)。

图 4-95　　　　　　　　　图 4-96

然后,两腿屈膝约 45°;同时,引气归元,两掌经体前下按,与肚脐同高,相距约 10 厘米,指尖斜相对,掌心向下,配合呼气,目视前下方(图 4-97)。

注意事项:

(1)向左或向右摆臀时,以尾闾为着力点,腰、胸椎随势摆动,柔和缓慢,重心不左右移动。

193

图 4-97

（2）手与尾椎的方向一致，目随手走，视线经手注视前下方。

（3）摆臂时不要强拉硬拽。

（4）动作幅度由小到大，不可强求。

（5）合掌时，两掌之间成空心。

功理作用：

（1）通过摆臂动作，以尾椎带动脊柱再带动四肢运动，对脊柱及内脏起到按摩作用，可内安脏腑，增强腰、髋关节的灵活性。

（2）合掌旋转，对肩、肘、腕及掌指关节可起到推摩和牵拉作用。

（3）调理任冲二脉及带脉，对腰、腿劳损有保健康复作用。

8. 第七式摩肋势

技术要领：

动作一：接上式。两腿伸直；同时，两臂侧起至侧平举，掌心向下，指尖向外；配合吸气，目视前方（图 4-98）。

动作二：重心右移，左脚掌内扣约 45°，随后重心左移，左腿微屈，右腿伸直，右脚掌趾跷起，以右脚跟为支点，外撇约 90°；同时，身体右转约 90°（图 4-99）。动作不停，重心向后，向前俯身，带动两臂立圆抡臂，左臂向上、向前、向下至左掌心轻贴右脚尖，左指尖向前下方，左肘微屈，同时，右臂向下、向后、向上至后上举，右掌心向上，指尖向后上方，右肘微屈；配合呼气，动作略停，目视前下方（图 4-100、图 4-100 背）。

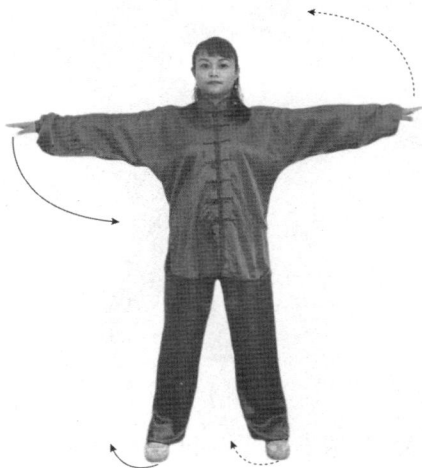

图 4-98

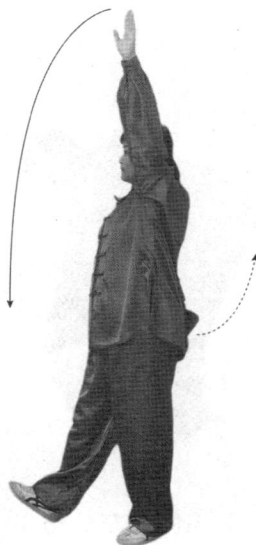

图 4-99

图 4-100

图 4-100 背

　　动作三:右臂屈肘,右掌收至右腋下,掌心向内,指尖向下(图 4-101)。随后,右脚向右后约 30° 退步,重心后移,成左虚步,同时,躯干直立,随之左旋;右掌根沿腋中线向下推摩,向下超过髋关节,随之,右手向前划弧上摆,摆至前正中线,与膻中穴同高,右肘微屈,掌心向下,指尖向前;同时左掌经左髋外侧弧线上提,提至腋下,掌心向内,指尖向下;配合呼气,目视右手(图 4-102)。

图 4-101

图 4-102

动作四：左脚向左后约 30° 退步，重心后移，成右虚步，同时，躯干右旋；左掌根沿腋中线向下推摩，向下超过髋关节，随之，左手向前划弧上摆，摆至前正中线，与膻中穴同高，左肘微屈，掌心向下，指尖向前；同时，右掌向下，经右髋外侧弧线上提，提至右腋下，掌心向内，指尖向下；配合呼气，目视左手（图 4-103）。

动作五：同动作四，唯左右相反（图 4-104）。

动作六：同动作四。

图 4-103

图 4-104

动作七：接第 4 次退步摩肋最后一动（图 4-105）。左腿屈膝下蹲，右腿伸直，右脚掌趾离地跷起，重心向后，同时身体前俯；左掌下按，左掌心轻贴右脚尖，指尖向前;右臂向下,经右髋关节外侧弧线摆至后上方,成后上举,掌心向上,指尖向后上方;配合呼气,动作略停,目视前下方(图4-106)。

图4-105　　　　　　　　　　图4-106

动作八:起身,右脚掌内扣约135°。动作不停,重心右移,左脚掌趾跷起,外撇约135°,左腿伸直;身体左转约180°。动作不停,重心向后,俯身,带动左臂内旋,并向前、向上经头顶弧线向下、向后至后上举,掌心向上,指尖向后上方,肘微屈,带动右臂向下,从右向上经头顶向前、向下,右掌心轻贴左脚尖,指尖向前;配合呼气,动作略停,目视前下方(图4-107~图4-109)。

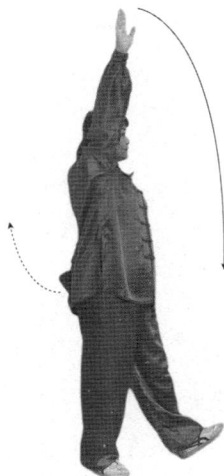

图4-107　　　　　　　图4-108　　　　　　图4-109

动作九至动作十三：重复动作三至动作七，唯左右相反（图 4-110～图 4-115）。

本式左边退 4 步，4 次摩肋。右边退 4 步，4 次摩肋。4 次摩肋为 1 遍，左右各做 1 遍。

图 4-110

图 4-110 侧

图 4-111

图 4-112

图 4-113

动作十四：接动作十三最后一动（图 4-115）。左脚掌内扣约 90°，脚尖向前，随后重心稍左移，右脚跟内碾约 45°，两脚平行，与肩同宽，两腿伸直；同时，起身向右转体约 90°，身体中正，带动右臂内旋向前、向上，经头顶上方至右侧平举，掌心向上，指尖向外；左臂向下，从左向上至左侧平举，掌心向上，指尖向外；目视前方（图 4-116）。随后，两臂向上环抱，指尖相对，相距 10 厘米，掌心斜向下，手臂成弧形;配合吸气,目视前方(图 4-117)。

图 4-114

图 4-115

然后,两腿屈膝约 45°,同时,引气归元,两掌经体前下按,与肚脐同高,相距约 10 厘米,指尖斜相对,掌心向下;配合呼气,目视前下方(图 4-118)。

图 4-116

图 4-117

图 4-118

注意事项:

(1)以腰带动脊柱做左右旋转,牵引躯干两侧的胁肋部;同时,掌根从大包穴开始经腋中线向下摩运,推摩要顺达,节节贯穿,连绵不断,眼随手走,心平气和。

(2)摩肋时,下丹田之气引动腰,以腰带肩,以肩带臂,以臂带腕,行于手指,引气令和,动诸关节。

（3）本式要求身体的协调性较好,通过练习不易协调的动作,可提高身体的协调性。

（4）在开始教学和练习时,可把动作分解,如先练退步,再练站立姿势摩肋,然后再整体练习。

功理作用:

（1）通过抡臂、攀足和腿的屈伸,可增强肩关节的灵活性和下肢的柔韧性。

（2）通过两手对两肋、大包穴的按摩及脊柱左右拧转,可促进肝的疏泄和脾的运化功能。

9. 第八式飞身势

技术要领:

动作一:接上式。重心右移,右腿伸直独立,左腿屈膝提起,小腿自然下垂,脚尖向下;同时,两臂侧起,稍高于肩,肘微屈,掌心向下,指尖向外;配合吸气,目视前方（图4-119）。

动作二:右腿屈膝,左脚向左前方约30°上步,脚尖向前;同时,两臂向前下方划弧,两臂自然下落,左臂至左前方,右臂至右前方,肘微屈,两掌与肚脐同高,掌心向下,左手指尖向左前方,右手指尖向右前方;配合呼气,目视前下方（图4-120）。

图 4-119

图 4-120

动作三:重心左移,左腿伸直独立,右腿屈膝提起,小腿自然下垂,脚尖向下;同时,两臂侧起,稍高于肩,肘微屈,掌心向下;配合吸气,目视前方（图4-121）。

动作四:左腿屈膝,右脚向右前方约30°上步,脚尖向前;同时,两臂向前下方划弧,两掌自然下落,与肚脐同高,肘微屈,掌心向下,左手指尖向左前方,右手指尖向右前方;配合呼气,目视前下方(图4-122)。

图4-121　　　　　　　　　　　　图4-122

动作五:重复动作一至动作四1遍,唯第4步是右脚落在左脚内侧并步,两膝微屈(图4-123、图4-124)。

图4-123　　　　　　　　　　　　图4-124

动作六:两腿缓慢伸直;同时左臂向前上方约45°划弧上举,左手举至前正中线,肘微屈,掌心斜向下,指尖向前上方;右臂向后下方约45°弧线下摆,右手摆至后中线,肘微屈,掌心斜向上,指尖向后下方;配合吸气,目视左手(图4-125)。

动作七:两膝微屈,头向右平转,躯干向右回旋;同时,左臂外旋、右臂内旋,上臂与前臂之间约为120°角,左上臂保持水平线向上约45°,掌心向外,指尖向前上方,右上臂保持向后下方约 45°,掌心向外,指尖向后下方;配合呼气,动作略停,经右转视左下方(图 4-126)。

图 4-125

图 4-126

动作八:两腿缓慢伸直;同时肩、髋放松,带动左臂内旋,右臂外旋至侧平举,掌心向下,指尖向外;配合吸气,目视前方(图 4-127)。

动作九:两腿屈膝下蹲约 30°;同时,松肩坠肘,两掌弧线下按,与肚脐同高,左、右掌按至左、右前下方,指尖方向与此对应;配合呼气,目视前下方(图 4-128)。

图 4-127

图 4-128

动作十:重复动作一至动作七,唯上步改为退步,且先退右脚(图 4-129~图 4-135)。

图 4-129

图 4-130

图 4-131

图 4-132

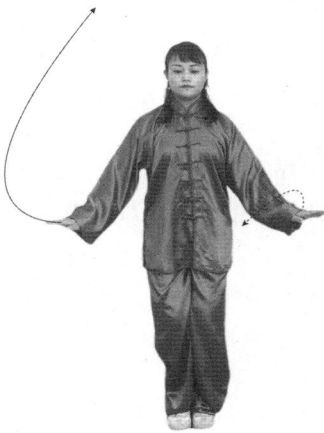

图 4-133

图 4-134

重复动作八,唯左右相反,两臂侧平举时,掌心向上(图 4-136)。

图 4-135   图 4-136

本式上 4 步为 1 遍,退 4 步为 1 遍,前后各 1 遍。

注意事项:

(1)在身体起伏、上步和退步时,脊柱在前后方向有小幅度蠕动,两臂划弧要连贯,轻松自然。

(2)两脚并拢后不移动,躯干充分向左或向右旋转时,两臂要上下牵拉旋转,要求松紧适宜,协调配合。

(3)旋转动作以脊柱为中心,头要平转,动作缓慢。

(4)转头、脊柱旋转要循序渐进,幅度由小到大。

(5)上步、退步要平稳,配合呼吸。

(6)松中有紧,紧中有松,松紧转换要缓慢。

功理作用:

(1)通过两臂带动全身的气血升降;脊柱的前后蠕动和左右旋转,牵引三焦、任督二脉、带脉等周身的经络,起到理顺全身气血的作用,为收势做好准备。

(2)通过胸腹的上提和下落按摩内脏;脊柱旋转刺激中枢神经和神经根,牵引内脏,对脊柱的小关节有理筋整骨、通络活血作用。

10. 收势

技术要领:

动作一:接上式。两臂向上环抱,指尖相对,相距 10 厘米,掌心斜向下;配合吸气,目视前方(图 4-137)。

动作二:引气归元,两掌沿体前缓慢下按至与膈肌同高时,转掌心向内,两掌向下与肚脐同高,掌心与肚脐相距 10 厘米,掌心对下丹田,指尖斜相对,相距 5 厘米;配合呼气,目视前下方(图 4-138)。

重复动作一至动作二 2 遍。

上抱下按为 1 遍,共做 3 遍。

接第 3 遍最后一动(图 4-139)。两臂放松,自然下落,两掌心轻贴腿外侧;自然呼吸,目视前方(图 4-140)。

图 4-137　　　　图 4-138　　　　图 4-139　　　　图 4-140

注意事项:

(1)手臂环抱,引气归元时,以下丹田为中心,要有内敛之势,掌心对下丹田时,动作稍停。

(2)动作宜松、柔、自然流畅;心静体松,气定神敛。

(3)练功结束后,应做搓手、洗脸、叩齿、鸣天鼓、摩腹、拍打等放松动作。

(4)练功后应适当饮水。

功理与作用:

收敛心神,引气归元。

第三节 女性特殊时期的健身锻炼项目选择与实践

女性的身体结构和生理功能是女性健身锻炼能力的基础。女性的激素周期性分泌使女性月经周期出现规律性的变化,并对健身锻炼能力存在一定的影响。健康女性在妊娠期进行有规律的适量的健身锻炼,对母体和婴儿都是有益的。女性在绝经期进行适度的健身锻炼,对于女性身体和心理也会产生积极影响。那么在女性不同的时期,选择合适的健身锻炼项目并进行实践就显得尤为重要。

一、女性妊娠期的健身锻炼项目选择与实践

妊娠期是女性生命过程中一个最为特殊的时期。在这段时间内,女性的身体随着妊娠期的推进也会发生巨大的变化。那么,女性妊娠期内是否能进行健身锻炼? 以前人们的观点是,女性怀孕后尽量不要进行健身锻炼,因为容易造成流产等严重后果。但是在当今社会,人们越来越认识到女性在孕期的不同时间段选择科学合理适量的健身运动,对于确保母婴的健康是非常重要的。

(一)妊娠期女性进行健身锻炼的意义

1. 增强孕妇及胎儿的体质

女性在妊娠期坚持科学的健身锻炼,可以增大心脏的输出量以及血容量;可以增强肌肉的力量;可以增加呼吸系统和人体新陈代谢的储备能力;能够促进血液循环,增加氧的吸入,提高血液中氧含量,加快羊水循环,让胎儿获得足够的氧气和营养,对胎儿的大脑进行刺激,促进胎儿的平衡器官、呼吸和循环功能、感觉等更好发育;还可以增强免疫力。

2. 减少或者消除女性孕期的不适症状

女性妊娠期进行适量的健身锻炼,可以提高关节的灵活性和肌肉的柔韧性,帮助女性预防和缓解孕期体内胎儿生长增重等原因造成的疲劳、腿部浮肿、肩痛、背痛、抽筋、骨盆不适、便秘以及孕吐等不适症状,这对于保持正确的身体

姿势和承载体内胎儿的增重等是非常重要的。

3. 有助于孕期女性控制体重和预防疾病

女性妊娠期坚持适度的健身锻炼,可以提高身体的代谢率,增加体内多余脂肪的代谢消耗,有利于控制体重,并预防妊娠期糖尿病、妊娠期高血压等疾病及其并发症的发生。

4. 有助于改善妊娠期女性的心理状态

女性妊娠期坚持健身锻炼,会实现女性注意力的转移,使其不再关注孕期带来的身体上的不适和精神上的疲惫,可以全身心投入健身锻炼中,从而减轻女性的情绪压力,改善睡眠质量,保持良好的心理状态。

(二)适合妊娠期女性的健身锻炼项目与实践

并非所有的妊娠期女性都适合进行健身锻炼。一般情况下,女性如果有肾脏、心脏疾病,怀有多胞胎,有流产史,有胎盘前置,有宫缩,出现不规则的出血等,都不适合在妊娠期做健身锻炼,需要调养身体。但是,如果女性平时体质比较好,则可以在孕期3个月到28周内进行一些适量的健身锻炼。身体状况良好的女性,也可以在28周后适当进行健身锻炼。

根据妊娠期女性的生理特点和心理特点,女性在此时期不宜进行剧烈的健身锻炼,也不能做具有撞击性的健身锻炼。一般情况下,一些中低强度的健身锻炼项目,如控制呼吸的健身运动、有氧健身运动、伸展健身运动、锻炼骨盆肌的健身运动、强化肌肉训练的健身运动等比较适合妊娠期的女性,例如游泳、散步、瑜伽、孕期体操、普拉提等。散步、孕期体操和游泳等可以增强女性的心肺功能,对肌肉进行锻炼,游泳还可以放松受力较重的腰部。游泳的姿势宜适当改变,建议仰泳、蛙泳等交替进行,改变体位,使身体得到放松。瑜伽、普拉提等健身锻炼方式可以使女性的韧带、肌肉等变得有弹性、变得柔软等,从而有利于生产。

女性在妊娠期进行健身锻炼,一定要在专业人士和医生的建议下进行,根据个人的情况制订合适的健身锻炼方案。健身锻炼项目、方法和强度一定要在安全可控的范围内,保证自己和胎儿的安全与健康。

(三)妊娠期女性健身锻炼的注意事项

(1)女性在妊娠早期由于胎盘形成,流产的概率较高,还容易出现妊娠反应等,从而导致身体比较虚弱,此时不建议进行健身锻炼。

(2)女性在妊娠期进行健身锻炼,主要以选择中低运动负荷的健身锻炼项目为主,健身锻炼时要注意安全,避免摔倒等情况的发生。

(3)女性在妊娠期进行健身锻炼的时间长短需要根据自身的情况、环境温度和湿度等来确定。如果女性体质比较好,每次运动保持在30分钟左右即可,如果女性体质较差,运动时间则需要循序渐进。

二、女性月经周期的健身锻炼项目选择与实践

几乎每个女性都会在每个月的1/6到1/4的时间内出现独特的生理现象——月经。月经的出现会在一定程度上对女性的健身锻炼起到影响。如果女性在思想上,对经期的卫生知识不了解等,认为经期不适合运动,在身体上,有时出现胃肠不适、腹部疼痛等生理反应,在情绪上出现焦虑、激动等,都会影响女性参与科学合理的健身锻炼的主动性。但是科学研究发现,女性在经期进行适当的健身锻炼对于女性健康是十分有意义的。所以,鼓励女性在经期进行科学的健身锻炼。

(一)经期女性进行健身锻炼的意义

1.减轻生理反应,增进身体健康

大多数女性在经期都会或多或少有不良生理反应。通过进行科学的健身锻炼,可以减轻或者消除这些生理反应。比如经期女性进行科学的健身锻炼会很大程度改善经期内分泌系统的调节功能;会促进全身血液循环,使生殖器和盆腔的血液循环得到改善,较少充血。健身锻炼增加了肌肉的力量,特别是对于腹肌和盆底肌肉的收缩和舒张具有积极作用,有利于经血排出体外,能够减少经期出现子宫收缩的现象,防止月经期间出现的小腹下坠感、腰部的酸痛和腹部的疼痛。经期进行科学健身锻炼,还可以提高机体的抵抗能力,还有助于减肥健身、改善睡眠质量、加快身体的恢复等。

2.调节不良情绪,促进心理健康

女性经期容易表现出烦躁、激动、忧郁、焦虑等不良情绪。此时,适当地进行科学的健身锻炼,可以在一定程度上对人体的神经系统起到调节作用,可以减弱交感神经的活动,可以调节大脑皮质的兴奋和抑制过程,还能促进多巴胺分泌等,这对缓解经期女性的不良情绪,让心情变得更加轻松愉悦,增进女性的

心理健康具有积极作用。

（二）适合经期女性的健身锻炼项目与实践

在女性经期，并非所有的女性都适合进行健身锻炼。一般情况下，女性如果有月经量过多、有严重的痛经或者有功能性的子宫出血等，是不可以进行健身锻炼的。但是，如果女性平时体质比较好，则可以进行一些适量的健身锻炼。

女性在进行健身锻炼时，可以根据自己的爱好、身体素质等选择项目。在健身锻炼过程中，不能进行剧烈运动，要选择节奏缓慢、动作轻柔舒缓的健身项目，比如健身气功·大舞、徒手操、瑜伽、普拉提、舞蹈、慢走、慢跑、形体操、运动负荷小的羽毛球等。通过这些健身项目的锻炼，有助于女性的血液循环，加快血液流通，减少身体不适，缓解心理压力，促进精神愉悦。

女性在经期，一般建议进行中小运动负荷的有氧健身锻炼，避免运动时间过长和运动强度过大而导致的运动负荷过大。运动负荷的大小可以根据女性的本体感觉来判断。如果健身锻炼时，身体微微出汗，感觉比较舒适，能够比较轻松地完成健身锻炼，健身锻炼后肌肉没有出现比较强的不适感，则运动负荷比较合适。一般情况下，建议经期女性进行 20 分钟左右的有氧健身锻炼，体质比较好的女性，也可以适当延长健身锻炼时间，但建议不超过 30 分钟。

（三）经期女性健身锻炼的注意事项

（1）一些剧烈的健身锻炼项目不能做，比如到健身房做剧烈运动或者快跑等，更不能去游泳等。因为这些健身锻炼可能引起子宫的过度收缩，进而可能引起经血的倒流（当子宫腔内的血经过输卵管流到腹腔内，则为经血倒流）。在经血倒流过程中，有些子宫内膜可能也会流到女性的腹腔内，就有可能引起子宫内膜异位症。经期游泳，由于水温较凉，低于体温，对女性身体健康不利；同时，女性在经期宫颈口是略微开放的，如果游泳池的水倒灌入宫腔，容易诱发感染。

（2）健身锻炼后，女性如果感到疲劳、发现出血量暴减或者突增，则应立即停止锻炼，必要时需要及时就医。

（3）女性经期进行健身锻炼，需要遵循循序渐进原则，不宜突然增加健身锻炼的运动负荷。

（4）女性经期要尽量避免在严寒、酷暑、湿度过大、雾霾、烟尘等情况下进行室外锻炼。

（5）女性经期进行健身锻炼后，不要吃刺激性食物和生冷的食物。合理的膳食、充分的营养补充能够为经期健身锻炼带来更好的效果。

三、女性更年期的健身锻炼项目选择与实践

在女性的一生中,更年期是一个非常特殊又非常重要的时期。我国社会老龄化的速度不断加快,我国进入更年期的女性数量也不断增多,更年期的女性健康更加需要引起重视。女性从中年步入老年的过渡期为更年期。更年期也指女性的卵巢功能从开始衰退到完全停止,并且女性从生育状态进入非生育状态的一段时期。伴随着女性更年期,女性的内分泌系统、神经系统和生殖系统等都发生了变化,在此阶段的骨质疏松、肥胖、心血管疾病等会明显增多,并且还会出现出汗、潮热、睡眠不好、泌尿生殖道疾病、骨关节肌肉疼痛等更年期的其他症状。那么,女性如何顺利地度过这个人生的必经阶段,健康地迈入人生的下一个阶段,延缓衰老的速度,是每个中年女性必须面对的问题。研究证明,健身锻炼是有效预防与改善女性更年期相关症状的较好方法和途径。

(一)更年期女性进行健身锻炼的意义

1. 预防骨质疏松

雌性激素对女性体内钙的代谢具有影响,它能刺激女性骨细胞的活动,加速骨的生长等。更年期女性由于雌性激素的逐渐减少或者缺乏,会因为脱钙而出现骨质疏松的现象。众所周知,运动是预防骨质疏松较好的方法和途径。当女性在进行健身锻炼时,来自人体外部的机械负荷的变化需要骨骼通过调整自身的结构、质量和力量来适应。健身锻炼可以使更年期女性骨骼得到一定强度的刺激,并能让骨骼产生相应的超量恢复。健身锻炼对更年期女性来说可以比较好地预防骨质疏松。

2. 控制体重并预防肥胖

年龄的增长、女性体力活动的减少、女性基础代谢率的降低等,都会造成女性体重的增加,因此更年期女性的肥胖现象也更加明显。这会对更年期女性的身心健康造成严重影响。女性更年期雌性激素的缺乏也会降低瘦素敏感性,引起脂肪的堆积和肥胖的发生。女性通过健身锻炼,能够加快人体的新陈代谢,加快体内能量的消耗,起到控制体重并预防肥胖的作用,同时可以减少与预防因为体重增加而带来的关节负担加重、血糖异常、血脂异常等疾病。

3. 缓解女性更年期综合征

更年期女性进行科学健身，有助于对人体肌力和肌耐力的提高，对防治中年期女性的腰背酸疼等具有明显的效果；有助于减少久坐的时间，使腰部肌肉力量得到加强；有助于人体脂肪的代谢，使脂肪含量减少。因为人体脂肪与潮热发生率呈正相关，因而科学健身可以使女性的中度和重度潮热的发生率降低。久坐、潮热等与睡眠质量有关系，久坐和潮热症状的缓解，可以很好地改善更年期女性的睡眠。

4. 有利于更年期女性的心理健康

更年期女性进行健身锻炼，可以改善心理状态，能有效缓解女性的焦虑。研究发现，几乎所有的健身锻炼都可以减少女性的心理焦虑。中等强度的有氧锻炼可以改善更年期女性体内的雌性激素水平，加快自由基代谢水平，缓解更年期的抑郁、心理焦虑等不适症状。特别是像瑜伽、太极拳等一些正念的健身锻炼，对焦虑等有显著的减轻效果。

（二）适合更年期女性的健身锻炼项目与实践

更年期女性基于其生理特点和心理特点，选择合适的健身锻炼项目、健身锻炼负荷等进行健身锻炼，对健康具有重要意义。为了减重、减肥，可以选择中低等运动负荷的健身锻炼项目，比如健美操、舞蹈、抗阻力量训练等；为了促进心血管功能的改善，可以选择中等运动负荷的健身锻炼项目，比如慢跑、游泳、快步走、骑自行车等；为了促进更年期女性的自主神经对心脏的调节，可以选择中等强度的健身锻炼项目，比如快步跑、快步走、大负荷的抗阻练习等；为了减轻焦虑、改善抑郁等，可以进行正念的健身锻炼，如太极拳、瑜伽和健身气功等。

更年期女性进行健身锻炼的运动频率和运动时长与健身锻炼目的密切相关。比如通过健身锻炼达到维持女性更年期心理健康的目的，健身锻炼的运动频率建议每周进行 4 次左右，运动时长为每次 30～45 分钟。一般采用强度低、负荷小的健身锻炼，用来缓解女性在学习、工作和生活中产生的心理压力，改善抑郁、紧张和焦虑等情绪问题。

更年期女性健身锻炼强度的高低与本体感觉有密切的关系。研究发现，当 40—55 岁的中年女性参与健身锻炼时，女性主观感觉汗流浃背时，心率为 125～140 次/分，此时运动强度为 70%；女性主观感觉是出汗、感觉良好时，心率为 110～130 次/分，此时运动强度为 50%～60%；女性主体感觉为心情愉快,感到活动比安静状态好时,心率为95～100次/分,此时运动强度为30％～40％。所以更年期女性可以根据自己的本体感觉来确定运动强度,在健身锻炼时可以灵活增减运动强度,来满足自己健身锻炼的需要。

(三)更年期女性健身锻炼的注意事项

女性进入更年期,由于雌性激素的分泌水平下降,会产生生理和心理上的一些变化,比如心血管的活动功能水平会逐渐下降,骨量的丢失不断加快,皮下脂肪堆积的速度也会增加,还可能会导致情绪低落、焦虑、多疑等精神方面的影响。更年期女性在开展健身锻炼时要充分认识到自身发生的这些变化,在锻炼过程中规避和预防运动损伤。

1. 选择合适的运动时间

一天当中早晨空气新鲜,身体精力充沛;傍晚人的体力等各项指标达到峰值,人体氧摄入量达到最高,因此早晨和傍晚是锻炼身体的最好时机。但是要注意,刚吃饭后不宜马上进行活动,应休息1～2小时后再进行锻炼。

2. 健身锻炼前的注意事项

运动前,首先要了解自己的身体状况是否适合参加锻炼,穿好合适的运动服装,不要佩戴、携带尖锐的物品,认真检查运动场地和设施是否安全可靠,关键是要做好热身准备活动,提高肌肉、神经系统的兴奋性,提高身体的反应速度和协调性,以降低运动伤害发生的概率。

3. 健身锻炼中的注意事项

在健身锻炼中,要充分了解运动项目的动作要领及方法,熟悉器材的性能,掌握其使用方法,严格遵守相关操作规程。不宜参加过于剧烈的高强度运动,要根据自身条件,选择相对轻快的运动项目,按照循序渐进的原则调整运动负荷,从小到大、由易到难,做到动静适宜。

4. 健身锻炼后的注意事项

运动结束后要做恢复整理活动,使心脏逐渐恢复平静,使人体能够更好地从紧张状态过渡到安静状态,否则容易引起贫血、心慌等不良现象。还要保证运动后的科学饮食,如运动结束5分钟后饮水,半小时后进食,以保证身体能量的正常恢复。

5. 控制健身锻炼过程中的情绪

更年期的女性容易存在情绪不稳定的问题,比如烦躁易怒、容易激动、情绪低落等。如果在生气或者悲伤时参加锻炼,这种负面情绪将会直接影响到身体生理机能的变化,在心脏及其他器官上留下痕迹,从而增加运动损伤发生的概率,影响到人体健康,因此参加健身锻炼时应尽量保持良好平稳的心理状态和情绪。

6. 有持之以恒的决心

人到中年尤其更年期阶段,由于身体机能的退化以及精神状态的懈怠,大多不愿参加健身锻炼。而在认识到健身锻炼的重要性后,就应从心理上克服"三天打鱼,两天晒网"的坏习惯,持之以恒地参加健身锻炼,才能收到良好的健身锻炼效果。

第五章

老年人科学健身的项目选择与实践

本章导语

我国已经逐步进入了老龄化社会。目前,老年人的数量在持续增长,老年人占我国人口的比例也在增长。社会的稳步发展与老年人密切相关。特别是老年时期,大部分人的身体会较中青年时期出现体质下降、机能下降等现象,所以老年人的健康问题成为全社会的一大热点。本章主要阐述了老年人的特点、老年人进行科学健身的原因及意义,老年人养生保健的健身锻炼项目选择与实践、老年人四季健身的健身锻炼项目选择与实践等,从而让读者了解老年人的特点,并通过选择合理的、科学的健身锻炼项目与实践,来促进老年人的健康行为,增强老年人群的体质,改善老年人群的健康,提升老年人的晚年生活质量等。

学习目标

(1) 了解老年人的生理和心理特点。

(2) 明确老年人进行科学健身的原因及意义。

(3) 掌握老年人养生保健的健身锻炼项目选择与实践。

(4) 掌握老年人四季健身的健身锻炼项目选择与实践。

第一节　老年人科学健身

　　我国老年人的健康是当今社会发展过程的一大重要问题。党和国家对老年人的健康也给予了高度重视和亲切关怀。在政策支持下,在全社会的关爱下,老年人进行科学健身,对提高老年人的身心健康、延缓衰老的速度、享受高质量的晚年生活等具有重要意义。但是老年人是极其特殊的群体,在健身锻炼过程中,需要对其生理特点和心理特点、年龄特征、环境条件、个人爱好等进行了解,然后有针对性地选择适宜的健身锻炼项目,从而达到科学健身与预防疾病的目的,也可以减少或者避免老年人因为健身锻炼不适而引起的身体损伤。

一、老年人的生理特点和心理特点

　　自然界中,生物体自成熟期开始,会随着年龄的增长发生不可逆的退行性变化。这些变化受到遗传因素的影响,并且是渐进的、全身复杂的结构与生理功能的变化,称为衰老。人类循序渐进地发生衰老变化,并且人类的衰老受到先天遗传因素和后天环境因素等多方面因素的影响。通常状况下,人类身体的基本功能是随着年龄的增长而降低的,其自我的平衡能力、自我的稳定能力也会随着年龄的增长而出现显著的下降。

　　当人进入老年,人的生理和心理都会发生相应的变化。下面将对老年人的生理特点和心理特点进行较为详细的阐述。

(一)老年人的生理特点

　　随着年龄的增长,特别是进入老年期以后,人体细胞、组织、器官等会出现进一步的退化,人体的许多生理机能也会随之下降,发生各种疾病的危险性也会随之上升。

　　老年人的衰老,最明显的变化则是外形的改变。比如皮肤变薄、皱纹增多、皮肤松弛、干脆等;比如头发变白和脱落;比如身躯或多或少地出现老年性弯曲。引起老年性弯曲的原因是老年人肌肉的萎缩、皮下脂肪的减少以及脊柱椎间盘的改变等。

老年人在运动系统方面的生理特点：由于老年人代谢功能和内分泌功能的改变，大多数老年人都会出现骨质疏松或者骨萎缩的现象，表现为骨皮质变薄，骨密度降低，进一步降低骨骼的韧性和弹性，骨骼变脆且容易发生骨折等。

老年人在神经系统方面的生理特点：由于老年人大量的神经细胞发生萎缩或者死亡、脑血管出现硬化、脑血流的阻力增加、脑的耗氧量和血流量降低、脑血液循环减慢等因素，老年人会出现大脑皮质神经过程的抑制和兴奋转换速度减慢，神经过程的灵活性降低。这样调节各个器官、各个系统活动的功能就会减弱，新的条件反射的建立就会较为困难，对刺激的反应比较迟钝，记忆力也开始减退，神经细胞的工作耐力变差，容易出现疲劳并且体力恢复较慢等问题。

老年人在心血管系统方面的生理特点：由于老年人的心脏实质细胞数减少，心肌纤维化，心脏发生淀粉样变，容易使供应心脏血液的冠状动脉发生粥样硬化和心肌萎缩，导致心肌的收缩能力减弱，人体脉搏下降，血液循环变得缓慢，流至人体各脏器的血量减少，人体承受负荷的能力也会出现明显的减退。

老年人在呼吸系统方面的生理特点：由于老年人的肺组织的弹性降低、间隔出现萎缩、肺泡融合、氧弥散功能下降等原因，老年人的呼吸功能出现明显的减退。同时，老年人呼吸肌韧带弹性减弱和力量减少，肋软骨出现钙化等，减小了胸廓的活动幅度，降低了肺脏的通气功能和换气功能。除此之外，有的老年人会出现桶状胸等胸廓畸形，更对呼吸功能的减退起到了加重作用。

先天的遗传因素和后天的环境因素等多方面都会对人体的衰老造成影响，所以老年人具有共性的生理特点的基础，也存在个体的差异，并且机体的不同器官的衰老速度也是不同的。事实上，一些生理功能并不随着年龄的增长而发生变化，比如血容量、血液的 pH 在安静的状态下，不会随着年龄的变化而发生变化。

（二）老年人的心理特点

老年人所具有的身体生理特点、老年人所处的社会环境、家庭环境、疾病因素等都与老年人的心理特点有着密切的关系。

在生理特点上，老年人的大脑和神经系统的退化，会使老年人自身的感觉能力降低，也使老年人的思维能力、记忆力减退等，这就会给老年人带来一种心理上的不适应，随之带来了老年人患阿尔茨海默病、抑郁症等疾病风险的提高等。同时，老年人自身各种生理功能的下降，或者伴随着疾病的影响等，会使老年人心理上存在不安全感和消极情绪。

老年人的生活也会因为退休或者家庭等原因发生一定的改变。由于退休离开原有的工作岗位,缺少同事、朋友的工作氛围等,老年人心理上会产生孤独感。老年人的好友、亲属等的相继离世,也会对老年人的心理带来影响,老年人容易出现悲观、失望的情绪,面对疾病与死亡也会产生恐惧的心理。老年人退休后在家的时间比工作期间要多,又具有固执、暴躁等性格倾向,在家庭生活中容易产生矛盾。

针对老年人的心理特点,老年人一旦出现相关的心理问题,就需要适当地对自己的心理状态进行调节,保持乐观豁达的生活态度,这对于老年人安度晚年生活是必不可少的。

二、老年人进行科学健身的原因和意义

根据世界卫生组织发布的一项调查数据,全球每年因为缺乏锻炼而死亡的人数有 300 多万,有超过 1/4 的成年人因运动量不足而面临疾病的威胁,缺乏运动锻炼已经成为全球第四大死亡风险因素,仅次于高血压、吸烟、高血糖。研究也显示,身体活动的缺乏造成了 6%～10% 的全球非传染疾病的死亡,对于缺铁性心脏病等一些特定疾病,造成的死亡比例甚至更高。慢性病与身体活动不足存在较强的联系,并且随着年龄的增长,这种联系表现得越强烈。所以老年人进行积极主动的科学健身,增强健康体适能,对于维持与促进老年人的健康具有重要作用。老年人进行科学健身对老年人的影响主要表现在以下几个方面。

(一)科学健身对老年人运动系统的影响

人体衰老的一个重要标志就是肌肉工作能力的下降。从 30 岁开始,人体的肌力就开始减弱。长期从事体力劳动的人群比从事非体力劳动的人群,机体的肌力减弱得慢。肌纤维数量的减少和肌纤维体积的减小是骨骼肌发生退行性变化的主要特征。在健身锻炼中,采用抗阻训练作为健身锻炼的手段,可以促进蛋白质的合成,保持肌肉的体积和力量,降低肌肉的衰老速度。经常把太极拳作为健身锻炼的老年人比不经常进行健身锻炼的老年人肌力减弱延缓 10～20 年。老年人通过健身锻炼引起的肌力变化和年轻人的肌力变化是基本相似的,但是肌力变化的原因不一样。老年人是通过力量训练增加神经刺激来动员体内更多的运动单位参与健身锻炼工作实现增进力量的变化,年轻人则是通过依靠力量训练促进肌肉肥大来增进力量的变化。

对人类健康造成严重危害的一种全身性的骨骼疾病是骨质疏松。大多数的

老年人因为代谢功能和内分泌功能的改变,比较容易出现骨质疏松。对于老年人来讲,参与健身锻炼可以延缓老年人衰老过程中的失骨作用,延缓骨骼系统的衰老,对于防治老年性的骨质疏松具有积极作用。科学健身过程中选择不同的健身锻炼方式对老年人的骨骼系统的影响也是不一样的。老年人的健身锻炼要加强力量练习的内容,增强肌肉的力量,降低老年人的体脂百分比,保持较高的瘦体重,利于老年人的健康。

在 30 岁左右,人体生命过程中的骨质会达到最大值。从此以后,人体的骨质将会逐渐减少。女性每年骨质减少的速度要比男性每年骨质减少的速度快,女性减少的速度是每年 1%,男性减少的速度是每年 0.5%。稳定骨钙的一个重要因素是人体内的雌性激素。绝经后的女性会出现雌性激素缺乏的现象,会导致女性骨质丢失的速度加快,减少的速度是每年 2% 左右。绝经后的女性,当然包括老年女性,参加健身锻炼,可以刺激雌性激素的生成,增加雌性激素的浓度,从而增加人体内骨矿的含量,为老年人运动系统的功能奠定基础。

(二)科学健身对老年人身体成分的影响

进入老年后,人的身高会随着年龄的增长而降低。造成这种现象的主要原因是肌肉的萎缩、椎骨退化、椎间盘压缩、脊椎后凸、运动减少、腰背肌肉对于脊柱的直立难以维持等。同时,坐高也会随着年龄的增长而下降,胸围和肩宽也会变小等。为了延缓老年人身高、坐高下降的速度、肩宽和胸围等变小的速度,进行科学健身势在必行。老年人增加健身锻炼,会对上述现象有所缓解。应选择增强人体肌肉力量的健身锻炼项目,或者选择易筋经、大舞等具有抻筋拔骨、展肩扩胸、濡养关节等作用的健身锻炼项目,有利于延缓老年人身高、坐高的下降和肩宽、胸围的变小。

人体的成分会随着年龄的增长而发生很大的变化,特别是体内的脂肪含量的变化尤为突出。个人的遗传因素、健身锻炼以及饮食习惯等都会对人体的脂肪含量产生重要的影响。研究显示,随着年龄的增长,人体的体脂含量会增加。人体体脂含量的增加与体育锻炼减少、饮食摄入量增加、脂肪动员能力下降等三个因素有关。针对这一现象,科学地进行健身锻炼尤为重要。为了有效地氧化老年人体内的脂肪,降低老年人体内的脂肪含量,科学健身时要选择有氧运动项目。因为有氧运动项目可以消耗体内的脂肪。同时,也可以通过进行抗阻运动等健身锻炼方法来增加老年人的瘦体重。上述两种方法都可以改变老年人的身体成分,利于老年人的身体健康。

（三）科学健身对老年人氧运输系统的影响

氧运输系统主要和呼吸系统、循环系统等密切相关。下面将从几个方面就科学健身对老年人氧运输系统的影响进行阐述。

1. 呼吸系统

老年人由于机体的衰老，呼吸系统也发生着重要的变化，会出现肺的弹性结构退变、肺泡体积增大、呼吸肌虚弱等，从而造成肺的扩散能力下降、肺的弹性下降、肺的通气能力下降、呼吸变得无力等。在健身锻炼时，比较容易出现呼吸做功增加、呼吸困难、肺动脉压增加、加重心脏的负担等。在健身锻炼过程中，老年人可以选择慢跑、快步走、游泳、太极拳、健身气功等比较安全的有氧运动项目，这样可以增加呼吸肌的力量，提高呼吸肌的耐力，推迟呼吸肌的老化进程，也可以提高肺的通气量，增加潮气量，有助于呼吸机能节省化现象的出现等。

2. 循环系统

老年人心脏生理性老化以心肌萎缩为主要表现。心脏发生纤维样变化，可以引起心内膜的硬化、心肌的硬化，从而导致心脏泵的效率降低，人体每分钟进行有效循环的血量减少。同时，老年人冠状动脉的老化，引起心肌本身的血流量减少，人体循环系统的携氧量减少，严重者则会出现心肌供血不足等现象。随着年龄的增长，冠状动脉的血流量也相对较少，从而降低了心肌纤维酶的活性。心脏作为泵的功能随着年龄的增长变化并不显著，但是心电图会有一些变化。心脏血管的水平降低比较明显的时候是进行体力负荷之后。

老年人长期进行有规律的健身锻炼，可以减缓衰老导致的心功能下降。如果长期不进行有规律的运动，心肌收缩蛋白 ATP 酶的活性将出现持续下降的现象。老年人可以选择游泳进行健身锻炼，建议每周进行 5 次，每次进行 15 分钟以上的游泳，心肌收缩蛋白 ATP 酶的活性将不会出现持续下降的现象。随着年龄的增长，最大心率会出现下降，并且最大心率不会因为健身锻炼而出现不下降的现象。交感神经活动的减弱，传至窦房结的神经冲动减少等可能是老年人最大心率下降的原因。

老年人的血管壁出现生理性硬化的现象更加明显。血管壁的弹性减退常常伴有血管壁脂质的沉淀，从而进一步地加剧老年人血管的脆性和硬化。老年人血管的硬化可以使血压的调节作用降低，血管外周的阻力增加，从而经常会使老年化的血压升高。除此之外,存在于器官和组织中的毛细血管会随着年龄增长而减少其有效数量,从而容易引发组织营养障碍,血管的脆性增加,老年人就更加容易发生脑血栓、脑出血等意外。

相关研究证明,运动可以对心脏舒张末期的回血量起到限制作用,运动可以延缓由于年龄的增大而引起的人体安静状态下的收缩压的上升等。坚持耐力运动,可以使老年人心脏的容量变大、改善动脉氧差等。

老年人在进行科学健身时,可以选择太极拳、健身气功八段锦、健身气功六字诀、健身气功易筋经、散步、秧歌舞、长跑、游泳等健身锻炼项目,从而使老年人的心血管机能得到适应性的变化。在这些健身锻炼项目中,健身气功能够改善老年人的脑血管壁的弹性,对老年人的脑动脉硬化起到良好的缓解作用;太极拳、长跑、健身气功易筋经、游泳等项目的健身锻炼可以对老年人的甲襞微循环起到改善作用;太极拳对治疗老年人的高脂血症、高血压、缺血性心脑血管疾病、老年慢性支气管炎、哮喘、冠心病等起到明显的疗效。

此外,老年人的血液也会随着年龄的增长而发生变化,会出现黏、浓、凝、聚等状态,在临床上被称为高黏滞血症(HVS)。高黏滞血症能够导致血液流变异常和微循环的血管状态异常,对组织器官的功能产生直接影响,与许多的心脑血管疾病存在一定的关系。研究表明,健身锻炼能够对老年人的血液流变等产生积极的影响。在老年人科学健身的过程中,选择门球、舞蹈、长跑、太极拳等健身锻炼项目,也可以对老年人的血液流变学指标产生良好的影响,从而预防老年人冠心病、动脉硬化等心脑血管疾病的发生,利于老年人的身体健康。

(四)科学健身对老年人神经系统的影响

老年人因为衰老,会出现中枢处理信息的能力下降、感受器退化、平衡能力下降、神经系统的工作能力下降等神经系统的变化。主要表现在睡眠不稳定、视力下降、反应时间延长、记忆力减退、机体容易疲劳、疲劳后恢复较慢等。中枢处理信息的能力下降是由于老年人脑细胞的减少。神经肌肉活动能力的下降主要是由于老年人的脊髓运动神经元数目减少、神经冲动传导速度减慢等,表现出复杂反应时变慢、简单反应时变慢、运动时延长等。大脑的功能比其他大多数的组织更容易受到血液供应不足的影响。大脑需要持续的氧供应,才能完成大脑的功能。脑动脉硬化和脑血流量的下降会导致大脑缺氧,降低神经系统的功能。老年人经常进行健身锻炼,可以推迟血管的硬化,增强心血管系统的功能,利于大脑的供氧和供血。多做一些能够对中枢神经系统的神经反射通路活跃性增强的健身锻炼,对延缓老年人的衰老,特别是神经系统的衰老具有重要作用。

(五)科学健身对老年人免疫系统的影响

老年人对既往接触的抗原或者未接触的抗原产生反应能力的下降是老年人细胞免疫功能下降的主要表现。随着年龄的增长,老年人体液中的免疫功能会发生变化。老年人容易患病的主要原因是老年人体液中自身抗体的发生率增高,自身抗体会与体内相对应的自身组织抗原发生反应,从而造成体内组织的损伤而引发自身免疫性疾病。

老年人进行科学健身,可以使体内血液中的白细胞介素增多,从而使自然杀伤细胞的活性增强,起到消灭病毒和癌细胞的作用,提高老年人的免疫功能。

(六)科学健身对老年人血脂代谢的影响

动脉粥样硬化是老年人常见的疾病之一。动脉粥样硬化与脂代谢密切相关。人体的胆固醇、甘油三酯和载脂蛋白等的代谢与动脉粥样硬化关系密切。低密度脂蛋白胆固醇和极低密度脂蛋白胆固醇能够将全身脂肪转向细胞,其中包括血管内皮细胞。高密度脂蛋白胆固醇有助于降低患有动脉粥样硬化的风险,主要是由于其具有促进消除外周组织胆固醇的作用。

大量研究显示,脂代谢紊乱容易导致缺血性心脑血管疾病的发生。科学健身可以防止老年人脂代谢紊乱,降低其患心脑血管疾病的风险。通过健身锻炼,可以提高高密度脂蛋白胆固醇、高密度脂蛋白胆固醇和甘油三酯的比例,降低血清胆固醇、甘油三酯和低密度脂蛋白胆固醇。老年人在进行健身锻炼时,可以选择长跑、太极拳、步行、健身操、门球等项目。除此之外,营养对脂代谢的作用是很重要的。在老年人的膳食结构中,要控制胆固醇含量高的食物的摄入量。老年人控制血脂水平的最有效手段则是将健身锻炼与饮食结合起来。

第二节　老年人养生保健的健身锻炼项目选择与实践

大多数老年人为了延缓衰老、保持健康等,比较注重养生保健。科学健身对于老年人的养生保健具有比较重要的意义。老年人在科学健身时,对于健身锻炼项目的选择与实践,要结合自身的生理特点、兴趣爱好、健康状况、健身目的等加以综合考虑。老年人进行科学健身,首先要提高健身锻炼的兴趣,养成健身锻炼的习惯,这也可以使健身锻炼长期坚持下去。只有长期坚持锻炼,才能为健身目的的达成提供保证。在健身锻炼过程中,也要采取科学的手段与方法对健身锻炼项目进行实践,这对健身目的的达成、预防健身锻炼损伤的出现等具有重要作用。

一、健身走

(一)健身走的特点

在日常生活中,走是人身体活动形式中最普通的,也是健身锻炼手段中最主要的一种。走是一项全身性的运动,参与走的人体肌肉达到70%,并且在走的健身锻炼过程中,人体的所有器官组织都得到了调动,且积极活跃。同时,走的运动强度不大,是一种比较缓和的健身锻炼方式,对于运动能力有所下降的老年人来说,是一种比较安全的健身锻炼方式。

(二)健身走对老年人的锻炼价值

1. 增强机体的运动素质

在进行健身走锻炼时,人体的上肢、下肢、腿部、腰部、臀部等各个关节和部位都参与运动,上下肢需要前后摆动,腿部、腰部、臀部需要前后扭动。通过锻炼,能够增强肌肉的力量,特别是增强下肢肌肉的力量和下肢关节的稳定性。这对于老年人来讲非常重要。老年人因为肌肉力量的减弱,特别是下肢肌肉力量衰退,很容易发生身体不稳定,甚至摔倒等现象。健身走增加其下肢肌肉的力量和下肢关节的稳定性,对防止老年人的摔倒具有积极作用。健身走还可以提高老年人的全身协调性,提高身体的平衡能力,还可以提高下肢各部位关节、韧带、肌肉的柔韧性等运动素质。

2. 缓解精神紧张并促进心理健康

老年人虽然有很多的时间可以充分利用,但是难免会由于家庭因素、疾病因素和其他因素而精神紧张,出现抑郁、失眠、血压升高、心率加快等症状。而健身走是一种比较缓慢的运动,通过锻炼,可以让老年人的大脑得到积极休息,使老年人的心态保持平和,对减轻抑郁、改善睡眠、调整血压、减慢心率等具有明显的效果。

3. 预防与治疗慢性病

健身走是一项全身性的锻炼项目,能够对全身 70% 的肌肉进行锻炼,促进全身的血液循环。对于老年人来讲,健身走可以预防与治疗缺血导致的心脑血管疾病等慢性病。同时,健身走对呼吸系统有积极影响,能够增加肺的通气量,增加肺的弹性,使呼吸变得顺畅等,这对哮喘、慢性支气管炎等慢性疾病也具有预防与治疗作用。长期坚持锻炼,会对上述慢性病和其他慢性病有明显的预防与治疗效果。

4. 减肥瘦身效果好

长时间的健身走能够增加体内脂肪的消耗量,促进体内多余脂肪的代谢,降低体脂比,能够起到减肥瘦身的效果,可以避免肥胖的发生。研究显示,每小时行走 3 000 米,持续行走 1.2～1.5 小时,可以提高人体 50% 的新陈代谢率。

5. 有助于疲劳的消除

在进行健身锻炼时,人体全身的毛细血管扩张,能够向人体输送更多的营养和排泄更多的代谢产物,促进人体的新陈代谢,加快疲劳的消除。在环境良好的情况下进行健身走的锻炼,通过身体的运动、视觉的感受、心灵的体验等,神经的兴奋点能够得到转移,对于消除精神上的疲劳具有良好作用。

(三)健身走的基本技术动作

1. 健身走的头部和躯干技术动作

健身走时,人体的头部和躯干部位要保持正直,快速运动时,身体需要略向前倾,两眼要向前看,适当挺胸和收腹,这将会使健身者运动时更加舒适、更加轻松。

2. 健身走的上肢技术动作

健身走时肩关节需要保持放松,手臂需要稍微弯曲。一般情况下,肘关节的弯曲角度在 90° 左右比较适宜。随着速度的加快,肘关节的弯曲角度也需要发生相应变化,比如在快步走的时候,屈肘的角度为 80°～100°,并且屈肘的手臂以肩关节为轴进行前后摆动,来完成上肢的摆臂动作。如果在摆臂时,两手臂前后很好地活动而非让其在身体两侧随意摆动或者晃动,健步走则可以成为名副其实的全身运动。

摆臂的主要作用包括以下几个方面:保持健身走时身体的平衡;使肩部的

关节与肌肉得到锻炼；促进人体的血液循环，保证人体在健身走时各种生理活动的正常；影响下肢步频，一般情况下，摆臂的速度越快，下肢的步频就越快，健步走的速度也随之越来越快。

3. 健身走的下肢技术动作

健身走时下肢的动作主要是通过下肢关节肌肉的摆动来完成的。人体髋关节的灵活性以及下肢肌肉的力量等都会对下肢的摆动产生影响。一般情况下，髋关节的灵活性越高，下肢肌肉的力量越大，下肢的摆动幅度越大，步幅则越大。但是步幅并非越大越好，要根据健身者的具体身高和腿的长度来合理调整。一般下肢的步幅是身高的 1/3，这样在健身走过程中肌肉不会因为过度的收缩与伸展而引起肌肉的僵硬等。

踝关节在健身走时要保持适度的紧张。足部在健身走时要保持一定的顺序，即健身者的身体重心按照脚后跟、足外侧小足趾、大足趾的顺序进行变化，健身者两个脚掌的受力则会均匀。

在健身走时，健身者的摆臂、步幅、步速和身体姿势等方面都对健身效果产生影响。所以，健身走时要注意各个身体部位动作技术的科学性、合理性，从而保证健身走技术动作的正确性，充分发挥健身走对老年人健康的促进作用。

（四）健身走的锻炼方法

健身走的锻炼方法一般包含散步、快步走、倒步走、踩石子、登楼梯等。

1. 散步

日常生活中，人们能够轻松完成并且比较多见的健身走锻炼方法之一就是散步。散步更多的是为了进行锻炼或者娱乐，因为散步作为步行锻炼方法是比较悠闲轻松的。散步让全身各系统的功能更加协调，是一种十分有效的健身锻炼方法，不但有利于身体方面的锻炼，而且有利于消除心理紧张和改善情绪等，对于身体进入衰老状态的老年人来讲，是合适的健身锻炼方法。

老年人进行散步健身锻炼时，要对散步的正确身体姿势进行比较好的掌握，才能达到健身锻炼的效果。正确的散步姿势要求身体要自然、放松，要抬头挺胸，向前平视，收腹收臀，头和脊柱要保持在一条直线上，两肩放松，两手臂要自然下垂并协同两腿进行自然的摆动，脚也要放平并柔和地着地等。整个散步的动作完成要自然，身体不僵硬。两臂交替前后摆动，两腿交替屈膝向前摆动，足跟先着地并滚动到足尖时，另一侧的腿开始屈膝前摆并足跟先着地，如此交替反复完成散步的整个运动过程。散步时下肢步幅的大小没有统一的要求,因为散步是放松的健身锻炼,步幅根据参与散步锻炼的老年人的自身情况而定。

2. 快步走

快步走作为健身走的锻炼方法之一对于步幅、步速和步频是有一定要求的。一般情况下,快步走的步幅要求稍大或者适中,快步走的步频要加快,快步走的步速也较快。同时,快步走的运动负荷也要求稍大,一分钟内一般要求运动130~250米。快步走虽然较散步的运动量稍微大一点,但仍然是比较中等负荷的运动,对于老年人来讲,也是比较简单有效的健身锻炼方法之一,特别是对于一些疾病患者的健康恢复与促进也具有良好的效果,比如高血压病患者、肠胃病患者和慢性关节炎患者等。

快步走要达到良好的健身锻炼效果,也需要掌握正确的身体姿势。快步走时,头要抬起来,两肩要下垂,胸要挺起来,腹部和臀部要收起来。在快步走的过程中,两臂与两腿相互协同摆动。两手臂做前后摆动时,肘关节要成90°,两手臂在体侧自然摆动,尽量不要远离体侧做不正确的摆动,同时要求两手臂摆动的高度不能高于胸部,两手臂摆动的幅度要随着步幅的变化而进行调整。一侧腿向前摆动,脚后跟着地后要迅速地滚动到脚前掌着地,另一侧的后脚开始离地,整个动作过程要求柔和不生硬。两腿的交换频率变快时,步幅要尽量保持稳定。

3. 倒步走

倒步走就是人在进行健身走时,身体要在正常向前走的基础上转体180°,进行向后走的健身运动。倒步走也是健身走的健身锻炼方式之一。倒步走时,两腿交替向后进行运动,增加了大腿后肌群的肌肉力量,同时也增加了腰背部肌群的肌肉力量。倒步走时,因为与正向的走步方向相反,对于人的小脑的平衡性具有重要锻炼作用,对于提高人体的协调性、灵活性、稳定性等也具有积极作用。倒步走要求完成运动动作时要集中精力,防止出现身体不协调导致的身体晃动或者倒地等现象,所以对于人的心理安定以及神经的自律性起到增强作用,能够促使肌肉组织和神经系统得到比正常的健身走运动更加全面的健身锻炼。倒步走更加适合于肥胖一些的老年人,同时也适合于慢性腰部疾病以及腰部损伤患者的康复锻炼。倒步走还可以防治老年人的脑萎缩等。

倒步走的锻炼方式也有很多种,这里着重介绍摆臂式倒步走和叉腰式倒步走两种锻炼方式。

第一种:摆臂式倒步走。

摆臂式倒步走的正确身体姿势包括头部不能上抬,眼睛要平视前方,上体要自然正直,腰部要放松,身体不能后仰。在运动过程中,当一侧腿支撑地面时,另一侧腿要屈膝后摆然后下落,以脚前掌先着地,然后滚动到全脚掌着地,此时身体的重心移至另一侧的腿,如此往复,左右腿和左右脚交替完成后退锻炼。两臂也做前后摆动动作并且要配合好两腿的动作,在完成动作时要自然。步幅一般不要过大,1~2个脚长即可。

第二种:叉腰式倒步走。

叉腰式倒步走的正确要求包括头部不上抬,眼睛要向前平视,身体不后仰,上体要自然正直。左右腿的交替运动和摆臂式倒步走的要求一致。行走的过程中两臂要弯曲,两手要叉腰。两手的拇指要向后按在人体的肾俞穴上。肾俞穴位于人体第2腰椎两侧旁开1.5寸(两横指宽)处。按压肾俞穴的频率为每后退一步按压肾俞穴一次。在运动的过程中,可以一直向后倒步走,也可以先向后倒步走一定距离或者一定步数,再正向前走一定距离或者一定步数。因为肾俞穴是人体养生保健的要穴,点按刺激肾俞穴可以起到强肾壮腰的效果,所以叉腰式倒步走不但能够让全身的肌肉、关节、韧带等得到良好的锻炼,还可以起到强肾壮腰的效果,这对于老年人来讲具有重要作用。

4. 踩石子

由于社会的发展,人们的居住场所和环境也发生了改变。现代人很多都居住在社区之中,社区之中的公共活动或者锻炼的小路上,都会铺垫石子。铺垫石子的小路除了具有美化环境的作用,还具有健身锻炼的效果。人们可以在石子铺成的小路上进行健身走的锻炼,即踩石子。踩石子锻炼是一项缓慢、安全的健身走锻炼方式,对于老年人来讲是一项比较好的健身锻炼方式。

踩石子锻炼对人体的健康具有良好影响。中医学认为,人的身体上有700多个穴位,这些穴位分布在人体的不同部位,对于人体的健康有着重要的意义。在人的脚底部也分布着很多的穴位,这些穴位很多位于人体的足少阴肾经、足厥阴肝经、足太阴脾经三条经络上。通过在石子上走路,可以对这些穴位和经络进行按摩刺激,增强足少阴肾经、足厥阴肝经、足太阴脾经足底部穴位的气血以及三条阴经的气血,对人体起到养生保健作用。踩石子时可以穿薄底的运动鞋,也可以赤脚。两者相比较而言,赤脚在石子上进行锻炼还可以增进脚部直接与大地的接触,利于大脑神经的调节和人体血压的降低等。

5.登楼梯

登楼梯也是健身走的一种健身锻炼方式,主要实现方式是上下往返走楼梯。登楼梯对于在高层住宅楼居住、在高层楼工作的人群来说,是一种很好的室内健身锻炼方式。登楼梯最大的特点就是不受天气环境的影响,健身者可以在任何天气情况下进行锻炼。相关研究表明,一个人登楼梯的高度每增加1米,则人体所消耗的热量相当于散步28米;每登高6层楼,则人体所消耗的热量相当于慢跑500米。登楼梯的运动负荷并不大,运动也比较安全,对于老年人来说也是一项比较不错的健身锻炼方式。

登楼梯作为健身锻炼方式对人的健康具有积极作用。登楼梯是一项有氧健身运动。在运动过程中,下肢的肌肉、关节和韧带等的活动能力得到了增强,除此之外,人体的颈部、背部、腰部和上肢关节的肌肉、韧带等也参与运动。通过锻炼,不但能够增加机体的肌肉力量,还可使人体的血液循环加快,肺活量变大,能量代谢得到促进等,有利于人体血液中高密度脂蛋白含量的提高,有利于改善人体的心肺功能。老年人长期坚持登楼梯的健身运动,对于预防冠心病、高血压等具有重要作用,对于肥胖人群来说具有很好的瘦身效果。

(五)健身走的注意事项

虽然健身走简单易行,锻炼效果明显,但是对于老年人来讲,在进行锻炼的前中后等不同阶段,有些事项需要引起注意。健身走的注意事项主要包括以下几个方面。

1.健身走的环境

老年人在进行健身走之前,首先要对天气进行了解。如果空气清新、天气比较晴朗,则可以进行户外的健身走。其次,老年人进行健身走的场地要尽量选择在公园或者其他平坦的场地,这样可以避免崴脚、摔倒等危险。健身走时,要注意控制好身体,特别是倒步走时要注意方向。

2.健身走的着装

健身走的时候,着装要尽量满足健身者的舒适性、健身锻炼效果的实用性。健身走的着装主要包括衣服和鞋子,当然天气炎热或者寒冷环境下进行健身锻炼还需要佩戴合适的帽子和手套。健身走的服装最理想的是用合成材料做成的衣服,或者是人造的和天然的材料混纺而成的衣服。用这些材质做成的健身走服装有利于身体运动过程中汗液的排出和皮肤的换气。同时,健身走的鞋子也非常重要。对鞋子最基本的要求是合脚,在合脚的基础上选择软底、弹性好、透气性好、防滑效果好、重量较轻的鞋子。

3. 健身走的时间

对于老年人来讲,健身走的时间选择非常重要。健身走的时间包括健身走的时间带以及健身走锻炼时间的长短两部分。

首先是健身走的时间带。一般情况下老年人起床比较早,早晨空气新鲜的时间可以进行健身锻炼。上午 9 点到 11 点空气比较好的时候可以进行户外健身锻炼。下午 5 点到 7 点的傍晚时候是一天中空气中含氧量最高的时候,也是人体血压调节最平衡的时间,还是人体视觉、触觉和嗅觉最敏感的时间。人体体力由于受到"生物钟"的控制,此时也是人体体力达到高峰的时间。因此综合来看,傍晚的时间进行健身走的锻炼效果应该比较好。如果是饭后进行健身走,需要在吃完饭 45 分钟以后再进行锻炼,否则会增加肠胃负担,引起身体的不良反应。

其次是健身走锻炼时间的长短。健身走锻炼时间的长短要根据健身者个体的情况和健身锻炼的目的来确定。一般体力好的老年人可以进行时间较长或者距离较长的健身走,体力一般或者比较差的老年人则可以进行时间稍短一些或者距离较短一些的健身走。如果想要同时达到减肥瘦身的锻炼目的,则需要延长运动的时间,一般运动时间要长于 30 分钟。健身者可以按照每小时行走 5 000 米的配速,进行 30 分钟左右的有氧健身走运动。如果仅仅是为了放松一下,健身走的时间以健身者的本体感觉为主,只要健身者感觉舒服,时间长短都可以。

4. 健身走的负荷

在健身锻炼的过程中,最重要的原则是循序渐进。健身走作为健身锻炼项目的一种,也要遵循循序渐进的原则,即健身走的负荷要由小到大,具体体现在健身走的时间要由短到长、健身走的距离要由短到长、健身走的配速要由低到高。老年人在进行初次锻炼或者长时间没有进行锻炼时,健身走的负荷要小,可以先进行短时间或者短距离的健身走锻炼。待健身者机体适应后,能够轻松完成现有健身走的运动时间、运动距离、运动配速,并且健身走锻炼后食欲佳、睡眠好,次日没有感到心率加快、头痛、心悸、心慌、身体乏力、无力等症状,再增加健身走的负荷,否则就要降低健身走的负荷。

二、健身跑

跑作为健身锻炼项目,是目前开展最为广泛的项目之一。在国内比较具有影响意义的跑的比赛即是马拉松比赛。近年来,马拉松比赛越来越受到广大人民群众的喜爱,参与此项运动的健身者也越来越多。健身跑没有马拉松比赛那么高的强度,也没有田径比赛的高水平要求。强度适宜的健身跑是适合老年人的健身锻炼项目。

(一)健身跑的特点

(1)健身跑和健身走一样简便易行,同时对于场地、器材、装备等没有过高的要求。健身跑的项目比较容易开展,并且健身锻炼效果明显,这是广大健身者选择健身跑进行健身锻炼的主要原因。

(2)健身跑的锻炼形式灵活多样、方便掌握,锻炼时间、锻炼强度、锻炼负荷也容易掌控,几乎每个健身者都可以根据自己的身体状态和时间来确定锻炼的方式和锻炼的负荷,以满足锻炼需要。

(3)健身跑是比较安全的健身锻炼项目,一般进行锻炼时姿势正确、负荷适宜就不容易受伤。并且,在健身锻炼后,健身者恢复期比较短,通过一定调节,短时间内就会恢复到安静状态下的水平。

健身跑深受中老年人的喜爱,同时也受到年轻人的喜欢。随着人们生活水平的进一步提高、全民健身运动的进一步开展,人们对健身锻炼的需求也日益增长,越来越多的人加入健身跑中。健身跑的广泛开展,不仅对全民健身的实现具有重要的价值,也对改变现代人的生活方式、增强全民的健康体质具有重要意义。

(二)健身跑对老年人的锻炼价值

健身跑作为适合老年人的健身锻炼项目,对老年人的身心健康具有重要的意义。健身跑对老年人的锻炼价值主要体现在以下几个方面。

1.对运动系统的作用

健身跑是全身性的健身锻炼项目。老年人经常参加健身跑锻炼,可以对老年人的骨代谢过程起到加强作用,可以使骨皮质增厚,骨骼保持或者增粗,防止骨质疏松、骨脱钙和骨折,还可以对胸廓、脊柱的变形以及腰椎间盘的萎缩或者突出起到预防作用。健身跑还可以对老年人关节的灵活性、柔韧性和牢固性等起到增强作用。所以说经常参加健身跑,能够对老年人的颈、肩、腰、膝等骨关节的退行性病变起到有效防止作用。同时,健身跑的锻炼可以增强身体肌肉的力量和弹性,防止肌肉萎缩和肌肉无力等,增强老年人的运动能力。

2. 对呼吸系统的作用

长期坚持健身跑对于增强老年人的呼吸系统功能具有积极作用。通过锻炼,可以使胸廓的活动度加强,使呼吸肌的收缩能力提高,使肺脏的换气和通气的功能得到改善,使人体的摄氧能力得到提高,进而使人体全身的新陈代谢水平得到提高。所以说经常参加健身跑,对老年人的肺部及器官的退行性变化起到延缓作用,同时对于老年人会患有的咽炎、鼻炎、肺炎和气管炎等呼吸系统疾病具有预防作用。

3. 对神经系统的作用

健身跑是人体在关节、肌肉、韧带、器官等有规律的协调作用下而进行的健身锻炼。老年人长期进行健身跑的锻炼,可以使神经的抑制与兴奋、传导机制和反应机制等机能得到明显的提高和改善,也能使老年人对于外界的适应能力得到进一步的增强,起到延缓衰老的作用。

4. 对心血管系统的作用

健身跑的锻炼能够提高老年人的心脏功能。具体表现为健身跑降低了血流中总胆固醇的含量,增加了冠状动脉的血流量,改善了心肌的营养,加强了心肌的收缩能力,加大了每搏输出量,从而对心脏的泵血功能起到了有效的提高,进而对老年人冠心病、高血压、脑血栓、动脉硬化、脑出血等心脑血管疾病的发生起到预防作用。

5. 对肝功能的作用

老年人进行健身跑时,会加快体内糖的代谢。体内增加的糖的消耗量会提高肝脏对于运动需要的供糖能力。所以长时间坚持健身跑锻炼的老年人,其肝脏的工作能力得到了良好的改善。研究也证明,长期从事健身跑锻炼的人比一般人的肝脏机能水平要高,对于疾病的抵抗能力要强,对于肝糖原的运用更加经济有效。

6. 对心理的作用

长期进行健身跑的锻炼,还可以改善不良心理状态,比如抑郁、焦虑、精神分裂等。健身跑不但能够使老年人走出不良心理状态、缓解精神压力,也能够使老年人以更加积极健康的心态,保持充沛的精力来应对生活中的各种困难和挑战。

(三)健身跑的基本技术动作

1.健身跑的头面部技术动作

在进行健身跑锻炼时,头部尽量保持平衡,不能低头,也不能用力地往后仰头。同时,面部要保持放松,眼睛保持向前看,一般建议盯着前方10~20米的位置。

2.健身跑的肩部技术动作

要调整好肩部的牵引肌和牵缩肌之间的平衡,使肩膀尽量保持放松,避免肩膀出现僵硬或者僵直的现象。

3.健身跑的躯干技术动作

健身跑时,人体躯干保持正直或者稍微前倾,但是前倾角度不能过大,一般与身体纵轴的夹角保持5°左右即可。在有上、下坡的场地进行健身跑运动时,上坡时躯干前倾角度要稍大一些,下坡时躯干要稍微后仰,以保持身体的平衡。一般情况下,健身跑时躯干不能左右摇摆,躯干要和头保持在一条直线上,背部要挺直并且不能前倾或者后仰。

4.健身跑的上臂技术动作

健身跑时,手臂需要稍微弯曲,肘关节的弯曲角度在90°左右比较合适,并且屈肘的手臂以肩关节为轴进行前后的摆动,来完成上肢的摆臂动作。如果速度有所加快,肘关节的弯曲角度也应该随之变大。加大摆臂幅度是提高健身跑速度的重要途径之一。手臂在健身跑时的摆动方向为前后方向,在摆动过程中尽量避免出现不正确的姿势,比如两臂向身体前内侧摆动并且摆过人体前面的正中线,两臂向身体外侧摆动,两臂保持僵直不摆动或者两臂保持僵直不摆动而肩关节前后交替晃动,等等。

5.健身跑的手部技术动作

健身跑过程中,手部需要放松、自然,坚决不能紧握。因为紧握会引起上肢的僵直,手臂摆动不自然,会过度消耗人体的能量。

6.健身跑的膝部技术动作

健身跑时每跑动一步,膝关节都要有节奏地屈伸,并且在向前送腿时,前送腿的膝盖要抬到合适的高度,双脚也不能擦地。

7. 健身跑的腿部技术动作

腿部动作应当舒展自然,髋关节、膝关节和踝关节三个关节要进行弯曲和伸直运动。健身跑时摆动腿要向前运动,这时摆动腿的髋、膝、踝三个关节要进行弯曲,并且摆动时由大腿的向前发力、抬起来带动小腿的向前迈进。当支撑腿支撑地面时,支撑腿的髋、膝、踝三个关节要充分伸直,加大对地面的反作用力,从而为下一次摆动做好准备。

8. 健身跑的踝部技术动作

要有意识地释放踝关节前部的肌肉力量,后蹬时避免全力蹬地。同时双脚交替落地时的步长不宜过大,步频也不要过快。

9. 健身跑的脚部技术动作

在健身跑脚着地的过程中,先着地的是前脚掌,然后过渡到全脚掌着地。

10. 健身跑的呼吸技术动作

健身跑技术的合理性,除了取决于身体重心平稳、摆臂自然、步法均匀、跑步节奏良好、体力分配合理外,还在很大程度上取决于正确的呼吸方法。健身跑的过程中,由于时间比较长,机体对于氧的需要量会保持增长,在一定程度上会产生氧债。为了保证运动中氧气的及时供给,就需要在健身跑锻炼中,加大呼吸深度或呼吸频率。通常是采用在适宜的呼吸深度条件下,加大呼吸频率来保持机体必要的肺通量。此时就需要口鼻都参与呼吸从而保证氧气的供给量。一般情况下,健身跑采用两步一呼、两步一吸或者三步一吸、三步一呼的方法进行呼吸。

(四)健身跑的锻炼方法

1. 慢跑

对于老年人来讲,慢跑是比较安全有效的健身锻炼方法,同时也是健身跑的锻炼方法之一。慢跑时的速度要求80~100步/分比较合适,当机体适应后,再逐渐进行增加。慢跑的锻炼时间一般每天30分钟左右。慢跑的锻炼距离以一次2.5~3千米为宜。慢跑的锻炼强度可以用脉搏来进行基本的衡量,一般不超过120次/分,并且慢跑者以不喘粗气最为适宜。

2. 滑步跑

在进行健身跑时,健身者身体不是面向前的跑动,而是向着身体的左右两侧进行跑动,这种健身跑的方式则为滑步跑。滑步跑对于人体的稳定性、平衡性、敏捷性等要求更高,每一次的锻炼都可以增进这些运动素质。所以进行滑步跑的健身锻炼,对于增强老年人身体的协调性、平衡性、敏捷性和灵活性具有比较重要的意义。

3. 变速跑

在健身跑锻炼时,健身者在跑的过程中,快跑一段时间接着再慢跑一段时间,慢跑一段时间接着再快跑一段时间,快跑和慢跑交替进行,这种跑的方式即为变速跑。变速跑对于练习健身者的跑步能力有积极作用,健身者可以根据自己的情况,随时改变自己的跑步速度,逐步提高变速跑的速度,并逐渐增加变速跑的运动量,从而最大限度地发挥出健身跑的作用。

(五)健身跑的注意事项

(1)老年人进行健身锻炼时,一定要根据自己身体的状况和运动的能力,安排好健身跑的强度。对于每次进行健身跑的距离、速度等都要心中有数、量力而行,坚决不能超出自己能力范围。

(2)健身跑锻炼时要遵循循序渐进的原则。健身跑的过程中,要对健身者产生良性积极的生理反应,就需要对健身者的运动负荷进行掌握。当机体适应某一负荷后,负荷对于机体的刺激就会变小,这时就需要加大运动量,从而让机体产生新的反应。健身跑运动负荷量的增加,要遵循从小到大的原则,切不可操之过急,否则就会适得其反。

(3)健身跑要常年坚持,锻炼效果才明显;不能够断断续续,否则效果不明显。健身跑锻炼的目的,就是增强人体呼吸系统、运动系统、心血管系统、神经系统等的机能。这个锻炼的目的不是一次性短时间的健身跑或者断断续续的健身跑就可以达到的。因为一次性的健身跑锻炼效果不明显,如果坚持一段时间的健身跑锻炼被中断,机体的功能就会下降。所以健身跑应该长期坚持,并且要持之以恒。

(4)空腹的状态下或者过饱的情况下,都尽量避免进行健身跑。

(5)过度炎热、极度寒冷、雾霾、大风、沙尘暴等天气,都要尽量避免进行健身跑。

（6）体质比较虚弱的老年人、大病初愈的老年人等最好不进行健身跑。待身体条件允许时，再进行健身跑的锻炼。

三、游泳

游泳在古代就已经存在。根据我国史料记载，我国古代的游泳始于 5 000 年前。但是游泳作为一项体育锻炼项目，则是起源于 1828 年的英国，至今有近 200 年的历史。在 1896 年希腊雅典举行的第一届现代奥林匹克运动会上，游泳运动是主要的竞赛项目之一。

在当今社会，游泳已经成为一项健身锻炼项目，深受男女老少的喜爱。竞技游泳发展到现在，各种游泳锦标赛和国际大型游泳比赛不断推动着竞技体育的发展，使游泳的技术动作更加趋于完善。

（一）游泳的特点与锻炼价值

1. 游泳是最为全面的全身运动

在进行游泳锻炼时，健身者的各个身体部位都会得到充分的锻炼。特别是当健身者掌握了游泳运动中的蛙泳和自由泳的技术动作并利用其进行健身锻炼时，健身者全身的肌肉、韧带、神经、关节和骨骼等都能够得到很好的锻炼。进行游泳锻炼和其他的健身锻炼项目最大的不同就是在水中进行健身锻炼，水对人体造成一定的压力，在水中要完成一定的游泳动作，就需要加深呼吸，这就大大地增加了人体的肺活量并提高了人体的呼吸功能。游泳时，人体和水之间不断地进行摩擦，机体反复地受到冷热刺激，能够改善人体的微循环系统，增强人体的免疫系统，提高机体抗寒防病的能力。

2. 游泳时身体处于最佳位置

除了游泳这健身锻炼项目以外，其他的健身锻炼项目中健身者的身体都是直立的，而游泳时身体是平卧的，这种身体位置是不需要任何支撑的，只需要依靠水的浮力就可以使人体在水面上平卧。平卧的身体状态可以提高健身者心肌搏动的力量，对于体内血液的畅通具有积极作用。同时，在游泳运动时还有来自水的阻力。当进行均匀的周而复始的游泳锻炼时，除了能够使心脏的负担在安全的负荷范围内，还可以使人体处于最大吸氧量的情况下，这也会使人体的耐力机能得到很好的提高。所以游泳是最有效的、最好的有氧健身锻炼方法之一。游泳健身会使心脏保持或增进健康，也会提高心脏的工作效率。长期坚持游泳锻炼,会使健身者终身受益。

3. 游泳能够塑造健美的体态

进行其他任何项目的健身锻炼时都具有一定的局限性。动作完成的过程中,人体的有些部位会负荷过大,而有些部位会负荷不足,容易出现上下左右的不平衡现象,从而容易造成一些运动损伤。但是游泳运动有自身的特点。在游泳过程中,几乎所有的动作都是均匀对称的,并且平衡稳定,没有任何的损伤。当两腿在水中完成弧状蹬腿和上下剪式的鞭状打腿,就会大大提高关节的灵活性,也会使健身者的双腿变得更加修长和匀称。人体利用肩部、胸部和背部的交替滚动来进行划水,可以使健身者上肢的肌肉更加富有弹性并且更加丰满圆润,上肢肌肉的效率和质量也会提高。所以通过游泳的锻炼,健身者的上下肢都得到了很好的塑形,能够让健身者呈现出最健美的体态。

4. 游泳是最有效、最安全的物理治疗

当医生在为病人做诊断以后,除了给出相应的、必要的处方以外,有时会建议参加游泳锻炼。医生建议患者参加游泳锻炼的原因主要包括:游泳能够提高人体各系统的功能,能够预防、治疗高血脂、高血压、心脑血管疾病、糖尿病、关节炎、颈椎病、腰椎病等,并能对上述疾病的康复起到好的作用。游泳还能够消除肥胖等。已有的研究也进一步鼓励健身者利用游泳作为健身锻炼手段来增进现有的健康水平,让自己的生活方式变得更健康。

5. 游泳能够减压调心

人在胎儿期时就在母体的羊水中生存,可以说人与生俱来就和水有着不解之缘。同时,人体的 70% 是水。所以说人对水格外依赖。对人来讲,最真切的返璞归真,莫过于到水中去游泳。当人们进行游泳锻炼时,压力、烦恼、紧张等问题都会得到一定的缓解、释放和消除。

(二)游泳的基本技术

1. 游泳的基础——熟悉水性

在正式学习游泳的相关技术动作,比如蛙泳、蝶泳、自由泳等游泳的方法前,一定要先熟悉水性,这是游泳的基础,为以后专业技能的学习奠定良好的基础。

健身者对于水性的熟悉主要包括呼吸、水中行走、浮体与站立、展体漂浮、滑行等。下面将对这几个方面进行详细的介绍。

（1）呼吸。健身者手扶池壁或者在教练、同伴的帮助下，张开口吸气后闭气，然后下蹲把整个头都浸入水中，待停留片刻后起立，在水面进行换气，口鼻出水以后要先吸后呼，完成一次完整的呼吸。

（2）水中行走。健身者首次接触游泳时，需要用手扶着游泳池的池壁或者在教练、同伴的帮助下，向前、向后或者向左右两侧慢步行走。等克服紧张心理以及对水的恐惧感并且能够熟练完成以后，可以离开池壁或者他人的帮助，自己维持身体的平衡在水中向前、向后和向两侧慢步行走。

（3）浮体与站立。健身者在原地站立，深吸气后下蹲，低头抱膝，膝关节要尽量地靠近胸部，前脚掌要蹬离池底，成低头团身抱膝的身体姿势，在水面上自由漂浮。

（4）展体漂浮。健身者两脚开立，两臂自然放松向前伸出，待深吸气以后身体向前倾，两脚蹬离池底，成俯卧的身体姿势漂浮于水面，两臂及两腿自然伸直。

（5）滑行。健身者两脚前后开立，两臂向前伸展，两手并拢，待深吸气以后屈膝，当头和肩浸入水中时，两脚前脚掌用力蹬池底，随后两腿迅速并拢，身体成流线型向前滑行。

（6）打水。当滑行以后，两脚上下轻轻地打水，来体会水对人体的推动力。

2. 游泳的基本姿势——蛙泳、蝶泳、自由泳

（1）蛙泳。蛙泳就是对青蛙游泳的动作进行模仿而形成的游泳姿势。蛙泳是游泳姿势中最古老的一种。蛙泳与绝大多数的游泳姿势有着密切的联系。学会蛙泳对于学习其他的游泳姿势具有重要的基础作用。

第一，蛙泳的身体姿势。身体要在水面上进行水平俯仰，头要稍微抬起，身体要保持一定的紧张度，健身者的身体纵轴与水平面成 $5°\sim10°$ 的夹角。

第二，蛙泳的腿部技术动作。蛙泳的腿部动作对于健身者在锻炼时推动身体的前行具有重要的作用。如果没有蛙泳的腿部动作，就会减少身体前进的主要推动力。完整的蛙泳腿部动作可以划分为四个环节，即收腿、翻脚、蹬腿和滑行。这四个环节可以说是一环扣一环，紧密相连。下面将详细介绍这四个环节。

收腿：收腿时要屈膝屈髋，并且两者要同时完成。开始收腿时，随着吸气的动作，两腿要自然放下，然后两膝要边慢慢分开，边向前收腿，两脚跟要向臀部靠拢，两脚放松。收腿时的力量要小。收腿结束后，两膝内侧与髋关节大约同宽，大腿与躯干成 $120°\sim140°$ 的夹角。小腿尽量成垂直姿势，小腿与大腿成 $40°\sim50°$ 的夹角，从而为接下来的翻脚和蹬腿做好准备。

翻脚:翻脚动作在蛙泳技术中很重要,因为它对于蹬水的效果有直接的影响。在收腿动作没有完全结束时,脚要继续向臀部靠近,膝关节尽量向内扣,同时要向外翻脚,使脚尖朝向外,在水面上两脚之间的距离要大于两膝之间的距离,这样有利于大腿在接下来的蹬腿中发挥更大的力量。

蹬腿:蹬腿技术的正确与否,都将直接关系到蛙泳腿部动作的效果。在蹬腿时,要先伸展髋关节,然后伸展膝关节和踝关节,成鞭状蹬水。蹬腿时,由大腿发力向后蹬水,脚掌向下、向后,蹬腿结束时两腿并拢并伸直。蹬水效果的好坏主要取决于腿的运动方向和路线,取决于蹬腿时对水作用的面积大小,取决于蹬腿的力量和速度。一般锻炼时,蹬腿的速度要遵循从慢到快的规律,蹬腿的力量要遵循从小到大的规律。

滑行:蹬腿动作结束后,就是滑行,这个过程比较短暂。此时两腿是伸直并拢的,腰部下压,两脚处于水平面的最低点并接近水面,为下一次的收腿做好准备。

第三,蛙泳的手臂技术动作。蛙泳的手臂技术动作对于蛙泳动作的完成具有重要作用。其主要包括开始姿势、抓水(滑下)、划水、收手和移臂(向前伸臂)五个环节。蛙泳手臂技术动作中的划水动作能够使整个蛙泳动作产生很大的推动力。蛙泳时掌握正确合理的划水动作,并与呼吸动作和腿部动作有效和谐配合,对于提高健身者的游泳速度具有重要意义。下面将对蛙泳手臂技术动作中的五个环节进行介绍。

开始姿势:当蹬腿动作结束时,两臂自然向前伸直并保持一定的紧张度,两臂与水面平行,手指自然并拢,掌心要向下,使整个身体成一条直线,保持流线型。

抓水(滑下):接开始姿势,手臂向前伸,重心前移,两肩略内旋,两手腕向前、向外、向下方勾手,两臂分开到40°～45°。当感到前臂和手掌有压力感时,就进行抓水。抓水动作的作用主要表现在有利于身体的前进和上浮,能够为划水做好铺垫。抓水的速度则根据个人身体状况的不同而异。体质好、水平高的健身者抓水的速度较快,反之,抓水的速度可能较慢。

划水:在抓水的动作基础上,两手臂接着由40°～45°开始,手腕开始逐渐地弯曲,两臂和两手也是逐渐地向两侧、向下、向后方屈臂并做积极的划水动作。划水时,手的运动分成两部分,即先是手向外、向下、向后方的运动,后是手向内、向下、向后方的运动。划水时,手臂的弯曲角度并非一成不变,而是不断变化的。划水时,肘关节要比手高,保持高肘划水。划水过程中,手的速度由慢到快,最大速度出现在收手时。

收手：收手动作中手臂向外旋转，同时手向内、向上、向前方快速运动。在整个收手过程中，手的动作是快速的、积极的、圆滑的。收手结束后，肘关节低于手，小臂和大臂的夹角小于90°。

移臂（向前伸臂）：通过肘关节的向前伸展和肩关节的向前伸展来完成移臂动作。此时，掌心逐渐向内，两掌合在一起向前方伸出，在结束前掌心转向下方。

呼吸：在一次完整的蛙泳动作中，只进行一次呼吸。采用1∶1∶1的比例进行呼吸、腿、臂的配合，即一次呼吸动作、一次腿的动作、一次手臂的动作。

无论是仰视还是俯视，整个蛙泳动作过程中手臂的运动轨迹都是呈椭圆形的，并且是一个相当连贯的过程。整个过程中手臂的速度由慢到快，力量由小到大。

（2）蝶泳。蝶泳是在蛙泳基础上演变而来的，它的动作技术基础则是蛙泳动作。当蛙泳技术更新发展到第二个阶段，有些运动员在游泳比赛中采用的游泳技术是两臂划水到大腿后提出水面，再从空中进行迁移。这种动作技术完成时，从外形看很像展翅飞舞的蝴蝶，进而人们称之为"蝶泳"。由于蝶泳的腿部动作与海豚酷似，所以也称之为"海豚泳"。

第一，身体姿势。蝶泳时没有固定的身体位置，与其他游泳项目的身体姿势是不同的。在蝶泳进行泳进时，身体各部分都形成上下起伏的运动，两臂和两腿的动作都在同一水平面同时进行。

第二，腿和躯干的技术动作。蝶泳以腰际为中心，躯干和腿联合做有节奏的鞭打水的动作，其发力点在腰部。两腿在开始时是自然并拢的，两脚稍微内扣，踝关节是放松的。大腿带动小腿，两腿一起做上下的鞭状打水动作。在这个过程中，动量的传递依次经过髋关节、膝关节、踝关节，并且腿部的动作要与躯干的动作协调配合，一起完成。

第三，手臂的技术动作。蝶泳手臂的技术动作主要包括入水、抱水、划水、推水、出水、移臂六个环节。每个环节都十分重要，同时构成一个完整的蝶泳过程。

入水：手部以大拇指最先斜插入水中，作为引领。接着依次插入水的是前臂、上臂。入水时，手掌与水平面大约成45°的夹角，掌心的方向为外下方。

抱水：接入水姿势，手和前臂开始向外旋转，手臂同时向外、向后、向下方运动，此时开始屈腕、屈肘。

划水：接抱水姿势，屈肘并且手臂继续向外旋转，手开始同时向内、向上、向后划水。

推水：接划水姿势，手臂同时做向外、向后、向上的运动。

出水：接推水姿势，推水即将结束的时候，开始抬肘；推水结束的时候，肘关节和肩关节带动手臂，通过提拉出水。

移臂：在肩关节的带动下，手臂出水后迅速从空中向前移到头的前方。

第四，呼吸。健身者在一次完整的蝶泳动作周期中，可以进行一次或者两次呼吸。一般情况下，采用1∶1∶1的比例进行呼吸、腿、臂的配合，即一次呼吸动作、一次腿的动作、一次手臂的动作。但是为了加快蝶泳的速度，进行两次划水，可以采用1∶2∶1的比例进行呼吸、腿、臂的配合。两次打腿的力量一般是第一次力量比较小，第二次力量比较大。

（3）自由泳。自由泳也叫爬泳，是游泳运动中最常见也是最受欢迎的泳姿之一。自由泳的起源可追溯到遥远的古代，经过不断的发展演变，自由泳已经逐渐发展成为现代游泳中最具竞争力的一项泳姿。从严格意义上来说，自由泳并不是一种具体的游泳姿势，而是一种游泳比赛项目，它对游泳姿势的选择几乎没有任何限制，所以运动员都会选择自由泳这种阻力小、速度快的游泳姿势。自由泳姿势结构合理、速度均匀、节省体力。

第一，身体姿势。自由泳时身体应俯卧在水面，保持头、肩部高于水面，背部和臀部肌肉绷紧，使身体成流线型。在游泳过程中，头部保持平稳，躯干持续地绕身体纵轴线左右有节奏地转动，向每一侧转动的角度保持在35°～45°，两臂轮流划水推动身体前进。

第二，腿部的技术动作。自由泳时，腿部是重要的力量来源，通过配合双臂的划水动作，还能起到平衡身体的作用。进行自由泳腿部动作时，应双腿自然并拢，双脚稍向内收，踝关节保持放松，由大腿发力带动小腿和脚掌，两腿交替进行上下鞭状打水动作。打水动作分为向上打水和向下打水两个动作阶段。向下打水时，脚背向下划动，并把水推向身体后方，产生向前的推进力；向上踢腿时，脚背向上踢动，使腿部肌肉绷紧，腿型更加流畅，从而减小身体阻力。双腿摆动时，脚尖上下幅度为30～40厘米，膝关节曲度不超过160°。

第三，手臂的技术动作。自由泳时，臂部动作是推动身体前进的主要动力。一个周期分为入水、抱水、划水、出水和空中移臂五个不可分割的阶段。

入水：完成空中移臂后，肘关节应略微弯曲，位置高于手，手指自然伸直并闭合，掌心朝向侧下方，手指入水后依次是小臂和大臂自然插入水中，入水点应在肩部延长线上或身体中线与肩部延长线之间。

抱水：手臂入水后应积极向前下方插入，手臂伸直、外旋，掌心转向正下方，勾起手腕,屈肘,手向下后方移动,手移至头的前下方,手臂与水面大约成 40° 角。

划水:分为拉水和推水两个部分。在拉水过程中,肘部持续弯曲,前臂和手的滑动速度快于上臂,手的主要动作是向后、向内划摆,当手滑到肩部下方时,拉水动作结束,此时手臂与水面垂直,肘部高于手部。接下来是推水阶段,手臂向后摆动,肘部逐渐伸直,手的主要动作时是向后、向上、向外,当手划至大腿旁边时,推水动作结束。

出水:划水结束后,掌心转向大腿,上臂立刻在肩部带动下提出水面,之后前臂、手部依次出水,同时掌心朝向后上方。出水的动作要柔和放松、迅速流畅。

移臂:空中移臂应紧接出水动作,手和前臂保持放松,上臂以肩部为轴心向前移动,肘关节从弯曲到伸直,并保持肘高于手。

第四,呼吸。自由泳时,一般在两臂分别划水一次的过程中进行一次呼吸。在腿、臂、呼吸的完整配合动作中,初学者一般采用 6∶2∶1 配合方式,也就是在一个完整的动作周期内,健身者的每只手臂都会划水一次,每只腿都会打水三次,同时进行一次呼吸。这种配合方式易于保持身体的平衡和协调。

(三)游泳的注意事项

(1)最好在正规的游泳馆进行游泳,不要在地理环境不明、水质较差的水域游泳,更要远离船舶航道和容易发生山洪的地段。

(2)空腹、饭后、酒后不宜游泳,在有开放性伤口、皮肤病、感冒等身体不适的状态下不宜游泳,否则容易导致溺水等意外。

(3)游泳下水前要进行充分的热身运动,因为水温通常比体温低,较低的水温容易刺激腿部肌肉发生抽筋。

(4)每次游泳持续时间一般不应超过 2 小时,如果在水中停留过久,身体热量流失过多,皮肤出现鸡皮疙瘩和寒战现象,应及时出水。

(5)游泳后不宜立即进食,否则可能导致胃肠道的消化功能紊乱,引起消化不良、腹胀、腹痛等不适症状。

(6)如果遇到有人溺水,在不了解水体情况时不应盲目下水救援,首先要大声呼救,同时寻找周边可供利用的竹竿、绳索、漂浮物等救援工具进行抢救。

四、健身气功·导引养生功十二法

(一)内容简介

健康和养生是当今社会备受关注的话题。随着生活水平的提高,人们越来越注重自身的健康和生活质量。在众多保健方法中,健身气功得到越来越多人的喜爱和认同。它作为一种独特的养生方法,起源于中华远古时期,并在历代得到发展。

国家体育总局健身气功管理中心组织编创了 9 套健身气功功法,导引养生功十二法便是其中之一。新功法精编了北京体育大学张广德教授于 1974 年起编创推广的 50 余套导引养生功功法中的 12 式。健身气功导引养生功十二法,是一套以中国医学中脏腑经络学说、阴阳五行学说、气血津液学说等为理论指导,把导引与养生、肢体锻炼与精神修养融为一体的功法,集修身、养性、娱乐、观赏于一体,动作优美,衔接流畅,简单易学,安全可靠,适合于不同人群练习,尤其适合老年人练习,具有祛病强身、延年益寿的功效。

健身气功是中华优秀传统文化的重要组成部分,其中包含着中医学的养生理论,蕴含着儒家、道家、佛家等修身养性、追求超越的文化理念,又与中国古代哲学思想融合在一起,强调人与自然、人与社会合一,进而达到身心和谐的完美境界。

健身气功肢体运动松静自然,呼吸吐纳深细匀长,运用意念使心情怡悦,具有促进身体阴阳平衡、经络疏通、强筋健骨等全面改善身体素质功能,且动作简单、老少皆宜、经济实用。健身气功作为民族传统体育项目,具有独特的文化魅力和广泛的群众基础,在全民健身活动中发挥着不可替代的作用。

健身气功在某种意义上是一门关于和谐的学问,在理论上以人体生命整体观为指导,在实践上以"三调合一"为基准,既体现了中华传统文化智慧,也符合现代养生学理念,是当今人们健身养生的一种时尚运动。

从运动养生角度看,运动养生讲究精神要放松,形体要运动。健身气功运动风格柔和缓慢,既可避免大强度运动后给人体造成损伤,也可在节省体力的情况下增强人体生理机能,且注重形神共养、内外兼修,这与现代养生理念不谋而合。健身气功运动可以帮助人们调节身体机能、缓解压力、改善睡眠质量、提高身体柔韧性和培养意志力等,从而提高人们的身心健康水平。

从中医养生角度看,人的形体是由五脏、六腑、五体(筋、脉、肉、皮、骨)、七窍组成的一个有机整体,相互协调、相互为用。健身气功养生机理就是在调身、调息、调心的不同搭配下,通过阴阳平衡规律,协调脏腑阴阳、气血的偏盛偏衰,促进人体朝着阴平阳秘的健康状态发展;通过五行生克制化规律,协调脏腑,避免任一脏器因失去平衡而发生疾病或衰弱。

现代医学认为,人体具有神经体液自我调节系统,以几近完美的方式维护着内环境的稳定。健身气功锻炼能够改善并增强神经体液系统的调节功能,激发人体的自愈能力,从而达到祛病强身的效果。调身是在意念引导下进行的全身规律性运动,通过启动运动中枢和外周感受器构成的复杂反馈活动,将身体保持在最适生理状态;调息可凭借主动干预呼吸方式、频率等来影响植物性神经功能,从而间接对人体内脏的功能产生影响;调心入静时,前脑额叶的神经活动促使脑垂体分泌增加愉悦感的β-内啡肽,进而通过遍布全身的受体改善人体的自我调节功能。

心理学认为,情绪变化可影响到人的生理变化,这种变化很容易诱发生理功能失衡。健身气功锻炼通过主动的自我心理活动调整机体的生理功能平衡,进而改变生理状态。运动心理学研究发现,不同的锻炼方式对心理功能的影响效果也不同,健身气功等中国传统养生术对调节情绪状态效果更佳。对健身气功锻炼前后受试者的心理健康状况进行综合评价发现,通过3个月或6个月的健身气功锻炼,练功者在恐惧、人际、抑郁、焦虑、敌对等情绪指标上都有不同程度的改善。

(二)健身气功·导引养生功十二法动作说明

健身气功·导引养生功十二法动作名称:预备势、第一式乾元启运、第二式双鱼悬阁、第三式老骥伏枥、第四式纪昌贯虱、第五式躬身掸靴、第六式犀牛望月、第七式芙蓉出水、第八式金鸡报晓、第九式平沙落雁、第十式云端白鹤、第十一式凤凰来仪、第十二式气息归元、收势。

1. 预备式

动作指南:并步站立,周身放松(图5-1)。

要点提示:

(1)两眼轻闭或平视前方,舌抵上腭,上下牙齿相合,眉宇、嘴角放松。

(2)默念练功口诀:

夜阑人静万虑抛,意守丹田封七窍。

呼吸徐缓搭鹊桥,身轻如燕飘云霄。

注意事项:

(1)两手叠于丹田,男、女均左手在里(图5-2)。两手不要后夹,腋下悬空。

(2)口诀默念毕,将两手垂于体侧;同时眼平视前方(图5-3)。

图 5-1　　　　　　　图 5-2　　　　　　　图 5-3

2. 第一式乾元启运

名称内涵：

乾元启运三阳泰，斗柄回寅万户春。《周易》曰："乾，元、亨、利、贞。""元、亨、利、贞"是乾的卦辞。什么是"元"？元者始也。就是说，乾是万象万物的开始，或者说宇宙万象万物都是乾的功能创造的，故称为"元"或称为"启元"。什么是"亨"？亨者通也。也就是亨通，没有任何障碍的意思。什么是"利"？利者顺也。也就是通达，无往而不利的意思。故"利"与"亨"经常联用，称为亨利。什么是"贞"？贞者正也。《礼记·文王世子》云："一有元良，万国有贞。""贞"常与"干"合用，称为"贞干"。《易·乾·文言》云："贞者，事之干也。"所以"贞"实指骨干、支柱的意思。这就是"乾元启运"名称的内涵。

"乾元启运"常与"三阳泰"联用，并与"斗柄回寅万户春"成联。"三阳泰"，即"三阳开泰"，讲的是无往不利好运气。故古人有诗赞曰："乾元启运三阳泰。""斗柄"，是指北斗星的斗构。北斗星的斗柄随季节的不同而不同，如：斗柄指东为春，指南为夏，指西为秋，指北为冬。一年当中，斗柄指向东方时，正值阴历之寅月，故有诗赞曰："斗柄回寅万户春。"这两句诗经常联用，以体现节日之喜庆。

健身气功·导引养生功十二法中的"乾元启运"，正是基于这样的内涵安排的，以此来消除习练者脑海中的忧愁烦恼等杂念。

动作指南：

动作一：随着吸气，提肛收腹；重心移于右脚，右腿稍屈，左脚向左开步，稍宽于肩，脚尖朝前，随之重心移至两脚之间，两腿伸直；同时，两掌随两臂内旋分别向左右分摆至约与肩平，掌心朝后，两臂自然伸直；眼看左掌。动作不停，两掌随两臂外旋使掌心朝下向身前平摆，两掌之间距离与肩同宽，两臂自然伸直；眼兼视两掌(图 5-4、图 5-5)。

图 5-4　　　　　　　　　　　　　　　　图 5-5

动作二：随着呼气，松腹松肛；两腿屈膝下蹲；同时，两掌随两肘稍回收下沉至与脐平，掌心朝下，掌指朝前；眼平视前方(图 5-6)。

动作三：随着吸气，提肛收腹；两腿徐缓伸直；同时，两掌随两臂内旋分别向左右分摆至约与肩平，掌心朝后，两臂自然伸直；眼看右掌。动作不停，重心移于右脚，右腿半蹲，左腿自然伸直；同时，两掌随两臂外旋使掌心朝下向身前平摆，两掌之间距离与肩同宽，两臂自然伸直；眼兼视两掌(图 5-7、图 5-8)。

动作四：随着呼气，松腹松肛，左脚向右脚并拢，两腿由屈徐缓伸直；同时，两掌轻轻下按至与脐相平后，分别垂于体侧成并步站立势；眼平视前方(图 5-9)。

图 5-6　　　　　　　　　　　　　　　　图 5-7

图 5-8

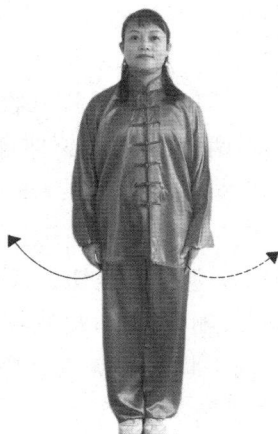

图 5-9

动作五至动作八同动作一至动作四,唯左、右交换。

练习要点:

(1)两臂内旋、两掌左右分撑时拇指需稍用力,有助于增大臂的旋转幅度。

(2)下蹲的深度因人而异,不强求一致。

(3)精神集中,意守丹田或默读"呼"音。

温馨提示:

(1)动作轨迹要循迹"卯"字,展现出春分时节微风和煦、冰雪消融、万物复苏、生机勃发之状。

(2)按掌还原时,两掌稍外撇,便于沉肩、坠肘、气沉丹田。

(3)两臂内合时不要过于前伸,以免造成撅臀、哈腰的状态反射。

功法作用:

(1)加强旋臂,可加大对手臂的扭力,刺激手三阴三经。

(2)意守丹田,使之温热,可以达到"一念排万念"的目的。

(3)"一个丑角进城,胜过十个名医。"良性的语言诱导使练习者产生美好的情感体验,增强练功信心,改善内啡肽的分泌。

3. 第二式双鱼悬阁

名称内涵:

"双鱼悬阁",原指太极图中两条首尾相接、颜色深浅不同的阴阳鱼挂于墙壁。其意是表现自然界阴气和阳气的运行消长与转化,也在启迪着人们,中华文明是从这里发始而神圣庄严。此处是指两脚并立,一手下按于胯旁,一手上托于头之前侧上方,有如两条阴阳鱼悬挂于庭一般,故得名。

动作指南:

动作一:随着吸气,提肛收腹,身体左转,两腿伸直;同时,两掌随两臂内旋分别向左右两侧摆起,两臂伸直,掌高略低于肩,掌心朝后;眼平视左前方。随着呼气,松腹松肛,身体右转,重心移于右脚,右腿半蹲,左脚跟提起成左丁步;同时,左掌随左臂外旋收于右小腹前,掌心朝上;右掌内收下落于左腕之上,无名指指腹置于太渊穴处呈切脉状;眼之余光看手(图5-10、图5-11)。

动作二:随着吸气,提肛收腹;身体左转,左脚向左前方上步,由虚步变成弓步;同时,两手仍呈切脉状顺势弧形前摆至身体左前方,左臂自然伸直,左掌心朝上;眼兼视两掌(图5-12)。

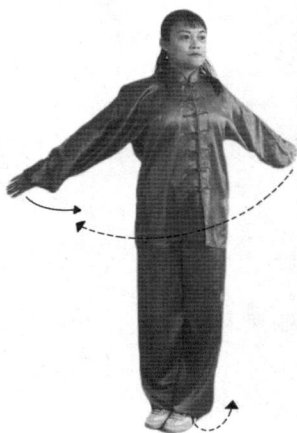  

图 5-10   图 5-11   图 5-12

随着呼气,重心后移,身体向右转正成左虚步,左脚尖跷起;同时,左臂内旋,右臂外旋,右掌指随之捻转太渊穴后,与左掌相叠于胸前,两掌心相合,劳宫对劳宫,左掌心朝外,掌距胸部约20厘米;眼之余光看双掌(图5-13)。

动作三:随着吸气,提肛收腹;左脚向右脚并拢,两腿由屈逐渐伸直;同时,两掌稍横向对摩,继而左掌随左臂内旋下按于左胯旁,离胯约20厘米,左臂成弧形,左掌指朝右;右掌随右臂内旋上架于头之右前上方,右臂成弧形,右掌指朝左;眼向左平视(图5-14)。

动作四:随着呼气,松腹松肛;同时,左手不动,右掌随手臂沉肘向右前方稍下按;眼转视右掌(图5-15)。

图 5-13

图 5-14

图 5-15

动作不停,右掌下落与左掌一起分别垂于体侧成并步站立势;眼平视前方。动作五至动作八同动作一至动作四,唯左、右交换(图 5-16)。

练习要点:

(1)身体旋转要以腰为轴带动两臂,上下肢协调一致。

(2)切脉时,无名指、中指、食指分别用指腹置于寸、关、尺。

(3)呼吸深长徐缓,精神集中,意守丹田。

温馨提示:

(1)蹲腿要合膝,上步要绷脚,跷脚抓地要充分。

(2)撑臂按掌要形成一个立体的太极图。

图 5-16

功法作用:

(1)提高肺功能,缓解咳喘等呼吸系统疾病。

(2)提高脾胃功能,缓解消化不良、胃脘痛等消化系统疾病。

(3)提高肾脏功能,预防生殖系统、泌尿系统疾病。

(4)确立"阴阳平衡"的导引养生准则。

4. 第三式老骥伏枥

名称内涵:

健身气功·导引养生功十二法中的"老骥伏枥",取自曹操《步出夏门行》:"老骥伏枥,志在千里,烈士暮年,壮心不已。"骥,千里马。《论语·宪问》云"骥不称其力,称其德也。"老骥,指老了的良马。此处比喻有志之士,年华虽老,然仍有雄心壮志,不减当年。

动作指南:

动作一:随着吸气,提肛收腹;重心移于右脚,右腿稍屈,左脚向左开步(约相当于本人之三脚长),随之重心移至两脚之间,两腿逐渐伸直;同时,两掌随两臂外旋前摆至与肩平,掌心朝上,两掌之间距离与肩同宽;眼兼视两掌。随着呼气,松腹松肛;同时,两掌逐渐握拳随两臂屈肘收于胸前,肘尖下垂,两前臂相靠贴身,拳高与下须齐平;眼平视前方(图5-17、图5-18)。

图 5-17 图 5-18

动作二:随着吸气,提肛收腹;两拳变掌随两臂内旋向前上方停出,掌心朝前,两臂自然伸直,两掌之间距离稍宽于肩;眼平视前方。随着呼气,松腹松肛;两腿下蹲成马步;同时,两掌逐渐成勾(少商与商阳相接)分别从体侧向身后勾挂,勾尖朝上,两臂伸直;眼向左平视(图5-19、图5-20)。

动作三:随着吸气,提肛收腹,两腿不动;同时,两勾手变掌随两臂内旋于腹前使掌背相靠,掌指朝下;眼平视前方。动作不停,两腿随之伸直;同时,两掌由腕掌骨、第一指骨、第二指骨、第三指骨依次卷曲,顺势弹甲(指甲)变掌向左右分开置于体侧,两臂自然伸直,掌指朝上,手腕高与肩平;眼平视前方(图5-21~图5-24)。

动作四:随着呼气,松腹松肛;重心移于右脚,右腿半蹲,左脚向右脚并拢,两腿由屈徐缓伸直;同时,两掌从体侧轻轻下落成并步站立势;眼平视前方(图5-25、图5-26)。

图 5-19

图 5-20

图 5-21

图 5-22

图 5-23

图 5-24

图 5-25

图 5-26

练习要点：

（1）两掌握拳屈肘于胸前时，应以中指腹轻点劳宫穴。

（2）成马步姿势时，膝关节顶端不要超过脚尖，勾手屈腕宜充分。

（3）呼吸深长徐缓，精神集中，意守太渊。

温馨提示：

（1）此式动作一、动作二宜吸、呼各 1 次，并宜做到深长徐缓。

（2）两掌握拳屈肘于胸前时，应以中指端点抠劳宫穴。

（3）马步姿势之高低，因人而异，但勾手屈腕宜充分。

（4）默读"咝"音或以意识引导动作或意守太渊。

功法作用：

（1）有助于提高肺功能，缓解咳喘等呼吸系统疾病。

（2）有助于提高脾胃功能，缓解消化不良、胃脘痛等消化系统疾病。

（3）有助于提高肾功能，对预防生殖系统、泌尿系统疾病有一定作用。

5. 第四式纪昌贯虱

名称内涵：

"纪昌贯虱"取自《列子·汤问》，说的是纪昌拜射箭能手飞卫的故事。纪昌拜师时，其师对他说："你要想学好射箭，必须先学会在任何情况下都不眨眼的本领。"于是，纪昌回到家，就遵照师命躺在妻子织布机下，仰面朝天，两眼盯着穿来穿去的梭子。就这样，苦练了两年，功夫大长。当有人用锥尖向他眼睛刺去时，他都不眨眼。他心想功夫已成，就兴致勃勃地去拜见老师飞卫。可是，飞卫却摇摇头说："你只做到这一点还远远不够，只有把很小的物体看得很大，将模糊的东西看得很清楚时，才谈得上射箭。"于是，纪昌回到家后，就捉了一只虱子，用牛尾毛拴住吊在窗口，天天面朝南方，目不转睛看着虱子。功夫不负有心人，十多天过后，虱子在他的眼中逐渐地大了起来，三年后，他将虱子看得犹如车轮，而后再看其他的东西犹如山丘一般。至此他便用燕国的牛角做的弓，搭上朔篷之箭，朝虱子射去，弦声响处，利箭穿透虱心，而牛尾毛却纹丝不动地悬挂在空中。这时他又匆忙地跑去告诉老师飞卫，飞卫听了非常高兴地说："好，你的箭法学成了。"

故事说明，精湛的技艺，不是三天两早就能练成的，必须不畏艰辛，勤勤恳恳，一步一个脚印，不断努力，才能成功。

动作指南：

动作一：两手握拳（方拳）收于腰侧，随着吸气，提肛收腹；重心移至右脚，右腿半蹲，左脚向左开一大步，脚尖朝前，两腿随之伸直；同时，两拳变掌坐腕前推，两臂自然伸直，手腕大抵与肩齐平，两掌之间的距离与肩同宽，掌指朝上；眼看双掌（图5-27）。

动作二：随着呼气，松腹松肛；身体左转；左腿屈膝下蹲，右腿伸直，脚跟侧蹬；同时，两手先轻握拳（方拳）随身体左转平移至身后，左臂放松，高与肩平；右臂弯曲，右肘屈于左胸前；眼看左拳（图5-28）。

图 5-27

图 5-28

动作不停，身体继续稍左转；两拳紧握，手抠劳宫，左臂伸直，左拳侧伸；右拳拉至右胸前，沉髋舒胸；眼看左拳（图5-29、图5-29侧）。

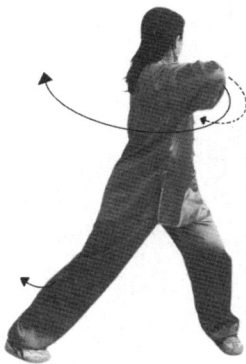

图 5-29

图 5-29 侧

动作三:随着吸气,提肛收腹;身体向右转正,右脚脚跟内旋使脚尖朝前,继而重心移于右脚,右腿弯曲;同时,两拳变掌随两臂内旋顺势平移至身前,两臂伸直,高与肩平,掌心朝下;眼看两掌(图5-30)。

动作四:随着呼气,松腹松肛;左脚向右脚并拢,两腿由屈逐渐伸直;同时,两掌下落随之握拳(方拳)收于腰侧,拳心朝上;眼平视前方(图5-31)。

图 5-30　　　　　　　　　　　　　　图 5-31

动作五至动作八同动作一至动作四,唯左、右交换。共做两个8拍。

练习要点:

(1)两掌前推"时,宜起于根、顺于中、达于梢。

(2)身体左转时,上体宜正直,脚跟侧蹬,切勿拔起。

(3)当身体转正时,两眼兼视两掌。

(4)精神集中,意守命门。

温馨提示:

(1)膝关节有伤者,慎做该式动作。

(2)转体时,后脚要主动蹬伸。

(3)回身转体时,后退要沉髋、松膝、移重心后,再身体回转。

功法作用:

(1)两手握拳,点抠劳宫有助于清心降火。

(2)拉弓射箭,有助于舒胸畅气,调和心肺。

(3)意守命门和脚跟侧蹬捻动涌泉,滋阴补肾,固肾壮腰。

(4)转腰倾身,有助于畅通任督。

6. 第五式躬身掸靴

名称内涵：

躬身，指身体向前弯曲，似鞠躬。掸，拂除之意。靴，高到踝骨以上的长筒鞋。此处的"躬身掸靴"，一方面是指拂除身体表面的各种尘埃等物质，另一方面又指消除脑海中的各种杂念，特别是恶念，以净化大脑、安神定志、强身健体。

动作指南：

动作一：随着吸气，提肛收腹；舒胸展体，身体左转；同时，左拳变掌随左臂内旋后伸上举；眼看左掌。动作不停，左掌随左臂外旋和身体右转顺势摆至身体右前上方，左臂伸直；眼看左掌。动作不停，左掌落于右肩前（拇指背和食指桡侧面贴右肩），屈肘翘指；眼之余光看左掌（图 5-32～5-34）。

图 5-32　　　　　　　　图 5-33　　　　　　　　图 5-34

动作二：随着呼气，松腹松肛；上体右侧屈，两腿伸直；同时，左掌随左臂稍外旋沿右腿摩运下行（指腹沿足太阳膀胱经，掌心沿足少阳胆经，掌根沿足阳明胃经达于足外踝处）；稍抬头（图 5-35）。

动作不停，身体向左转正；同时，左掌随左臂内旋经脚面摩运至左脚外踝处呈掸靴状，稍抬头；眼之余光看左掌（图 5-36）。

动作三：随着吸气，提肛收腹；同时，左掌随左臂外旋握拳，并随上体稍起提至左膝关节处;稍抬头(图5-37)。

　　动作四:随着呼气,松腹松肛;上体直起;同时,左拳收于腰侧,拳心朝上,中冲点抠劳宫;眼平视前方(图5-38)。

图5-35　　　　　　图5-36　　　　　　图5-37　　　　　　图5-38

动作五至动作八同动作一至动作四,唯左、右交换。共做两个8拍。

练习要点:

(1)精神集中,意守命门。

(2)身体尽量舒展,幅度宜大,躬身掸靴时两腿伸直。但初学者和病患者应因人而异。

(3)身体直起宜缓慢进行,速度均匀。

温馨提示:

(1)一定量力而行,高血压和腰椎间盘突出者慎做或不做该式动作。

(2)掸靴后,缠腕、捲指、握拳依次进行。

功法作用:

　　人体前躬可作用于腰部和贯脊属肾的督脉,而腰为肾府,乃肾之精气所濡养之所,根据阴阳学说可知,肾与膀胱相表里,而膀胱经又经过腰部。此外,督、冲、带诸脉亦分布于腰部。因此,经常习练"躬身掸靴",有助于滋养肾阴、温补肾阳、纳气归肾、固肾壮腰、健脑增智。

7. 第六式犀牛望月

名称内涵：

古代传说，犀牛角中有白纹像线一样，从角尖直通大脑，感应灵敏，所以犀牛角为"灵犀"。唐代著名诗人李商隐诗句："身无彩凤双飞翼，心有灵犀一点通。"其"心有灵犀一点通"，是比喻双方心领神会，感情共鸣。此处是借用"犀牛望月"、回身转体的动作，以改善身体，特别是腰肾的机能。

动作指南：

动作一：随着吸气，提肛收腹；重心移至右脚，右腿弯曲，左脚向左开一大步，脚尖朝前；同时，两拳变掌随两臂内旋下按后撑；眼平视前方（图5-39）。

动作不停，重心移至左脚，左腿弯曲，右腿伸直；同时，两臂继续内旋，两掌由坐腕随之放松，分别向两侧偏后弧形摆起；眼平视前方（图5-40）。

图 5-39　　　　　　　　　　　　　　图 5-40

动作二：随着呼气，松腹松肛；以右脚掌为轴，脚跟外蹬，上体左转，右腿伸直，左腿弯曲；同时，两掌顺势分别从两侧向上摆起停于头的前侧上方，两臂均成弧形，掌心朝前上方，掌指相对；眼看左后上方，呈望月状（图5-41）。

动作三：随着吸气，提肛收腹；身体向右转正，以右脚掌为轴，脚跟内旋将重心移至右脚，右腿半蹲，左腿伸直，脚尖朝前；同时，两掌下沉随两臂外旋弧形摆至胸前，两臂自然伸直，掌心朝上，掌指朝前，两掌之间的距离与肩同宽；眼兼视两掌（图5-42）。

图 5-41

图 5-42

动作四：随着呼气，松腹松肛；左脚向右脚并拢，两腿由屈逐渐伸直；同时，两掌随两臂内旋下落垂于体侧后，继而握拳（方拳）收于腰侧，拳心朝上；眼平视前方（图 5-43）。

动作五至动作八同动作一至动作四，唯左、右交换。共做两个 8 拍。第 2 个 8 拍的第 8 拍，两掌垂于体侧成并步站立势；眼平视前方（图 5-44）。

图 5-43

图 5-44

练习要点：

（1）精神集中，意守命门。

（2）转腰幅度宜大，髋胯下沉，后腿蹬直，后脚跟不得离地。

（3）两掌握拳时，中冲瞬间点抠劳宫。

（4）两臂旋转幅度宜大,速度均匀,切勿端肩、忽快忽慢。

温馨提示:

（1）转身摆臂,要抖腕两掌、沉肩、撑臂,使之形成饱满的圆形。

（2）回身转体时,后腿要先沉髋松膝,后移重心,再转体。

（3）高血压、腰椎间盘突出者慎做该式动作。

功法作用:

（1）此式通过转颈旋腰,有助于疏松颈项部和腰背部的肌肉、松解其粘连、缓解肩、肘、腕、颈、背、腰等部位的疼痛。

（2）畅通手三阴、手三阳经脉,有助于强心益肺通调三焦、润肠化结。

（3）意守命门和脚跟侧蹬捻涌泉,有助于滋阴补肾。

8. 第七式芙蓉出水

名称内涵:

芙蓉,莲（荷）之别名。由于它中通外直,香远益清,根盘而枝、叶、花茂盛,故常用来表示"本固枝荣",祝友人人世绵延,家道昌盛。莲花"出淤泥而不染,濯清涟而不妖"取自宋•周敦颐《爱莲说》。莲生长于污泥之中而不受污染的品格,赋予人生以高洁清廉之美。

健身气功•导引养生功十二法中的"芙蓉出水",其插步下蹲成盘根步,犹如莲花之根洁丽盘曲,喜水而不被淤泥污染;身体直起,两掌根相靠上托,宛若莲花之中通外直,爱洁而清新吐秀。

动作指南:

动作一:随着吸气,提肛收腹;重心移于右脚,右腿稍屈,左脚跟提起;同时,两掌背相靠于腹前,掌指朝下;眼平视前方（图5-45）。

动作不停,左脚向左开步,稍宽于肩,随之重心至两脚之间,两腿伸直;同时,两掌由腕掌骨、第一骨、第二指骨、第三指骨依次卷曲,顺势弹甲,变掌分别向左右分开达于体侧,掌高与肩平,两臂自然伸直,掌心朝上;眼平视前方（图5-46、图5-47）。

动作二:随着呼气,松腹松肛;重心移于左脚,身体左转;同时,左掌随左臂内旋屈肘握拳稍下落,拳心朝下;右掌随右臂内旋握拳顺势平摆至身体左前方,拳心朝下;眼看右拳（图5-48）。

图 5-45

图 5-46

图 5-47

图 5-48

　　动作不停,右脚向左脚左后方插步下蹲成盘根步;同时,左拳下落于左胯旁,左臂成弧形,翘腕使拳眼朝后,拳距离胯约 30 厘米;右拳随身体右转和右臂内旋回屈收于右胸前,翘腕使拳心朝前,拳离胸约 30 厘米:眼向左平视(图5-49)。

　　动作三:随着吸气,提肛收腹;两拳变掌,右臂下沉,左臂上伸使两掌根相靠上托于胸前呈莲荷开放状;眼兼视双掌(图5-50)。

　　动作不停,右脚向右开步回到原位,两腿逐渐伸直;同时,两掌继续向上顺势托起,两臂自然伸直;眼看双掌(图5-51)。

图 5-49　　　　　　　　　图 5-50　　　　　　　　　图 5-51

动作四：随着呼气，松腹松肛；重心移于右脚，右腿稍屈，左脚向右脚并拢，两腿由屈逐渐伸直；同时，两掌分别向左右下落垂于体侧；眼平视前方（图 5-52、图 5-53）。

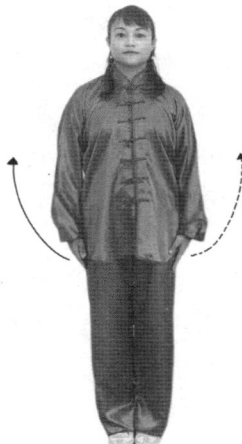

图 5-52　　　　　　　　　　　图 5-53

动作五至动作八同动作一至动作四，唯左、右交换。

练习要点：

（1）卷指、弹甲时，肩、肘、腕指等各部要连贯不滞，儒雅大方。

（2）两腿下蹲成盘根步时，两臂一侧屈于胯旁，一侧挽回胸前，宜上下一致、

259

手足相顾,既如莲藕茎盘地下,又似芙蓉(莲荷)飘摇飞舞,轻松自如。

(3)动作三,随着身体直起,两掌根相靠上托,象征着阵阵微风吹拂着的荷花,从清池水面中浮起。

(4)动作四,左脚并步,宜百会上顶,沉肩顺项,沉肘带手垂于体侧。

(5)默读"吹"音或意守太渊。

温馨提示:

(1)弹甲要充分,切忌流于形式。

(2)盘根下蹲,膝关节的准备练习要充分,且强调量力而行,不可求低、求难。

(3)注意日常练习中,加强站桩护膝。

功法作用:

(1)疏通手三阴经和手三阳经脉,有助于强心益肺、润肠化结、调理三焦等。

(2)疏通足三阴经和足三阳经脉,有助于和胃健脾、舒肝利胆、固肾壮腰。

(3)此式为全身性运动,有助于提高五脏六腑机能。

9. 第八式金鸡报晓

名称内涵:

鸡,即锦鸡,雄鸡。《中国民间吉祥丛书》云:"雄鸡有五德:头顶红冠,文也;脚踩斗距,武也;见敌能斗,勇也;找到食物能召唤其他鸡来吃,仁也;每天准时鸣叫向世人报告时辰,信也。"

该式由于一腿稳健独立,一腿飘洒后伸,两手成勾提腕上举之雄姿,恰似"金鸡报晓",故得名。

动作指南:

动作一:随着吸气,提肛收腹;百会上顶,两腿伸直,脚跟提起;同时,两掌逐渐变勾手(六井相会)分别向两侧、向上摆起,两臂自然伸直,两腕约与肩平;眼看左勾手(图5-54、图5-54侧)。

动作二:随着呼气,松腹松肛;脚跟落地,两腿下蹲,两膝相靠;同时,两勾手变掌随沉肘弧形下按于体侧,两臂自然伸直,掌心朝下,掌指朝外;眼平视前方(图5-55)。

动作三:随着吸气,提肛收腹;百会上顶,重心移至右腿,右腿伸直,左腿屈膝后摆,脚底平行水平面;同时,两掌逐渐变勾手由腹前上提至头上,勾尖朝下手腕上领(图5-56)。

动作四:随着呼气,松腹松肛;左脚下落与右脚并拢,随之两腿半蹲;同时,两勾手变掌下按于胯旁,掌心朝下,掌指朝前;眼平视前方(图5-57)。

动作五至动作八同动作一至动作四,唯左、右交换。做一个8拍。当做完第8拍时,两腿由屈逐渐伸直;同时,两掌垂于体侧成并步站立势;眼平视前方(图5-58)。

图 5-54

图 5-54 侧

图 5-55

图 5-56

图 5-56 侧

图 5-57

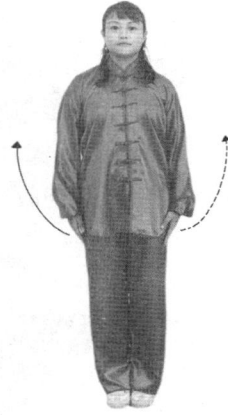
图 5-58

练习要点:

(1)精神集中,意守丹田(这里指关元)。

(2)上下肢协调一致,轻松柔和,潇洒飘逸。

(3)成独立势时,支撑脚五趾抓地,百会上顶,眼看远方。

(4)两勾手屈腕侧摆和屈腕上提时,宜舒胸展体,舒展大方。

(5)呼气时,轻吐"吹"音。

温馨提示:

(1)量力而行,体弱、年老者可不做单腿支撑的反弓动作,可仅做举腕练习。

（2）举腕时要百会上领、提髋、收腹、提肛、提踵依次进行。

（3）平时加强扶物（树、墙、门框等）的提踵反弓基本练习。

功法作用：

（1）脚跟拔起，压迫涌泉，有助于激发、启动足少阴肾经，滋阴补肾。

（2）阳之原穴，通经活络、颐养心肺、疏导三焦。

（3）吐"吹"音，有助于滋阴补肾。

10. 第九式平沙落雁

名称内涵：

《平沙落雁》，又名《雁落平沙》，琴曲，最早见于《古琴正宗》（1643），描写沙滩上群雁起落飞鸣，回翔呼应之情景。雁为候鸟，传说雁可给人捎带书信，故人们常将雁作为使者的象征。雁飞成行，止成列，长幼有序，不相逾越，故常作为晚辈对长辈初次的见面礼（以雁为费）。此式之"两腿下蹲盘根，两掌坐腕侧推"恰似"雁落平沙"，故名之。

动作指南：

动作一：随着吸气，提肛收腹；舒胸展体；同时，两掌以腕关节顶端领先分别向两侧弧形摆至与肩平，两臂自然伸直，掌心朝下；眼看右掌（图5-59）。

动作不停，重心移到右脚，左脚向右脚右后方插步；同时，两掌随两臂分别屈肘下沉弧形回收，掌高与肩平，掌心朝下；眼看右掌（图5-60）。

图5-59

图5-60

动作二：随着呼气，松腹松肛；两腿下蹲成盘根步；同时，两掌随两臂分别伸肘坐腕弧形侧推，两臂自然伸直，手腕约与肩平，掌心朝外，掌指朝上；眼看右掌（图5-61）。

动作三：随着吸气，提肛收腹；两腿稍起，舒胸展体（左脚仍插步于右脚后）；同时，两掌分别向两侧伸出，两臂自然伸直，掌心朝下。继而，两掌随两臂分别屈肘下沉弧形回收，掌高与肩平，掌心朝下；眼看右掌（图5-62）。

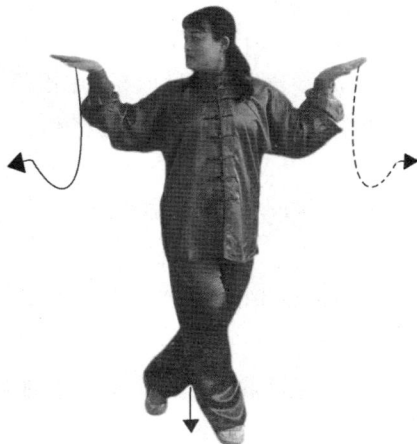

图 5-61　　　　　　　　　　　　　　图 5-62

动作四：随着呼气，松腹松肛；两腿下蹲成盘根步；同时，两掌随两臂分别伸肘、坐腕弧形侧推，两臂自然伸直，手腕约与肩平，掌心朝外，掌指朝上；眼看右掌（图5-63）。

动作五：随着吸气，提肛收腹；两腿稍起，左脚跟仍提起；同时，两手稍侧伸上移摆至与肩平，两臂自然伸直，掌心朝下；眼看右掌（图5-64）。

图 5-63　　　　　　　　　　　　　　图 5-64

动作六：随着呼气，松腹松肛；左脚向右脚并拢，两腿由屈逐渐伸直；同时，两掌垂于体侧成并步站立势；眼转视正前方。左、右交换做动作（图5-65）。

练习要点：

（1）精神集中，意守劳宫。

（2）起吸落呼，周身放松；盘根步两腿内侧相靠。

（3）年老体弱多病者，可将动作难度降低，盘根步可做成歇步。

（4）呼气时，轻吐"呵"音。

温馨提示：

（1）体弱、年老者要量力而行，膝关节有问题者要少做或不做该式动作。

图 5-65

（2）两臂回收和推出时，要走圆道。做到"收中有升，推中有降"，阴阳互含。

功法作用：

（1）意守劳宫，有助于通调手厥阴心包经，舒缓心脏，平调血液。

（2）两腿屈伸、下蹲盘根的动作，有助于畅通足三阴、足三阳经脉，对提高脾、胃、肝、胆、膀胱、肾等脏腑的机能有一定作用。

（3）吐"呵"音，有助于舒缓心脏。

11. 第十式 云端白鹤

名称内涵：

云端，即云霄，指高高的云。鹤，为长寿仙禽，被称为"一品鸟"。《淮南子》记载："鹤寿千岁，以极其游。"《花镜》亦记载："鹤，一名仙鸟，羽族之长也。有白、有黄、有玄，亦有灰苍色者，但世所崇尚皆白鹤。"故古人常用白鹤比喻具有高尚品德的贤能之士。

此式中的"两手头上抖腕亮掌"，其洒脱自如，轻飘徐缓之风韵，犹如云端白鹤翱翔长空、搏击云天一般，故得名。

动作指南：

动作一：随着吸气，提肛收腹；两腿伸直，脚趾上跷；同时，两合谷随两臂内旋沿体侧向上摩运至大包穴附近；眼平视前方（图5-66）。

动作不停，两掌随两臂外旋以合谷为轴旋转使掌指朝后；眼平视前方（图5-67）。

动作二:随着呼气,松腹松肛;脚趾抓地,两腿微屈;同时,两掌背挤压大包穴,继而靠叠于胸前,两臂屈肘,掌指朝里;眼平视前方(图 5-68)。

图 5-66　　　　　　　　　图 5-67　　　　　　　　　图 5-68

动作不停,两腿继续下蹲;同时,两掌叠腕、卷指分别向左右分摆,两臂自然伸直,高与肩平,掌心朝前;眼平视前方(图 5-69)。

动作三:随着吸气,提肛收腹;两腿伸直,脚跟提起;同时,两掌随两臂内旋分别摆至头的左右前上方,抖腕亮掌,两臂成弧形;眼平视前方(图 5-70)。

图 5-69　　　　　　　　　　　图 5-70

动作四:随着呼气,松腹松肛;脚跟落地;同时,两掌分别从两侧下落垂于体侧成并步站立势;眼平视前方(图5-71)。

练习要点:

(1)动作一,跷趾充分、合谷捻揉大包穴时,宜舒胸直背,百会上顶。

(2)动作二,两腿下蹲,腿部内侧宜相靠;两掌左右分摆时,宜从左右两腕相靠开始,掌指依次卷曲,要求做到"四折",连绵不断。

(3)做动作三时,百会上顶,带动整个身躯向上,两手抖腕亮掌时,中指端与肩偶穴上下基本对齐。

(4)做动作四时,沉肩垂肘带手下落,将气沉入丹田。

(5)精神集中,意守丹田(指关元)。

温馨提示:

(1)潇洒飘逸大方,体现出"动似柳随风,静如秋月夜"的风格。

(2)生活中培养多动手指的爱好,如书法、抚琴、刺绣和适度的棋牌、麻将等。

(3)散步时要经常弹弹手指,提提脚踵(踮脚走)。

功法作用:

(1)脚趾上跷,压迫足少阴肾经之井穴涌泉,故有助于激发和启动其经脉,滋阴补肾。

(2)合谷捻大包,既有助于润肠化结,又有助于和胃健脾。

(3)两手头上抖腕亮掌,有助于通调三焦、疏通水道。

图 5-71

12. 第十一式凤凰来仪

名称内涵:

凤凰,古代传说中的一种瑞鸟,为龙、凤、龟、麟"四灵"之一,百禽之王。其形据《尔雅·释鸟》郭璞注:"鸡头、蛇颈、燕颔、龟背、鱼尾,五彩色,高六尺许。"《孟子·公孙丑上》:"凤凰之于飞鸟。"《史记·日者列传》:"凤凰不与燕雀为群。""凤凰来仪",其意谓凤凰飞舞而有容仪,古代相传以为瑞应。《书·益稷》:"箫韶九成,凤凰来仪。"明代王世贞有诗云:"飞来五色鸟,自名为凤凰,千秋不一见,见者国祚昌。"祚,赐福、保佑之意。

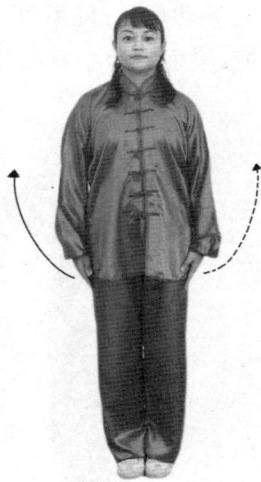

动作指南：

动作一：随着吸气，提肛收腹；两腿伸直，身体左转45°；同时，两掌随两臂先内旋、后外旋分别由两侧前摆至与肩平，两臂自然伸直，两掌之间的距离与肩同宽，掌心朝上；眼平视左前方（图5-72、图5-73）。

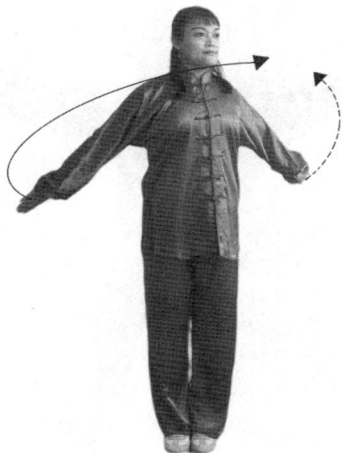 

图 5-72　　　　　　　　　　　　　　　图 5-73

动作二：随着呼气，松腹松肛；重心移至右脚，右腿半左脚向左前方上步成虚步。继而，重心前移至左脚，右脚跟提起，两腿伸直；同时，两掌随两臂内旋逐渐变成勾手（少商与商阳相接）分别向身后勾挂，两臂伸直，勾尖朝上；眼平视左前方（图5-74、图5-75）。

图 5-74　　　　　　　　　　　　　　　图 5-75

动作三:随着吸气,提肛收腹;重心后移,前脚尖跷,身体转正;同时,两勾手变掌经腰侧交叉于胸前,左掌在里,掌心朝里;眼兼视两掌(图5-76)。

动作不停,两掌随两臂内旋经面前分别向两侧分开,两臂自然伸直,手腕高约与肩平,掌指朝上;眼平视前方(图5-77)。

图 5-76

图 5-77

动作四:随着呼气,松腹松肛;左脚向右脚并拢,两腿由屈逐渐伸直;同时,两掌从两侧下落垂于体侧成并步站立势;眼平视前方(图5-78)。

动作五至动作八同动作一至动作四,唯左、右交换。

练习要点:

(1)动作一,百会上顶,身体中正,以腰脊之转动带动两臂侧分、前摆。

(2)动作二,由虚步变成前腿伸直,后脚跟提起的动作,要体现出连贯圆活的特点,两勾手的屈腕宜短暂,并稍用力。

(3)动作三,两手经胸前、面前左右分掌时,宜舒胸直背,松腰敛臀。

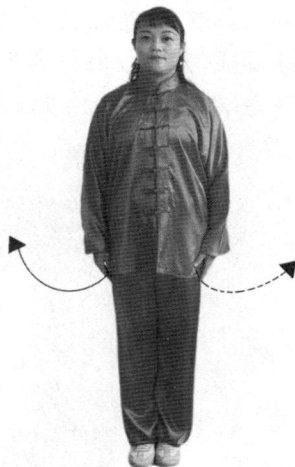

图 5-78

(4)动作四,左脚向右脚并拢,宜百会上顶带动整个身躯直起。意守丹田,轻吐"呼"音。

温馨提示：

（1）上下肢动作与歌诀协调配合。

（2）生活中要注重育正气、养真气、灭邪气，要学会与人分享欢乐。

功法作用：

（1）转身旋臂，有助于畅通任、督及手三阴、手三阳经脉。

（2）屈腕成勾手，由于对手三阴、三阳经之井穴、原穴产生良性刺激，故有助于改善心、肺、大肠、小肠等脏腑之机能。

（3）脚趾上跷，对足三阴、三阳经之井穴、原穴产生良性刺激，故有助于提高肝胆、脾胃、膀胱、肾等脏腑之机能。

（4）叶"呼"音，有助于和胃健脾。

13. 第十二式气息归元

名称内涵：

《黄帝内经》指出："阴精所奉其人寿，阳精所降其人天。"从这个意义出发，练功时既要重视阳气的采集，也要重视阴气的收集。正如古代养生家所说，人们欲达强身，除了吸取日精天阳之气外，还应注意接受地阴之气，所谓"赤脚大仙"就是一例。

在做健身气功•导引养生功十二法时，应根据具体情况，在吸取阳气的同时，最好也要接受等量的阴气。因为人的一生中，阴极易耗散，阴常不足，阳常有余。正如王冰所说："壮水之主，以制阳光。"温病学者吴鞠通亦云："存得一分阴液，便有一分生理。"故气功家、导引家主张练功的最佳时间是黎明清晨。

动作指南：

动作一：随着吸气，提肛收腹；同时，两掌随两臂先内旋后外旋分别摆至体侧，掌心由朝后转为朝前，臂与上体之夹角约为60°，两臂自然伸直；眼平视前方（图5-79、图5-80）。

动作二：随着呼气，松腹松肛；两腿下蹲；同时，两掌内收回抱于小腹前，掌指相对，将日月精华之气归于关元；眼平视前方（图5-81）。

动作三：随着吸气，提肛收腹；两腿伸直；同时，两掌随两臂先内旋后外旋分别摆至体侧，掌心由朝后转为朝前，臂与上体之夹角约为60°，两臂自然伸直；眼平视前方（图5-82、图5-83）。

图 5-79

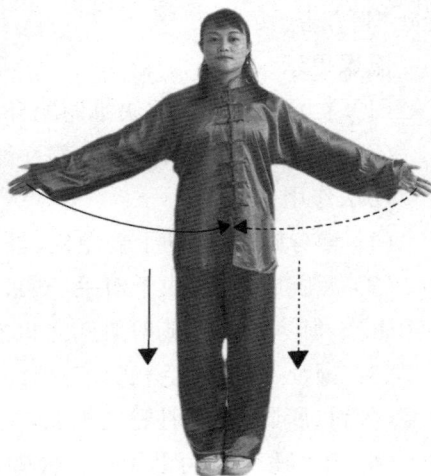

图 5-80

图 5-81

图 5-82

动作四、动作五同动作二、动作三。

动作六：随着呼气，松腹松肛；两腿自然伸直；同时，两掌内收回抱叠于关元，男性左手在里，女性右手在里，眼平视前方。一吸一呼为 1 次，共做 3 次（图 5-84）。

练习要点：

（1）精神集中，意守采气归于关元。

（2）吸气时，百会上顶；呼气时，松腰敛臀，身体中正，周身放松。

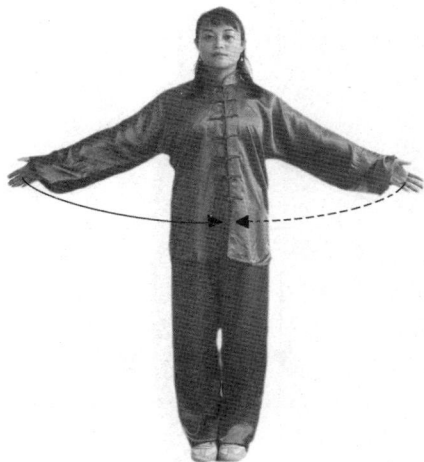

图 5-83　　　　　　　　　　　　　　　图 5-84

（3）两掌内收回抱采日月精华时，注意气路由宽变窄，促使气流加速。

温馨提示：

（1）虽名曰"采气、纳气、归气"，但重点不在"练气"，而在"练意"。

（2）意念不可过强、过深，强调"意如清溪淡流"。

功法作用：

"关元"，位于任脉之上，属丹田之一穴。它是三阴经与任脉的交会穴，又是小肠的募穴。中医称之为"长寿大穴"，具有显著的保健作用。故以意引气归关元，有助于壮中气、补元气，滋养脏腑。

14. 收势

动作指南：

动作一：随着吸气，提肛收腹；同时，两掌随两臂先内旋后外旋分别摆至体侧，掌心由朝后转为朝前，臂与上体之夹角约为 60°，两臂自然伸直；眼平视前方（图 5-85、图 5-86）。

动作二：随着呼气，松腹松肛；两腿自然伸直；同时，两掌内收回抱叠于关元，男性左手在里，女性右手在里；眼轻闭（图 5-87）。

动作三：做"赤龙（舌）搅海"，左右各 3 次，以增加唾液分泌，并分 3 口咽下。

动作四：做完后，两掌垂于体侧，缓缓收功，结束全套动作（图 5-88）。

练习要点：

（1）精神集中，意守金津玉液。

图 5-85

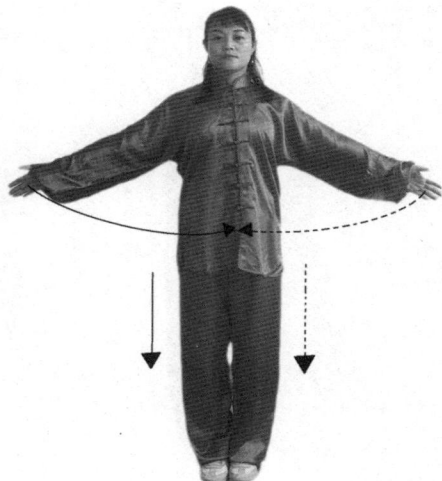

图 5-86

图 5-87

图 5-88

（2）吞津咽液时，宜汩汩有声，恰似龙奔虎行。

温馨提示：

（1）搅海时，舌应在口腔内，而不是在口腔外。

（2）搅海和每次咽津之间，应稍停片刻，以候唾液充盈口腔。

（3）平时生活中要珍惜唾液，不要随意吐痰，要保证充分饮水。

功法作用：

（1）提高免疫机能，改善酸碱平衡，预防各种疾病。

（2）改善消化功能，杀菌、消毒。

第三节　老年人四季健身的健身锻炼项目选择与实践

一、老年人春季健身的健身锻炼项目选择与实践

一年之计在于春。对于健身者来说，在春天进行健身锻炼，对人体的健康而言是非常重要的，也是人们进行养生的最佳时期。春天进行适当的健身运动也是有益于老年人身体健康的。特别是春天，没有冬天那么寒冷，也没有夏天那么炎热，对于老年人来讲是进行健身锻炼的最佳季节之一，对进行一些户外健身锻炼来说尤为如此。但是老年人因为自身的特点，像身体素质、健身锻炼后身体的恢复能力等可能并没有青年人和中年人好，所以像长距离骑行、打篮球、踢足球等一些运动负荷比较大的健身锻炼项目，对老年人来讲并不怎么适合。那么，顺应四季变化的规律，在温度慢慢回升的春季，老年人可以选择什么样的健身锻炼项目呢？下面将一一介绍。

（一）风筝

在我国民间，放风筝是一项传统的休闲体育运动项目。放风筝中的风筝，事实上是一种飞行器。它通过人工的操纵而实现飞行。制作风筝的物质材料重于空气，在融合手工艺人的艺术创造的基础上，经过手工艺人精心设计制作成了体积不同、重量不同、形态各异、栩栩如生的各式各样的风筝。

风筝的发源地是我国山东潍坊。潍坊又称潍县、鸢都，风筝就是潍坊的特产之一。潍坊的风筝制作工艺精湛、历史悠久，被列入第一批国家非物质文化遗产。潍坊风筝距今已有2 000多年的历史，风筝的源头可以追溯到鲁国大思想家墨翟制作的历史上第一只风筝——木鸢。但风筝真正走向民间，开始兴盛是在明代。潍坊开始出现从事风筝制作的专业民间艺人是在清朝中叶。古有诗云"风筝市在东城墙，购选游人来去忙，花样翻新招主顾客，双双蝴蝶鸢成行""东城墙外是白沙（今潍坊白浪河大集），风筝铺子三十家"。从古诗中就能体会到当时风筝的繁盛。

　　放风筝既可以自己进行,也可以集体进行。在现代人们的生活中,放风筝已经成为受人们喜爱的传统体育项目,参与的人也越来越多,并且放风筝早已走出国门,受到越来越多国外友人的喜欢。潍坊是"国际风筝联合会"的会议总部所在地,是世界风筝文化的交流中心,被世界各国的人民称为"风筝的故乡"。每年4月的第三个星期六,在潍坊会举行大型地方节会——潍坊风筝节,吸引世界各地国家和地区的人们参赛,从1984年至今已经成功举办过40届。

　　春季是放风筝的最佳时节,我国自古代就有放风筝的习俗,"阳春三月放纸鸢"就是对这一时节放风筝的最好描绘。在春天进行放风筝的健身锻炼,能够有利于老年人的身心健康。因为在放风筝时,或张、或弛、或跑、或停等放风筝的动作,可以对人体的手臂、腿部和腰部等进行锻炼,动作随风筝的高低、前后、左右自然起伏,对于全身锻炼大有益处,可以促进人体的新陈代谢、增进人体的血液循环。同时,放风筝时,老年人的双目需要追随风筝的飞翔进行远眺,对于放松眼部肌肉、缓解视疲劳、预防近视的发生以及促进视力的恢复等具有重要的作用。除此之外,在空旷的场地、晴朗的天气放风筝,还可以使老年人心胸开阔、头脑清晰等。中医学认为,放风筝者沐浴在春风和煦的阳光中,具有疏泄内热、增强体质的益处,同时对于消除冬日气血的郁积、祛病健身具有一定的功效。

　　放风筝时,风力变化是对风筝飞行状态的主要影响因素。在开始放飞的过程中,要随时注意观察风筝线上的拉力与风筝的变形。通过放线和收线的循环动作,让风筝飞上天空,并保持较为稳定的飞行状态。放风筝也具有一定的技巧。一般情况下,可以在风力偏小时将风筝放高;风力大时放线;微风时快跑;沿着顺风的方向走或者跑;风筝向右偏要向左甩线,风筝向左偏要向右甩线;出现不稳定飞行状况时要及时调整;风筝拉力增大并且吃力时,要及时收线;收线快速。

　　放风筝的运动负荷比较小,对老年人来讲,是一项安全的健身锻炼项目。但是要注意不要在风过于大、雾霾、沙尘暴等天气放风筝,也不要在周围建筑物多、场地不空旷的区域放风筝等,以避免出现危险。

(二)散步

　　老年人春季进行健身锻炼,首要的健身锻炼项目便是散步。散步具有运动负荷量比较小,运动时可以随心地进行,对技术动作的要求比较简单,很容易完成,所以对于老年人来讲,散步作为健身锻炼项目是不错的选择。特别是春季,气温逐步回暖,万物复苏,整个自然界出现一片生机勃勃的景象,此时老年人进行户外的散步,既可以呼吸新鲜空气、锻炼身体,又可以感受春天的生机勃发,从而对老年人的心灵进行洗涤,使老年人的身心舒畅。

散步虽然对技术动作的要求并不高,但是和普通的步行还是存在一定的差异。平时的步行,老年人可以走得缓慢、走得随意,虽然有一定的强身健体效果,但是效果并不大。但是进行散步的健身锻炼,需要老年人将胳膊甩开,步幅较大地向前走,这样会收到较普通的步行更加好的健身效果。比如坚持较长时间的散步健身锻炼可以有效地促进老年人的新陈代谢、增强呼吸系统和运动系统的功能、延缓衰老的速度;长期坚持散步健身锻炼还有利于老年人减肥锻炼目标的实现。春天老年人特别容易上火,主要表现在失眠、心烦、急躁等,而每天坚持一定时间的散步锻炼能够对老年人的情绪起到一定的舒缓作用,预防上火。

在春季,老年人进行散步健身锻炼时,散步的速度根据自己的身体状况来调整,散步的时间一般在 20～30 分钟,对于体质好的老年人可以适当延长锻炼的时间。但是散步时如果速度较快,对于患有某些疾病的老年人来讲会不合适。对于患有肝脏疾病的老年人来讲,进行缓慢随意的散步时,人体的新陈代谢速度并不怎么加快,不会给肝脏带来过多的负担,有利于老年人的身体健康。

除此之外,老年人在春季还可以选择慢跑、有氧操等健身锻炼项目进行健身锻炼,但是在锻炼过程中,一定要注意把控运动负荷。

(三)春季老年人进行健身锻炼时的注意事项

1. 老年人春季刚开始进行健身锻炼时运动负荷不宜过大

老年人在冬季的运动负荷一般来讲比较少,如果到了春季,将原来的运动负荷猛然提高,身体会吃不消,容易出现运动过量、运动损伤或者运动危险等现象。所以老年人在春季的健身锻炼,需要以保持和恢复为主要目的,运动负荷不宜过大。

2. 老年人春季早晚进行健身锻炼要注意保暖

由于春天早晚温差比较大,温度相对比较低,所以老年人早晚进行锻炼时要注意保暖。刚开始锻炼时,衣服可以穿得厚一点,待身体变暖后,衣服要适当地减少,等健身运动结束,要增加衣服保暖,可以避免因为体温的下降和外界比较冷的环境而出现的身体受凉或者感冒等现象。特别是对于体质比较弱的老年人,更加应该引起重视。

3.老年人春季早晨进行健身锻炼的时间不宜过早

春季虽然没有冬季那么严寒，但是春季特别是初春时期天气乍暖还寒，并且早晚温差非常大。对于老年人来讲，温度过低容易引发运动不适或者运动损伤，所以不适合过早地进行健身锻炼。同时由于过早，此时空气中的二氧化碳会比较多，氧气会比较少，也不适合老年人进行健身锻炼。待到太阳出来以后，气温慢慢升高，空气中的二氧化碳慢慢减少时，再进行健身锻炼比较适宜。

4.老年人春季早晨进行健身锻炼要合理饮食

人体经过一晚的新陈代谢，体内的能量消耗比较多。老年人的身体机能本身就相对较差，外加早晨时体内能量消耗比较大，如果空腹进行健身锻炼，对老年人来讲没有任何益处。所以老年人早晨在进行健身锻炼前需要合理饮食，比如适当地摄入水、麦片、热牛奶、鸡蛋、蔬菜、水果等食物，既可以补充水分，又可以增加热量，从而提高血液循环的速度，提高身体的协调性，为健身锻炼做好充分准备。值得注意的是，健身锻炼前摄入的食物不要太多，食物摄入后的30分钟内避免进行运动，30分钟以后再开始进行健身锻炼。

二、老年人夏季健身的健身锻炼项目选择与实践

冬练三九，夏练三伏。夏季烈日炎炎，对人体来讲是一年四季中消耗特别大的季节。但是即便如此，也阻挡不住老年人对于健身锻炼的爱好与坚持。那么，顺应四季变化的规律，在气温过高的夏季，老年人可以选择什么样的健身锻炼项目呢？

（一）广场舞

广场舞是中国特色社会主义文化发展过程中的产物，它起源于当代社会生活，是人民群众所创造的舞蹈，也是专属人民群众的舞蹈。广场舞是由群众自发组织并由非专业舞者创编的体育健身项目。经过几十年的发展，广场舞不断地发展创新，已经成为扎根于普通人民群众生活，独具特色的民间体育锻炼项目。广场舞的舞蹈元素多样，表现形式多样，并伴有节奏感强的音乐，是一项深受广大中老年群众喜爱的健身锻炼项目。随着广场舞的发展，更多的年轻人也加入了广场舞健身锻炼的队伍，国家也出台了相关的政策文件使广场舞得到了进一步的规范与发展，也有力地推动了全面健身的发展。

广场舞并非只有一个舞种，而是有拉丁元素、民族舞元素等的不同舞种。每

套广场舞都有自己的技术动作,每套之间或多或少有联系,但是联系并不是很大。所以对于老年人来讲,要进行广场舞的健身锻炼,首先要做到对广场舞的学习。在老年人学习广场舞的过程中,首先需要精力集中,其次还要锻炼脑和身体的协调性,再次还需要不断地对动作进行记忆、对音乐的节奏进行不断认知等。所以老年人在整个广场舞学习过程中,脑力得到了锻炼,脑和身体的协调性、配合性得到了锻炼,可以延缓老年人记忆力衰退。

深受老年人喜欢的广场舞运动,是一项有规律的健身锻炼项目。广场舞的运动强度为中等或者中等偏下,并没有大强度的动作,还是一项有氧健身锻炼项目。所以老年人长期坚持锻炼,可以促进机体的新陈代谢,改善和增强老年人的心肺功能;可以增强老年人的肌肉力量,并使骨骼得到锻炼,增强老年人的运动能力;可以使老年人身体的灵活性和协调性得到锻炼,提高老年人的身体素质;在锻炼的过程中配合优美的音乐,可以使老年人精神放松、心情愉悦、有良好的情感体验等;在锻炼过程中,还可以和其他老年人进行交流互动,能够结交朋友、排解压力、缓解焦虑等。

在进行广场舞的健身锻炼时,老年人在整个过程中是运动的、享受的、快乐的,这对于老年人的身心健康具有重要意义。

除了广场舞以外,老年人在夏季还可以选择游泳、健身跑、健身走等健身锻炼项目进行科学健身,以达到增进身心健康的健身锻炼目的。

(二)夏季老年人进行健身锻炼时的注意事项

1. 老年人夏季早晨进行健身锻炼不要过早

在日出之前,因为没有光合作用,植物释放了大量的二氧化碳,对于人体的健身极为不利,同时夏季空气中的污染物在6点前最不容易扩散,此时也是空气污染的高峰期,所以建议老年人夏季晨练的时间最好不要早于6点。

2. 老年人夏季进行健身锻炼时要选择吸汗的运动装备

夏天空气中的温度和湿度都是非常高的,老年人进行健身锻炼时,一定要选择透气性好、吸汗、宽敞的浅色合成材料或者棉质的运动服,有利于运动时产生的汗液及时排出,减少或避免对心脏造成压力。

3. 老年人夏季进行健身锻炼要避免高温环境

当人体处于高温的环境下,人体大部分平时关闭的微循环的毛细血管会开放,会使循环血量下降,导致大脑和心脏等人体的重要器官出现供血不足等状况。因此,老年人在夏季进行健身锻炼要避免高温环境,特别是一天中阳光强烈的 12～14 点避免进行户外运动健身。

4. 老年人夏季进行健身锻炼时需要适时并科学补水

夏季因为外界温度过高,人体本身新陈代谢就比其他季节快,体温高,排汗量大。再加上健身锻炼也可以加快人体的新陈代谢,产生热量,升高体温,加大人体的排汗量。所以老年人在夏季进行健身锻炼时要及时补水。虽然补水很重要,但是补水也需要科学。在健身锻炼过程中,一次的饮水量不宜过多,饮水超量会给心脏增加负担,并且会冲淡胃酸,影响肠胃的消化功能。一般情况下,饮水需要遵循少量多次的原则,还需要及时补水,不能口渴了再补水。补水时以淡盐水为宜,水温保持在 8～13 ℃比较好。

5. 老年人夏季健身锻炼后应遵循"二不"原则

老年人夏季健身锻炼后应遵循"二不"原则:第一,健身锻炼后不能立即喝冷水或者冷饮料。因为这样会对肠胃产生强烈刺激,而造成胃部的损伤。第二,健身锻炼后,不能立即洗冷水澡。因为健身锻炼使老年人的毛孔扩张,如果皮肤受冷或受凉就会使毛孔关闭,体内热量无法散失,容易导致感冒发烧等现象。

三、老年人秋季健身的健身锻炼项目选择与实践

秋季天高气爽,没有了夏日的炎热,是老年人进行健身锻炼的好时节。那么,顺应四季变化的规律,在温度适宜的秋季,老年人可以选择什么样的健身锻炼项目呢?下面将一一介绍。

(一)空竹

空竹,在古代被称为"胡敲",也称其为"空钟""空筝""响簧""风葫芦",在南方一般称其为"扯铃"。由于在用空竹进行锻炼的时候,需要不断地进行抖动旋转,所以用空竹来进行活动也叫"抖空竹"。在我国,抖空竹自明代就有流传,已经有 600 多年的历史,2006 年其被列入国家级非物质文化遗产代表性项目名录。抖空竹在我国不但是民间的传统体育健身锻炼项目,也是一种表演艺术。在春节期间,南方的扯铃习俗和北京的抖空竹习俗,一直延续至今,深受老百姓的喜爱。

空竹主要由盘和轴两部分组成。盘是用木片制成的,分为上下两片,形如小车轮,上下两片之间是空心的,用竹片绕盘一周将其粘连。根据圆盘大小,在竹

片上刻有几个乃至一二十个不等的长方形小孔,每个小孔内嵌有一块小木片。轴则是由中间呈弧形凹状的圆木制成。当空竹在进行转动的过程中,空竹上的各个小孔会发出嗡嗡嗡的响声。空竹也不断地与时俱进,空竹的外形通过人们的创新、设计,外加上各种各样的涂彩绘制,呈现出丰富多彩、种类繁多的空竹,增加了人们对空竹的喜爱和空竹的审美感。在抖空竹时,动作千变万化,难度技术不断创新提高,使人们对空竹的表演更加赞不绝口,也吸引着更多的人加入抖空竹的健身运动中。

抖空竹时,全身各部位都参与运动。经常抖空竹,不仅可以使人体的上肢肌肉、下肢肌肉、韧带等都富有弹性,还可以增加关节的灵活性。因为抖空竹是一项强度并不算很大的有氧锻炼项目,可以使韧带、心血管系统、呼吸系统等得到全面的锻炼,对增进人体健康具有良好的增进作用。对于老年人来讲,将抖空竹作为健身锻炼项目,并坚持长期锻炼,还可以提高老年人的动作协调能力和灵敏素质等,同时能够达到舒筋活血、益寿保健等锻炼效果。

抖空竹作为健身锻炼项目,具有一定的动作技术,主要包括基本技术和熟练技术两种。

基本技术是学习抖空竹的基础,主要包括平抖和过门。将两臂屈肘并持平,将竹棍上下均匀地扯动,通过细绳在空竹轴的凹状处连动,实现空竹的旋转抖动,即为平抖。过门有两种方法,即绕让法和穿针法。空竹练习者主动将右绳绕空竹轴的凹状处一周,同时左绳在空竹轴的空端处往下方让一周,用相同的办法,空竹每自转一周,细绳则需要绕让一次,这种空竹练习方法称为绕让法。空竹练习者以右边竹棍在抖动时穿过左边细绳,空竹每自转一周,右边竹棍就要穿过左边细绳一次,这种空竹练习方法被称为穿针法。

熟练技术包括轰鸣、爬高、上架、飞天。第一,轰鸣。在抖空竹时,需要运用一定的技巧让空竹发出轰鸣声。主要有两种方法可以使空竹发出轰鸣声,即缠拉法和提拉法。用右侧的竹棍用力向上方进行提拉,左侧的竹棍随着右侧竹棍的提拉而向同一个方向提送,即为提拉。右侧绳绕着空竹轴的凹状处一周半后,再进行提拉,即为缠拉法。第二,爬高。在加快空竹抖动速度的基础上,突然将右侧竹棍向下拉,同时左侧竹棍向上提,两手臂向外用力,空竹则会从绳的底端朝上直线爬到绳的顶端,即为爬高。第三,上架。在平抖时加快速度,两竹棍向上猛然抖动一下,空竹就会腾空飞起,此时主动将右侧竹棍去接空竹轴的凹状处,使空竹在右侧竹棍上进行原地的滚动,熟练者可以将空竹从右侧的竹棍上直接滚到左侧的竹棍上,即为上架。第四,飞天。采用提拉法将空竹形成加速度,待空竹自转半周后成平抖状态。这个时候,要用两臂向上发力,保证空竹能够腾空而起,腾空的高度根据发力程度而进行定夺。空竹下落时,右侧竹棍要主动向上迎接下落的空竹,两臂拉开,出现左侧的竹棍低、右侧的竹棍高的状态,空竹则会沿着细绳从高的右侧竹棍滑向低的左侧竹棍,从而在惯性的作用下,形成空竹下落的缓冲并增加了细绳和空竹之间的摩擦,进而增强了空竹的旋转力,即为飞天。

(二)门球

门球又称槌球,是一项在草坪或者平地上,用木槌来击打球使球穿过铁门的室外球类游戏,也是一项适合中老年健身锻炼的运动。关于门球运动说法不一,有说门球最早起源于13世纪的法国,也有说门球最早起源于我国古代汉族球游之一的捶丸。在中华人民共和国成立以后,门球运动的真正兴起、发展并一步步地走向成熟,在广大的健身爱好者中占有重要的地位。

门球运动属于户外体育健身锻炼项目,具有场地小、花费少、趣味性强、没有身体接触或者对抗、运动量比较小、运动时很安全、运动技术简单、比赛规则简单易懂、战术变化多、比赛时间短等特点,是一项非常适合中老年人进行健身锻炼的项目之一。门球运动非常注重个人技术的发挥,并且是一项融观赏性、艺术性与趣味性于一体的休闲体育运动项目,在进行锻炼或者比赛时是智慧与技巧的较量。

打门球具有基本的动作技术,主要包括瞄准、击球、拾球和到位四个方面。打门球对于老年人来讲具有重要的作用。第一,老年人通过打门球进行健身锻炼时,快步走或者慢跑伴随着整个的运动过程,可以锻炼到全身各个部位,特别是人体的手部、臂部、腰部、腿部和脚部等。同时还可以对健身者的视力、听力、神经系统和内脏等进行锻炼。第二,门球运动是户外体育健身锻炼项目。打门球的活动量较小,一般老年人能够持续活动很长时间,所以可以在室外充分地进行日光浴和空气浴。人体经常进行日光浴和空气浴能够起到增强体质与防病治病的作用。人体皮肤与空气接触,可以产生相应的生理效应,提高人体对外界气温的适应能力。同时阳光中的光辐射对于人心情的舒畅起到促进作用。第三,门球运动过程中,需要将打门球的技术、门球的战术进行有效配合与综合运用,完成这些需要老年人动用其脑力。长期坚持用脑可以增强脑细胞的活力、锻炼人的思维能力、提高人的记忆能力。打门球是一项体脑并用的健身锻炼项目,体脑运动的有效结合也是门球运动的独特之处,这对于老年人的身心健康更加有益。第四,门球运动除了能够进行健身锻炼,还可以满足健身者的娱乐需求,不但能够达到有益于肢体健康的锻炼效果,还能达到愉悦健身者情绪的效果。打门球对老年人的心理保健能够起到积极的作用,因为门球打起来妙趣横生,能够让老年人忘却烦恼,消除老年人的失落感和孤独感,还结交了朋友、增进了友谊等。

门球运动对于老年人体质的强弱没有要求,一般老年人都可以参与打门球的健身锻炼。对于老年人而言,如果一天能够坚持打上两个小时的门球,相当于慢走了 2～3 千米的距离,坚持一周相当于 20 多千米,坚持一年相当于几百甚至是上千千米。长期坚持锻炼,对锻炼者的身体健康会起到很好的作用。

门球非常适合老年人进行健身锻炼,也很适合老年人进行比赛。以下对门球的比赛规则略做阐述。比赛时长:一场门球比赛为 30 分钟。比赛胜负评判方法:在比赛中,分红、白两支队伍,每支队伍有 5 个球,红方的球为 1、3、5、7、9 的单号,白方的球为 2、4、6、8、10 的双号。每个球按照一定的顺序每通过一个球门便可获得 1 分,如果撞柱则获得 2 分。比赛结束时,将每队队员所得到的分值加起来,总得分多者则为胜,反之为负。比赛规则中的相关规定要求:击球员成功地将球击过一门,则称为通过第一门,该击球员可以再次进行击球让其通过第二门,当球成功通过第三门后并撞柱,就可以进入下一回合,重新再进一门、进二门、进三门、撞柱,直到比赛停止。在球场内,如果自球触及他球,则称为撞击。如果自球和被撞击的他球都停在比赛线内,击球员需要用脚来踩住自球,并用手将被撞击的他球贴靠在自球旁,再利用击打自球的冲击力将他球移动开,则称为闪击。闪击完成后或者成功击球过门后,击球员都获得一次续击权。所以说,在比赛过程中,球员之间既进行独立击球又需要相互配合来取得优异的比赛成绩。

打门球虽然有运动负荷小、运动比较安全等特点,但是老年人进行打门球健身锻炼时也需要对注意事项加以重视。第一,在进行打门球锻炼前,一定要将手臂、腿、腰以及相应的关节进行充分的活动,使身体暖起来,做好准备活动。第二,门球运动的时间可能会比较长,需要在作息制度中做好安排,以免打乱锻炼和生活的节奏。第三,在老年人经常进行门球活动中,要做好自我运动监督并掌握预防意外的方法。第四,在门球锻炼过程中,老年人以安全适度、达到效果、获得满足感和快乐感为原则。

除了空竹、门球以外,老年人在秋季还可以选择慢跑、慢走、民族舞等健身锻炼项目进行科学健身,以达到增进身心健康的健身锻炼目的。

（三）秋季老年人进行健身锻炼时的注意事项

1. 秋季老年人进行健身锻炼时要适时补水预防秋燥

夏季空气中的湿度和温度比较高，一旦从夏季进入秋季，空气中的湿度和温度都降低了。因为秋天气候的变化，人体容易出现燥热、口舌少津、咽喉干燥等不同的症状。再加上健身锻炼过程中，体内水分因为出汗而减少，老年人需要适时补水预防秋燥和人体缺水。

2. 秋季老年人进行健身锻炼前需要勤热身防止运动损伤

因为秋季气温较低，人体的肌肉和韧带会条件反射地出现关节活动幅度减小、血管收缩、韧带伸展度降低、神经系统对人体肌肉的指挥能力下降等情况，充分的准备活动能够降低或者消除上述问题。所以，老年人在秋季进行健身锻炼前需要做充分的准备活动。

3. 秋季老年人进行健身锻炼时要合理增减衣物

进入秋季以后，早晚温差变化比较大，冷空气也频繁增多。特别是早晚进行健身锻炼时，身体一旦出汗比较多，就容易受凉引起感冒，所以此时一定要适当增加衣物进行保暖。当进行强度较大的健身锻炼时，因为机体会排出大量的汗，所以此时应适当减少衣物进行降温。

四、老年人冬季健身的健身锻炼项目选择与实践

冬季天气寒冷，室外温度比较低，还常伴有大风、冰雪等恶劣天气。那么，顺应四季变化的规律，在寒冷的秋季，老年人可以选择什么样的健身锻炼项目呢？下面将一一介绍。

（一）太极拳

太极拳是我国一项历史悠久的健身养生术，汇集了中华民族保健体育之精华，是我国乃至世界的非物质文化遗产。"太极"出自我国古代哲学论著《易经》中的阴阳八卦学说，始见于陈抟、周敦颐的"太极图"，表示宇宙及万物都由对立而又统一的阴阳两类物质组成。太极拳在民间广为流传，流派众多，常见的太极拳流派有陈式、杨式、孙式、武式、吴式等，各派各有自己的特点，既有传承关系，同时又相互借鉴。太极拳具有松柔匀慢、刚柔相济、开合有序、轻灵圆活、中正安舒等运动特点。太极拳是一项柔和缓慢的、中等强度的有氧健身运动，对于老年

人来讲是一项非常适合的健身锻炼项目。

在太极拳健身锻炼的过程中,行云流水、连绵不断的柔和运动给人以高雅和自然之感。如果在锻炼过程中配以中国古典音乐,不但可以体验到太极拳带给人的身体感受,还可以亲身体会到古典音乐带给人的美妙的音乐体验。优美的动作、优美的音乐、哲学的内涵、诗的意境,可以让老年人在太极拳的健身锻炼中,在高级的精神享受中,忘却烦恼,去除疾病,使身心健康。

太极拳的健身锻炼对于老年人来讲,首先可以使锻炼者心平气和,保持心理的安宁。其次还会使健身锻炼的老年人的大脑处于高度兴奋、精力集中的生理状态,对于预防一些老年人经常易出现的慢性病具有积极影响。在老年人进行太极拳的锻炼过程中,细缓深长的腹式呼吸可以增强老年人呼吸系统的功能,提高肺的呼吸功能,长期坚持太极拳锻炼的老年人可以预防或者缓解老年人肺部的相关疾病,比如哮喘、咳嗽、支气管炎等。

老年人在进行太极拳的健身锻炼时,锻炼的负荷可以根据自己的身体情况选择。一般情况下,体质好的老年人可以在锻炼过程中降低身体的重心,进行平稳的缓慢运动,增加腿部的力量和柔韧性;体质较差的老年人可以在锻炼过程中保持身体的重心略微高一点,这样能降低运动对腿部力量和身体柔韧性的要求,但是依然可以达到锻炼的预期效果。一套完整的太极拳套路锻炼结束,相当于进行了一次中等或者中等以下的有氧健身锻炼。建议老年人进行 20～30 分钟的太极拳运动。当然时间的长短,要根据自己的身体感觉进行调整。如果能够轻松完成,则可以适当延长锻炼时间;如果感觉难以完成、完成很累、完成后身体恢复起来很慢,则应减少锻炼时间。

(二)健身气功

健身气功是中国本土化的民族传统体育健身锻炼项目,是中华民族悠久文化的重要组成部分。健身气功是以健身者个人的形体活动、呼吸吐纳和心理调节三者相结合为主要的健身锻炼手段,以达到增进健康、延年益寿等健身锻炼的目的。2003 年 2 月,健身气功被国家体育总局确立为第 97 个体育运动项目。在体育运动的范畴内,健身气功体现着体育运动的基本目的和精神,但是具有自己独特的健身锻炼形式。健身气功通过自身独特的运动形式,改变了体育运动中调身、调吸、调心"三调分离"的身心锻炼状态,向着"三调合一"的方向迈进。

健身气功从创编以来就得到了国内外健身爱好者的青睐和喜爱。目前,在国内外比较流行的健身气功主要有九套,包括最早的四套,即健身气功·八段锦、健身气功·五禽戏、健身气功·六字诀、健身气功·易筋经(简称1568),还包括为了满足广大健身气功爱好者的需求,随后又创编的五套:健身气功·导引养生功十二法、健身气功·十二段锦、健身气功·太极养生杖、健身气功·大舞、健身气功·马王堆导引术等。还有后来创编的健身气功·降压方、健身气功·明目功,以及健身气功运动处方等,这些不同的健身气功锻炼运动形式,满足了广大健身者的锻炼要求。

健身气功作为体育运动的一种,具有自身的健身锻炼特点,主要包括虚实分明、柔和缓慢、圆活连贯、劲力顺达、动作协调、呼吸顺畅、思想集中等特点。同时,不同的健身气功也有不同的健身锻炼风格及健身锻炼特点。健身气功·八段锦:立身中正、神注庄中、松紧结合、动静相兼。健身气功·导引养生功十二法:逢动必旋、工于稍节、法于圆道、命意腰际。健身气功·十二段锦:盘坐端庄、练养相兼、畅通任督、气运自然。健身气功·太极养生杖:以杖导引、圆转流畅、腰为轴枢、身械合一。健身气功·五禽戏:仿生导引、形神合一、动诸关节、引挽腰体。健身气功·易筋经:抻筋拔骨、刚柔相济、旋转屈伸、虚实相兼。健身气功·六字诀:吐气发声、以声助气、形随声动、以气运形。健身气功·大舞:以舞宣导、以神领舞、利通关节、身韵圆活。健身气功·马王堆导引术:循经导引、形意相随、旋腕摩肋、典雅柔美。健身锻炼者可以根据自身喜好、自身身体条件及对不同健身气功的健身锻炼风格和特点的掌握等,对健身气功的运动形式进行选择。

健身气功是比较柔和缓慢的锻炼,是一项非常安全的健身锻炼项目,也是特别适合老年人进行健身锻炼的项目。老年人长期坚持对健身气功进行锻炼,通过调身、调息与调心的三条途径,达到"三调合一"的身体锻炼状态,对于增强老年人的心理素质、改善老年人的生理功能、提高老年人的生存质量、增强老年人的适应能力、延缓老年人的衰老速度、提高老年人的道德修养等方面具有独特的作用。

除了太极拳、健身气功以外,老年人在冬季还可以选择健身走、健身跑、踢毽子等健身锻炼项目进行科学健身,以达到增进身心健康的健身锻炼目的。

(三)冬季老年人进行健身锻炼时的注意事项

1. 老年人在冬季进行健身锻炼要选择合适的锻炼时间

老年人在冬季进行适当的锻炼有益于身体健康,要注意选择合适的锻炼时间。早晚气温偏低,应尽量选择在一天中比较暖和的时间段去户外锻炼,并穿着舒适、保暖的服装和鞋子。锻炼时间不宜过长,一般控制在 1 个小时左右。所有锻炼项目要循序渐进,身体适应后再逐渐增加运动强度。运动量要保持适宜,不可贪多求快。

2. 老年人在冬季进行健身锻炼要做好热身运动和放松整理

冬季天气寒冷,肌肉和关节僵硬,身体灵活性也不如其他季节,锻炼时更容易受伤。因此在开始锻炼前,老年人应进行适当的热身运动,以增加身体温度,减少肌肉拉伤的风险。热身运动可以采取拉伸活动关节、拍打全身肌肉、慢跑等方式,最好保持在 10～20 分钟,再进入运动状态,这对预防受伤非常重要。运动结束后也不要立刻停止下来休息。在运动结束后应进行适当的放松整理活动,待身体逐渐恢复到正常状态后再休息。

3. 老年人在冬季进行健身锻炼要保持正确的运动姿势和用力方法

老年人应选择适合自身健康状况和身体条件的健身运动项目。每一项健身运动都有专门的动作要领,锻炼过程中要掌握正确的运动姿势和方法。尤其要注意保护好腰部,可以用宽腰带勒腰,增强腰部的支撑力量。运动时要逐渐用力,先小后大,不要用力过猛,以免发生身体扭伤。

4. 老年人在冬季进行健身锻炼要控制好运动负荷

老年人一般应该选择运动强度低的有氧运动,这样较为科学和安全。适当的运动负荷应确保在运动过程中身体略微出汗、呼吸顺畅、能与人正常谈话、锻炼后第二天能够正常恢复。如果运动中过于吃力、大汗淋漓、次日感觉过于疲劳,则说明运动量过大,应适当降低运动量。

5. 老年人在冬季进行健身锻炼要做好运动监控,防止运动损伤

在锻炼时,老年人应时刻关注自己的身体状况,当出现头晕、胸闷等不适症状时,要迅速降低锻炼强度,不能硬撑,必要时应立刻停止锻炼并就医治疗。老年人冬季锻炼容易出现四肢关节或心脑血管方面的伤病,锻炼时需佩戴防寒保暖的护膝或其他相应的护具,及时补充水分,避免空腹锻炼,以确保身体健康和安全。

后　记

  2009 年我毕业于北京体育大学，2011 年来到青岛科技大学从事体育工作。在长达十几载的一线体育工作之路上，我深深地体会到要想让大学生能够真正地掌握如何进行科学健身，对于一名高校体育老师而言"任重而道远"。这不但需要高校体育老师"守得住初心"，也需要高校体育老师"耐得住寂寞""潜心问道"。

  2018 年，青岛科技大学体育改革的号角在高密校区吹响，我有幸成为第一批体育改革的一线体育教师，在体育改革中多次认真聆听多位全国著名体育专家的报告并对学校体育工作躬身力行，从而让我对高校体育工作、高校体育教师的责任有了新的认识与思考。作为一名高校体育工作者，除了心系大学生健身锻炼的科学性及其身心健康，还应关心社会，关注更多人健身锻炼的科学性，通过科学理论的讲述与科学方法的指导增进其身心健康，从而助力体育强国、健康中国，这也是作者创作本书的初心。

  也就是从 2018 年开始，伴随着我校体育改革，也伴随着全民健身的大浪潮，我不断地潜心研究体育学科理论知识、营养学知识，不断思考并探究不同人群进行科学健身要选择什么样的项目，在实践过程中要如何进行等问题。在此基础上，不断迭代自己的写作思路，力求创作出通俗易懂、科学有效的大众健身书籍。

  笔者认为，高校体育工作者应在自己力所能及的范围内，时刻保持对社会的关注、对人民群众的健身锻炼及健康的关心，将自己的所学、所思、所感进行总结与升华，并反馈社会，为人民服务。希望能够与更多的体育工作者共同在体育的田野上播种、浇水、除草，让绚烂多彩的体育之花开遍祖国大地。

李菲菲

2023 年 11 月于高密